U0038503

品味經典

世界、華夏、臺灣

——平行、交纏和分合的過程

許倬雲 著

三民書局

國家圖書館出版品預行編目資料

世界、華夏、臺灣：平行、交纏和分合的過程／許倬
雲著.－－增訂二版一刷.－－臺北市：三民，2018
　　冊；　　公分.－－(品味經典/真)

ISBN 978-957-14-6431-2　(平裝)

1.世界史 2.中國史 3.臺灣史

711　　　　　　　　　　　　　　　　107008084

© 世界、華夏、臺灣
——平行、交纏和分合的過程

著 作 人	許倬雲
責任編輯	蕭遠芬
封面繪圖	蔡采穎
發 行 人	劉振強
著作財產權人	三民書局股份有限公司
發 行 所	三民書局股份有限公司
	地址　臺北市復興北路386號
	電話　(02)25006600
	郵撥帳號　0009998-5
門 市 部	(復北店) 臺北市復興北路386號
	(重南店) 臺北市重慶南路一段61號
出版日期	初版一刷　2007年9月
	增訂二版一刷　2018年6月
編　　號	S 630540

行政院新聞局登記證局版臺業字第○二○○號

有著作權・不准侵害

ISBN　978-957-14-6431-2　（平裝）

http://www.sanmin.com.tw　三民網路書店
※本書如有缺頁、破損或裝訂錯誤，請寄回本公司更換。

緣　起

　　經典，是經久不衰的典範之作——無畏時光漫長的淘選，始終如新，每每帶給讀者不一樣的閱讀感受。閱讀經典，可以使心靈更富足，了解過往歷史，並加深思考，從中獲取知識與能量；可以追尋自我，反覆探問，發現自己最真實的樣貌。經典之作不是孤高冷絕，它始終最為貼近人心、溫暖動人。

　　隨著時代更替，在歷經諸多塵世紛擾、心境跌宕後，是時候回歸經典，找尋原初的本心了。本局秉持好書共讀、經典再現的理念，精選了牟宗三、吳怡深度哲思探討的著作；薩孟武與傳統經典對話的深刻體悟作品；白萩創造文學新風貌的詩作，以及林海音、琦君溫暖美好的懷舊文章；逯耀東、許倬雲、林富士關注社會、追問過去的研讀。以全新風貌問世，作為品味經典之作的領航，讓讀者重新閱讀這些美好。期望透過對過往文化的檢視，從中追尋歷史的真實，觸及理想的淳善，最終圓融生活的感性完美。

　　這些作品，每一本都是值得珍藏的瑰寶——它們記錄著那個時代臺灣文化發展的軌跡，以及社會變遷的遞嬗；以文字凝結了歲月時光，留住了真淳美好。

　　「品味經典」邀請您一起 品 味 經 典。

世界、華夏、臺灣
——平行、交纏和分合的過程

　　《史海巡航》出版了十年之後，又出這個新版；而且書名更改為《世界、華夏、臺灣——平行、交纏和分合的過程》。其緣故是這十年來，世界經歷了巨大變化，我們不能不對於新形勢，有所增補，以幫助讀者們處世做人，可以有參考之處。本書的補篇，將論述如此背景。尤其，我們盼望臺灣的讀者們，理解世事變化，這三個層次的人群集合體，彼此關聯，互相影響，這裡的人群，必須注視另二層次群體的現況與前景，認真策劃自己的方向。

　　這十年歲月，世界變化很多，當年看到的一些歷史演變的趨勢，現在大部分落實，其中變化的軌跡，在十年來，紛紛露頭。雖然十年前，我們看到世界走向的方向，還是如當年預料相符合，只是有些變化來得非常迅速，而變化的嚴重性和速度，都相當地驚人。因此，在新版內容，我們必須要對變化的情形，另有一些交代；那一部分，將以「補篇」作為補充。

　　這十年來，我自己的遭遇，也是一言難盡。十年前，身體已

經不行，經常摔跌，後來才知道，是脊椎神經受了嚴重的壓迫。2012年到2013年，兩度脊椎手術，多次住院復健。現在雖然已經可以脫離困難，行動卻大不如前，既然不能出門，也就只能將過去讀過的書，和學到的一些想法，如老牛反芻，重新咀嚼一遍。這種二度消化的過程中，倒也有趣，將一些沒想到的現象，梳爬成為可以陳述的重點。此處，我先把這些重點的項目，約略陳述，以方便讀者理解本書新版與舊版的差別。

如舊版所說，二戰以後，歐美的力量已經籠罩全球，包括龐大的經濟體，破壞力極為強大的軍備，以及籠罩於民族國家體制之上的國際強權。這一支歐美力量的霸主，則是美國，我們可以稱之為「現代的新羅馬」。美國的各種軟、硬實力，其強大史無前例，儼然成為世界的共主。但是除了「新羅馬」之外，我們也逐漸發現，戰後的世界秩序，還有一個新的「拜占庭」：前蘇聯和解體後的俄國，時時挑戰「新羅馬」的威力。而在東亞，延續時間比西方巨強更為長久的中國，在衰敗二百年之後，又經過將近百年的混亂，居然從谷底逐漸攀升，在最近十年之內，東方的華夏天下，竟又成為一支可以挑戰「新羅馬」的力量。古代和中世紀的世界上，這種三足鼎立的形勢，其存在並不出人意外，只是在最近這十年之內，相對俄、中的再起，美國的衰敗，卻是驚人的顯著。

古代和中世紀的世界，還有一支中東和內亞已經出現的力量：由歐亞大陸腹地不斷冒出頭來的遊牧族群。中古以來，他們都在伊斯蘭教的旗幟下，結合成為向西挑戰歐洲，向東挑戰中國的巨大力量。近代的世界，有千年之久的伊斯蘭教大帝國，對外干擾力極為強大，然而內部卻也從來沒有安定過。這一伊斯蘭天下，

保存了顯著的遊牧性，他們在城市化過程中，並沒有將牧地上的力量，馴服為文明的一部分。這個文化系統，由於「牧人／戰士」的特性，雖然繼承了波斯系統古代文化若干成分，卻是始終躁動不止，形成足夠挑戰歐亞大陸左右兩側的重要因素。最近二十年來，歐亞舊大陸腹地的這一支力量，在各處攬起動亂，他們自己不惜犧牲個人的生命，在各處發動恐怖活動。這些行為，並不能使得這一部分力量，在未來的世界，參與構建世界新秩序的功能。然其引發的動亂，卻足以妨害世界人類全球化的過程。

這十年內，明顯出現的趨向，則是證實了「全球化」是不可避免的趨勢。正如同中國春秋戰國時代，「天下將定於一」，問題是，最後這個「一」是由誰主導？有誰參加？

目前的世界，原來大家以為全球化的主要因素，是國際秩序的建構，一戰以後的國聯，二戰以後的聯合國，其構想都有世界大同的理念。然而，實際上歷史呈現的過程，卻是經濟層面的整合：因為交通的發達，因為新產品、新能源的需求，和銷售市場，各國的經濟可能逐漸拉成一片。在民族國家和地區性經濟集團之間，經濟體貧富不均，如何將不同程度的經濟體，串連成一個大系統？其後果是否難免強者控制形勢，弱者吃大虧？

最近這二十來年的演變，卻讓我們發現：那些經濟個體，如同許多水桶，每個水桶的水頭高、低不同；可是在水桶與水桶之間，都有管道相連時，早晚所有的水都要拉平。拉平的後果，卻是富者的水桶的蓄水會降低，窮者的水桶的蓄水會增高，相對地將財富拉平了。這些溝通各種水桶的管道，顯而易見，最重要的是交通設施，空航、海航和陸地的道路。在現代的全球經濟體上，我們又知道，資訊的流通，也是一條重要的管道。新科技的主流，

資訊革命，不僅地區和地區之間的消息，可以迅速傳播，而且似乎每個人的手上，都有個小型電報公司，可以隨時發報、收報。各地物資的產量、行情和需求，立刻就傳到每個人的手中。第三條交通的管道，則是貨幣不再是具體的代價品，貨幣是個信用的代表。過去貨幣的匯兌和轉換，都要經過特設的機構，例如銀行或是匯兌公司。但在今天，每個人掌握的財富，都不在自己手中；從信用卡到今天的「支付寶」，街上的交易幾乎不見現鈔。

這些經濟結構的改變，是世界性的，而且其貫徹的深、廣程度，正在迅速延展。愈是經濟發達的國家，其活動力之強大，其巨量的貨幣價值，每小時、甚至每分鐘，都在全世界週轉流動。這個現象，也是我們要在「後論」之中，作一些探討。

在舊版中，現代科技的發展，已經有所陳述，其中特別強調的是資訊革命、人工智慧、宇宙探索、生物科技，以及生命體內部的探測。這些項目，每一項都可以是純學術的研討，但是其發現和應用，都有意想不到的巨大影響。我們對於生物體內部結構的「內宇宙」、和對外太空的認識，籠統呈現的「外宇宙」，我們新獲得的知識，徹底地改變了我們幾千年來，逐漸發展的許多傳統哲學的各項理論：宇宙論、知識論、道德論。其中，對我們日常生活最為直接的，則是這些新的知識，嚴重地動搖了、或是顛覆了，宗教系統提供的「真理」。在世界主要的大系統之中，猶太教，基督教的新、舊兩派，以及伊斯蘭教，其對神性的認知和堅持，是硬性的肯定，而且獨斷地排他。前面這些新知識的衝擊，嚴重地動搖了這幾個宗教系統的基礎。上述各種信仰的信徒，佔了世界人口之中大概一半以上，於是，有如此龐大數字的人類，都在面臨惶惑不安，不知何以安身立命？

　　日常生活方面，新科技的認知和應用，曾經節省勞力、加強效率，對於經濟的生產和分配，都有正面的作用。然而，等到人工智慧逐漸可以轉化成為生產的工具，這些機器人將執行本來仰仗人類勞力的工作。那些被排擠的勞工，他們的基本實力，只是筋骨、肌肉構成的體力，除了這個自然的能力以外，他們別無依仗：在機器人出現以後，世界生產和轉運的工作，將不必需要體力的勞動者。在現代機器生產的制度下，這一環節的巨大改變，也引發了弱勢人群，再無工作機會的危機。世界人口將會在縱的方向，切割成為兩截：上面是優勢的「婆羅門」，底層則是沒有生存機會的勞動者。橫的方面切割，也造成在一個城市之內，富區、窮區，一個國內的優勢帶、弱勢帶，當然還有國與國之間，即使財富一樣可以流通，生活的資源卻不會流向窮國，只是使富國的生活更優越。

　　以上這些現象，本來早就存在，只隱而不顯。最近十年來，上述的課題，都湧出表面，因此緣故，我在本書的新版，必須重新撿起，將這些曾經論述的課題，再作相當程度的討論。

　　十年前，三民的編輯幫助我作口述筆錄的工作時，最初的構想，是為中華民國的中學歷史教育，提供一份參考資料。中學同學自己未必有時間，和足夠的準備閱讀歷史發展的細節。我們本來的構想，是提供教師們作為參考。那個時候，世界、中國、臺灣，三個環節的互相關連性，已經在我們撰寫這本參考資料時，將臺灣本地的歷史，尤其近一百年來的歷史過程，提升到與世界史和中國歷史，可以銜接的數量。當時臺灣的民間，還沒有嚴重的「中國 vs. 本土」的衝突；在這十年內，臺灣地區的年輕人，對於本土的關懷，卻可能提升為對本土以外的排斥。有些人因此

可能對於本書章節分配的比例，或將有所質疑。

　　鄙意以為，我人必須理解，任何人必須關懷本土，任何本土，卻只是更大集體單元的一部分。如果將本土的關懷，蓋過了甚至於排斥了關懷範圍更大的生活共同體：世界、東亞和中國，他們對於現實世界的真相，將不會有理性的認識。這種自囿視野和自縛手足的心態，不僅會扭曲了「知己、知彼」的準確性，則對自己有害，為本土社會福祉設想時，也將難以尋找何去何從的方向。我在此處如此直言，可能會遭遇部分人的批評。學歷史之人，對歷史的誠實交代，是這一專業的志節與操守。我也不能因為顧忌讀者的褒貶，扭曲自己的工作。若是我對讀者，採取迎合的態度，我將問心有愧，也愧對願意閱讀本書的讀者。

許倬雲

序於匹城

2018.5.2

自　序

　　本書是為補充一般歷史教科書而作，但不能代替教科書。中文的歷史教學，除了大學歷史專業的教材外，大多著意於敘述歷史事件；從中學的課本到大學的通史，歷史教材只有史事項目的多寡，及敘述的詳略，卻罕見貫穿時代與聯繫史事的討論。於是，不少人常以為歷史課為敘述過去陳跡，其實與自己的生活並無關聯。甚至有人以為，歷史不外是記誦朝代名稱及大事年代而已。歷史一科，在學校的課程中，不過是應付功課，不必重視。反正在考試時，臨時抱佛腳，搪塞過去，也就夠了。

　　嘗讀顧亭林先生的《日知錄》，一條一條討論史事，或則同類史事，前後比較，以彰顯異同；或則相類的史事，綜合討論，以觀知其因果。歷史教學如有這般解說，始可將似乎散亂的事件，一片一片編織為可以理解的線索，不僅點活了古事陳跡，也為我們提供了訓練洞察觀照的能力。數十年來，我是歷史工作者，每以《日知錄》的思考方式為學習的指南。對於目前歷史教材，我也時時期待有這一類作品，可以推薦給歷史學科的師生，作為各

人自己悟解的階梯。

去年拙作《萬古江河》問世，也是為了在這一想法，先寫一部供大家參考的著作，拋磚引玉，也許能引發同行俊彥，寫作更好的歷史讀物。《萬古江河》的跨度較長，古今都須顧及。今人活在今天，對於近代史事，總是比較關切，而《萬古江河》的近代部分，都相當簡略，有些讀者提出意見，認為我當在近代再多寫一些。

同時，臺灣的教育界，在這幾年來，對於中學歷史教學的範圍及重點，常有所議論。綜合各方的想法，似乎大家都希望歷史教學能詳今略古──不是丟掉古代，而是多注意近代：正如義大利史學家克羅齊所說，一切歷史都是現代史，因為只有從自己切身的經驗看過去，過去才呈現我們關心的意義。正是為了這一考量，本書的近代部分，佔了較大的比例。

臺灣的讀者，當然也希望對自己的鄉土歷史，多一些了解。維桑與梓，必恭敬止；我們對於自己切身的過去，也的確應有所關注。多少年來的歷史教學，中國歷史是當作一個整體處理的，確實忽略了各地的地方史。今天身在臺灣，我們的確應有臺灣史的專節，以補滿過去的缺陷。

今日世界正在走向全球化，無論何處，人人都必須面對這一逼人而至的現實。過去的教材及教學的安排，中國史與世界史是兩個並列的分離單元，今天我們應當將中國史納入世界史的框架，庶幾我們能在人類共同發展的路線上，尋找自己的軌道，並由此理解自己的定位。

為此，本書的第一篇，是十六世紀以前的中國及與中國相關的世界。各章內容都只是大綱大目，猶如潑墨山水的寫意手法。

第二篇是十六世紀到十九世紀的發展。我們以十六世紀為斷代，因為十五世紀末大洋航道開通，長久與亞非歐大陸分開的美洲人類社會，也與「舊大陸」的歷史接軌。從此「全球化」網絡逐漸成形。正是在這一時期，臺灣也進入大洋歷史與中國歷史，不再是孤立的一個島嶼。在本書的第三篇，則從十九世紀到二十世紀中葉，以處理近代世界緊鑼密鼓的發展，從二十世紀中葉至今日為第四篇，以呈顯我們身處時代的變化。

　　本書的安排，是世界、中國與臺灣的「三合一」：為了今日，理解過去，在世界史的大框架內，以中國史為經線，織入臺灣歷史的緯線。借用臺灣今日常見的口號：本書的視野，是立足臺灣，放眼中國，關心世界！然而，臺灣的「主體性」，如何定位？只有在如此框架，方能有明白的方向：外面不能忽略臺灣，臺灣也不能自外於周邊及世界，臺灣才不是遺世孤立的單元！

　　本書諸章，各有專題，其陳述的解釋，均是學者專著曾有詳細論證的意見，我嘗試將這些意見綜合為簡單的陳述。愚者千慮，或有一得，遂借花獻佛，提供大家參考。有關史事的細節，大都已在一般教材中有之，本書不再贅敘。──這也是本文開宗明義，自居為補充教材之故！至於拙見是否成立，則知我罪我，但求盡我所能耳。

　　為能貼合中學教學，北一女中卓心美老師細心提供諸多寶貴意見，在此特表感謝之意。

許倬雲謹序

2007 年 10 月

第四篇　現代世界與東亞（1950 年～今日）

補篇　十年後

第一篇　古代世界與傳統中國
（從遠古到 1500 年）

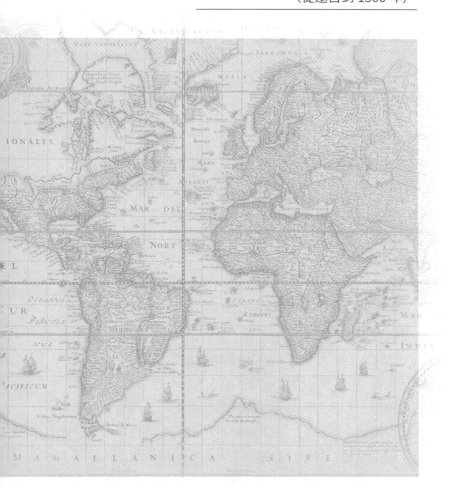

1. 古代兩河與埃及地區城市的出現

　　大約距今一萬年前，有些地方的人類馴化了可以食用的植物。農業出現，從此人類由食物的採集者，改變為食物的生產者。這一改變之後，人類開始長期定居，不必四處游徙謀生。人口增加，聚落也出現了，有些地方的聚落更發展為城市，形成多種功能的複雜社區組織。

　　經由考古的資料及古代文字的記載，我們對於兩河古代城市的認識較為清楚。這一地區古代城市發展的過程，也大約可以考知，而且兩河地區的農業發展，在人類農業史上，也為時最早。因此，我們討論人類大型聚落，不妨從兩河地區的城市為切入點。

　　兩河地區，即指今日伊拉克幼發拉底河與底格里斯河的流域，基本的地形是一片平坦的沖積平原。這一地區的西邊和北邊的高地，當是麥類馴化的地區。由於兩河沖積平原水源豐富，土壤鬆軟，是以農業發達，農村也相當眾多。可是沖積平原上，除了土壤，其他生活資源並不足夠。為此古代農人必須從外地取得本地沒有的生活資源，例如：從山區運來石材、從黎巴嫩運來木材、

從裏海運來食鹽……等類物品，而以本地的農產品外銷；遠地貿易因此相應而生。

因此在兩河平原，尤其東南方最為肥沃的巴比倫地區，出現了一些貨運中心的大型村落，成為周邊村落群的中心，這些超級聚落，遂演變為最早的城市。距今五、六千年前，城市為財富之所在，遂有了越來越堅固的防禦設備，深溝高壘，保護其中的居民。一個城市，往往有自己的保護神，有神廟為祭祀中心；主持祭祀事務的人員，也即是管理地方事務的領袖。城市與城市之間，不免因為爭奪生活資源而有戰爭。有些戰場上的戰士，漸漸成為專業的軍人，掌握了武力，取神職人員而代之，成為城市的統治階層，更因為城市之間的兼併，出現了一個中心城市轄有周邊衛星城市群的領土國家。阿卡德、烏爾、巴比倫等城邦，多有過這樣的演變。兩河流域經歷的這一過程，在世界各處也曾出現類似的現象。

兩河流域的古老文明，文獻的記載有限，都由考古學的工作，重建了這一地區人類歷史的早期成就。今日的知識，對於這一段歷史，在新石器時代發展農業及定居生活後，分為蘇美文化、巴比倫文化及亞述文化三個段落。楔形文字及大型聚落，都在蘇美文化時期出現，而巴比倫文化時代，文物典章，斐然可觀，至於亞述文化時代，大型國家已發展為帝國，文字也已分別為周邊各處備用，成為拼寫各種不同語言的字母了。

北非尼羅河中下游狹長的河谷，孕育了古代埃及文化。這一文化系統的源頭，還有待進一步的探討。我們所知者，埃及文化的早期發展，頗受為時更早的兩河文化刺激，而引發其動力，但日後的發展，埃及文化有自己的途徑，在社會組織、文字系統等

方面，都與兩河文化迴異。

　　古代埃及的農業聚落，分佈在尼羅河兩岸及河口的三角洲。經過兼併，出現了幾個中心城市，後來歸併為上下兩個埃及，最後統一為籠罩尼羅河上下游的古代國家。埃及古代的城市也是財富集中的中心，也有各地獨有的保護神信仰及其神職人員，最後統一埃及的古代王國，其法老王既是最高祭司，也是軍事領袖。

　　在印度河流域，曾出現哈拉本（有人稱為哈拉帕）文化，從其遺址顯見，哈拉本文化的聚落結構都相當相似，只有面積大小的不同。這些遺址都有建築在高地的廟宇、宮殿及儲糧的倉庫，防衛嚴密，自成格局；在低地則是市場與民居。遺址有大有小，呈現大聚落與眾多小聚落的等級佈局。

　　印度河流域發展的印度古代文化，似乎是獨立出現，但很早即受外來文化的影響。可能是印度河原生的哈拉本文化，既受兩河文化的衝擊，又因中亞印歐語系族群南下的影響，遂發展了後來的吠陀文化，而在其更向南方開拓的過程中，進入了恆河流域及印度次大陸的高原與沿海地帶，一波一波南下的印歐族群與各

四大古文明位置圖

處的土著不斷融合，締造了各地具有地方色彩的次文化，但其主要成分，還是印歐族群主導的印度文化。

　　古代希臘城邦是另一形式的城市，一般教科書都將希臘城邦美化為古代文明的高度成就，甚至以為希臘城邦是民主政治的源頭，其實，凡此描述頗與實際情形不符。希臘城邦是印歐語族群由北方進入希臘半島後建立的殖民地。城邦居民分成兩個階層。殖民族群是統治者及他們的奴隸，住在城內；城外是原來的本地居民。只有那些阿利安殖民者是城市的公民。世界上不少以移徙與戰鬥功能組織而成的軍事部落（例如歐亞大陸的游牧族群，及美洲大陸的若干印第安部落），其部落成年男子，對於部落事務有相當的發言權，尤其在推選領袖時往往由成年戰士們公決。希臘城邦中並非全是民主政體，雅典是最著名的民主城邦，斯巴達則是王政的城邦，而北邊的馬其頓為王國，不是城邦。

　　古代印歐語族群曾多次大批遷徙，進入印度，與當地居民融合為後來的印度人種。這些新來的族群，或則組織為城邦，或則組織為王國，其發展型態頗與古代希臘諸邦相似。至於古代哈拉本文化遺址的古城，與這種印歐城市之間的關係，我們無法確知。大致言之，兩者可能分別代表匯聚與殖民兩種型態。

※　　　　　　　　※　　　　　　　　※

　　上述匯聚型與殖民型兩類城市，共同的特點為人口高度集中於城市，財富也相當集中於城市。人才與財富集中，城市遂成為文明孕育與發展的中心。

　　首先，一個社區有了足夠的資源，即有餘力維持人群中俊傑之士，專注於勞心工作，由此可以進行抽象思考（例如哲學、宗教、數學），也可有人專注於創作（例如藝術、工藝）及將這些成

果保存與傳輸於後人（例如歷史、教育工作）。文明遂得以世代存續，繼長增高。

　　次之，城市人口眾多，成分複雜，管理這樣一個複雜的社區，已不是村落或宗族結構的管理方式足以肆應，於是古代城市出現，也即意味大型複雜的政治體隨之發展，並由此分化為不同組織方式與管理型態的政治共同體，亦即不同型態的國家。

　　文明的發展與文字的出現，有不可分的關係。兩河楔形文字是該地區最早的文字系統，由象形開始，而發展為拼音系統。後世許多拼音系統，直接或間接由這一系統衍生演化。古代埃及的象形文字，出現的時間略晚於最早的楔形文字，卻又在後來演變為「形聲字」的系統。兩河與埃及相距不遠，所以一先一後，後者卻又未襲用前者的造字原則，其中歷史關係至今未有令人滿意的答案。楔形文字的起始似與商業有關，埃及的古代文字則與宗教祭祀有密切關係，這一差異也是值得注意的。

　　兩河、埃及及其鄰近地區，各文化之間互有影響。上述兩個文字系統之間的關係，不過為一例證。又如，埃及金字塔的原型，可能仿照兩河神廟的高塔。埃及古代一度出現的獨一尊神觀念，後來成為猶太教的主要特點。兩河地區的麥類農業，傳播於西亞北非各地，後來更遠傳東亞及歐洲。中亞的馬車，傳入兩河及埃及，也東傳到中國，南傳到印度。凡此文化傳播與交流，處處可見，多不勝數。

　　本章主要在於討論人類文明的起源，而以複雜社會組織及文字的出現為指標。除中國文明系統之外，幼發拉底河─底格里斯河兩河流域、尼羅河谷的埃及，與印度河─恆河流域的印度，都是人類締造文明最早的地區。人類歷史上，大型聚落出現，兩河

與埃及的城市以至今可見的資料言，堪稱最早的幾個例證。大型聚落的出現在人類社會複雜化過程中，有其劃時代的意義。人類從群聚定居以後，生活安定，彼此學習，文明由此而逐步發展，開啟了幾千年的人類歷史。

2. 中國地區新石器文化到青銅文化時代的變化

　　中國地區幅員廣大，內部因地理條件的差異，可以劃分為許多區域。各區域之間，又因為壤地相接，並無難以跨越的障礙，以致各區域的文化發展與其相鄰文化，經常互相影響，甚至逐漸融會。這種現象與上一章兩河、埃及、印度各種古代文化的發展模式相比，中國地區的文化發展是不斷融合，最後趨於大同小異的面貌，而兩河、埃及與印度三區，論其涵蓋的總面積比廣義中國的範圍，大不了多少，卻長期區隔為各別發展的系列。

　　若以農業及聚落的出現作為指標，中國地區的農業，在距今一萬年前即已出現。北方以河北磁山的黍稷（小米）為至今最早遺存，南方則以湖南澧縣的稻米為最早的遺存。黍稷與稻米文化的分佈，大致以秦嶺淮河線為分界，但是中間的過渡地帶相當大，而且黍稷的栽培也可見於南方高地山嶺。

　　中國新石器時代文化遺址，數量眾多，超過任何其他地區，然而，由於大部分遺址是在現代建設工程進行過程中發現，難以作預先設計的全面發掘，因此中國考古學上罕見兩河流域那種有

農業的出現

　　近年來新的考古資料陸續出土，關於農業的出現，也有了更多的了解。除了出土石器，如石鐮、石鋤等農業生產工具，還有稻米的遺留。距今將近一萬年澧縣的彭頭山遺址等就發現了稻穀、稻殼的遺存，將中國種植水稻的時間，大幅推前。距今七千年左右的浙江餘姚河姆渡遺址，出土的相關考古文物更為豐富，甚至還有稻稈、稻葉以及生產工具。大約同時期黃河流域的裴李崗、磁山遺址，以粟為糧食，也發現了許多農業生產工具，如石鏟、石磨盤、石磨棒等，可知當時的人類不但已經從事農業生產，並能進行加工，已非原始型態。

計畫的大規模發掘一個城市的考古工作。中國的考古發現，以居住與墓葬為多，由文物內容，我們可以探索古人生活，但與兩河、埃及考古所得相比，較少大型建築的全貌（例如金字塔、神廟）。

　　中國考古學的特色，在於由古代器物的形狀與遺址的層位關係，重建同一文化的演變過程及不同文化之間的交流與影響。從區系類型的考察，中國考古學至少已對東北、山東、東南、華南、北方與江漢六個地區的變化有相當清楚的認識。這些地區，每一區都有其演變的譜系：例如東北區的紅山─夏家店下層─夏家店上層文化系列；山東地區的北辛─大汶口─龍山─岳石文化系列；江漢地區的大溪、屈家嶺、青龍泉三個平行而又彼此糾纏的文化系列；北方渭水與黃河中下游地區則是由仰韶文化分化為半坡與廟底溝兩系文化，廟底溝文化迤邐而東，遠達鄭州；東南太湖地

區則有馬家濱—良渚—馬橋—吳越文化的系列。……凡此發展，都延續數千年之久。

在四、五千年前，東北、山東與江漢地區的文化，都有過一次由盛而衰的過程，例如山東的大汶口文化，文物精美、遺址眾多，接下去有更為可觀的龍山文化，個別聚落較大汶口更大，社會組織也較複雜，但嗣後的岳石文化卻遺址數量少，文化也較簡陋。在距今四千年左右，新石器文化的中衰現象，在東北／河北、江漢、東南都曾出現；反之，中原黃河中下游的廟底溝文化，從未有過紅山、良渚文化那種精美玉器，或大汶口與龍山文化那種優質的陶器，卻居然一枝獨秀，出現了二里頭遺址的大型宮殿與城市及陶寺遺址的龐大墓地及居住遺址，這一次的巨大變化，其原因還待探索，卻是中國地區第一次出現了一個逐漸凝聚的核心，由此發展了可能相當於傳說中夏代的大型國家，更在此基礎上發展了從東北進入中心的商代與嗣後從西方而進入中心的周代。形成中國傳統歷史的「三代」觀念及與此相關的「中原」觀念。

二里頭的城市遺址，與商代的城市遺址（偃師、安陽殷墟、洹北……）似乎都是政治中心與禮儀中心，從其宗廟的位置，或及其規模言之，這些中心的政治功能，其實與禮儀功能難以區隔。中國古代的信仰，應有崇拜自然力的神祇信仰與慎終追遠的祖宗崇拜兩個不同的方向。紅山與良渚的精美玉器，毋寧是崇拜神祇的巫覡之法器，而商周的祖宗崇拜，則以宗廟祭祀祖先。「中原」的「三代」，以祖先崇拜為主，宗廟乃統治階層的權力所寄，是以此後的中國文化中，報始追遠，成為十分重要的觀念。

二里頭遺址中，有相當面積是製造石器與陶器的作坊，有一處還堆積了大量松綠石的石材。由此觀之，二里頭的古城，也是

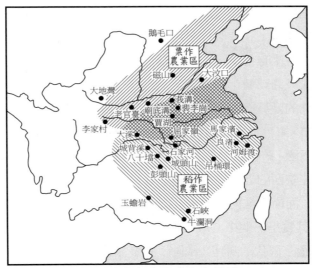

新石器時代重要遺址分佈圖

年代	燕山以北	黃河流域			長江流域		
		上游	中游	下游	上游	中游	下游
7000						彭頭山	仙人洞
6000		大地灣	老官臺 磁山	北辛			
5000	興隆窪					城背溪	河姆渡
4000	紅山	仰韶		大汶口		大溪	馬家濱 崧澤
3000	小河沿	馬家窯				屈家嶺	良渚
2000	夏家店	齊家	中原龍山陶寺 二里頭	山東龍山 岳石		石家河	

新石器時代重要文化系統表

一個製造中心,至於製成的成品,是否也是外銷的商品?抑是由別處取來原料,在此製作自用?目前不能確定。至少,這些石料與石材必定來自他處,則二里頭也是一個資料集散地,是一個類似兩河流域商業城市的聚落?

　　河北的藁城與湖北的盤龍城,都是商王國外圍的城市,應是衛戍城市,軍事性與政治性應強於禮儀性。周人由西陲進入中原,取代商王國,統治了中原。周代的封建制度眾建諸侯,以為藩屏,自周代在陝西的老根據地,逐步分封子孫親戚,紛紛建國,今日的陝西、河南、淮河、山東、山西、河北,都有周人封國。一個「國」,其實是一個中心城市加上若干衛星城市,以「點」控御四周的「面」。周代的封建,啟動了社區擴大與凝聚的過程,從城市發展為城邦,然後充實為領土國家。

　　春秋時期,中原與南方之吳越的對峙與互動,促成中國南北兩個文化大區域的融合,另一方面,有一些政治—軍事—禮儀功能的城市,例如臨淄、邯鄲、咸陽、郢、宜陽……,因為各地之間的互通有無,成為地區性的製造與貿易中心,這些商業城市構成一個網絡,促進中國各地經濟的整合,創造了「天下定於一」的經濟條件,結合文化上的整合,中國終於走向統一的「天下國家」。

　　西周王國解體,本來依賴宗族維繫的封建體系,在春秋戰國近六百年間,竟逐步轉化,完成了從城市到天下的歷史過程。

3. 中國古代的思想體系

　　中國的文字系統，起源於何時，至今還不能斷言。新石器時代晚期，陶器上偶見一些符號，可能即是當時的文字，至少大汶口文化的一些陶文，例如日、火、山形的合文，雖然相當抽象，但已具造字的原理。而且這些陶文在不同地點的陶器上出現，表示其似乎已經約定俗成。可是，此些陶文都只是偶然一見，此外並沒有成為文句的文字。四川的巴文化，青銅器上常出現幾個符號，有的如手掌形，有的如心形，但是也只是個別的符號，不能成為文句。也許古代已有文字，卻因書寫工具朽腐，遂不能留下篇章，供後人從中窺知古人的思想。

　　中國古代文字已確切可讀的，則是商代的占卜文字及銅器上的銘刻文字。前者筆劃較簡，後者較繁，但二者之間，仍有互通的造字與組句的原則。為此，卜辭是簡體，金文是繁體？

　　從卜辭與金文，因其文句簡短，而且限於祭祀或禮儀之用，從中抽繹，也不過是對於祖先的禮敬，及對於自然力（例如天、山、河、風）的敬畏。古人大約只有神祇信仰與祖先崇拜，簡約

言之，即是敬天與法祖兩類。但是二者不是互斥的，在各個族群裡卻也可能各有所偏；例如，紅山文化即可能是敬天的文化，而商文化則是法祖的文化。合而為之，敬天法祖的觀念，自從遠古，即是中國思想的重要成分。祖先之前，執掌禮儀是祝卜，在神祇之前，專司通靈的人物是巫覡，這兩類人物，都因其神聖的任務，既是專業的知識保存者，也是能作抽象思考的學者——他們即是後世思想家的前驅。

可作為探索古代思想的典範，至少有《尚書》、《詩經》、《易經》、《儀禮》、《禮記》及《春秋》經傳諸種經典，凡此都是北方文化的產品。在江漢地區，《楚辭》之中，也保存了不少南方的信仰與思想方式。至於古代思想家的系派，則以孔子、孟子、荀子一系列的儒家為北方主流，以老子、莊子、楊朱代表南方的系統，而又有衍生於儒家的法家、接近於自然的陰陽家，出於儒家而又反對儒家的墨家，及專論邏輯的名家。南北交融，遂整合為中國思想體系，則當在秦漢以後了。

這些系派的分類，其實出於漢人的分類，並不能反映中國思想的演變過程，我們毋寧依照若干觀念的轉化，探討中國思想的發展。

敬神，是對於自然而神祕力量的敬畏；法祖，是對於父母感情的延伸。兩者都未必具有超越的內涵，也未必有道德的意義。這種敬畏的超越，於自我及現實，當是在商周之際對於「天命」的認知。《尚書》與《詩經》中的「天」，是一種神祕的力量，也是獎善罰惡的道德性主宰。周人代殷商取得天下，自以為「天命」的裁決。這一突破，或可認作古代中國文明的開始，從此而後，即有善惡是非之分，生命有了指標與方向，遂有人生終極的意義。

　　《禮記‧中庸》:「天命之謂性,率性之謂道,修道之謂教」,最近出土的郭店(楚墓竹簡)文書:「性自命出,命自天降」,均可解讀為人性的意義;此處的「性」可以人類共有的屬性特質,也可以個人特有的稟賦,「命」則既是天賦的使命,也是由稟賦確定的命運。兩者都是超越於單純的存在,而有一定的莊嚴。二者均為戰國至漢代的文獻;也是從古代觀念合理的延展。我們無妨由此解讀,認知中國文明之所謂人文精神,即是由命與性的定義導出。

　　西周貴族社會,將周室王權追溯於列代祖先接受的天命。前述神祇與祖宗信仰的結合,在「天命」之籠罩下,一切禮儀,已不是僅僅為了取悅神明與祖靈,而是具有莊嚴意義的「禮」,亦即由如何遵行禮儀,轉變為「當為」與「不當為」的尺度標準。

　　孔子的出現,更進一步將貴族的「禮」制,當作每一個人都該遵守的行為準則,「禮」還是一個人文社會維持其文明的通則。禮是外在的規範,與之相應的則是「人」內在的本質。孔子揭出了「仁」的觀念,以落實人性。「仁」字原本是意指「美好」的形容詞。同時,在「仁」與「不仁」的意義,又作感受解。果實的核心是「仁」,則是認知果實為植物生命之所寄。孔子重新詮釋「仁」字,賦予人性最根本、最美善的本質。於是外在的規範,有了內在孕育的人性本質,若能發揚人性中這一分「仁」,人即成全了其為「人」的「命」。

　　墨子原來可能是從儒門中分出,但其著眼點不在個別「人」的完成人「性」,而提出了群體的公義,及如何促成群體共同福祉的機制。孔子身後,墨家成為顯學,則可能與春秋末季列國國家功能漸強,而有了以國為本體的群體意識有關。孟子為了反駁墨

家，將仁義結合為內外的一體，仍是發揚光大孔子的仁。

在墨子為顯學的時代，楊朱的個人主義也是顯學，這一主張，可能與淮漢南方的文化傳統有關。南方氣候溫和，植物易於生長，個人獨立也能謀生，因此不必強求群體中的合作互助，卻重視個體的自尊與自主。在這一系統，老子與莊子當然提出較楊朱學說更為清楚的論述。於是自從戰國時代以來，儒道兩家互為影響，到了漢初，還未十分融合，這一長期的糾葛，終於在南北朝以後，形成中國思想中互補的兩翼。

另一方面，荀子從孔子思想中，特別提出「禮」的部分，擴大「禮」的內涵，包含典章制度與法律。修道之謂「教」，則聯繫外在的禮與內在的仁義。這一理論系統，個人的修為與國家的治理，有密切關係。法令由禮教為本，而以「學」自進趨於群體「大道」的實現。

東方以沿海地區發展的陰陽五行之學，可能是由古代神祇信仰演變的思想體系，則致力於理解自然力及配合自然力的互動。這一系統的思想，重點在於「變」，而且注視人與自然界的互動，以釐清天人之際的變化。陰陽五行兩家的基本觀念，當與《易經》有相當程度的關聯。

法家及名家，一是管理的方法，一是辯論與思考的方法，並不涉及目的。

到了漢代，上述諸家思想在不斷辯詰中，互相影響。《呂氏春秋》、《淮南子》，甚至《禮記》中的若干篇章，都多多少少是一家學派，在與別家辯詰過程中，發展為一定程度的綜合。先秦諸家，經過辯證的綜合，則是董仲舒提出的鉅大體系，融諸家於一爐。董仲舒的理論，大體是以「變化」為主軸，其中諸種力量，相生

又相制，尤以陰陽兩極，互補而又不得走極端。個人為群體，是延續的擴大，而不是背反對立。於是社會的擴大、空間的盈縮與時局的變化，構成一個龐大的複雜體系，人在其中，承受體系的涵蓋與約束，而又以個人的自由意志參與不斷變化的大道。這一系統，成為中國人長期思想的模式，要到佛教進入中國，才有新的轉折。

4. 兩河、埃及、希臘、羅馬與印度的思維模式

　　本章牽涉許多古代文化的思維方式，難以在此詳述細節，是以僅就有關西方主流思想型態的部分，稍加論述。

　　兩河流域泥版文字，經過解讀，頗多古代傳說與文學資料引人注意者，一寓言方式的歌謠，其內容均是兩種事物的對比或互諷，例如雨水與烈風、甜水與苦水、牧人與農夫……，凡此對話，呈現對立的二元，彼此互斥不能相容。二元論的思維，在兩河思想體系，例如在波斯發展的祆教，及後來的摩尼教，都是善惡兩分的思想模式，頗繼承了古代兩河神話中神魔相爭的傳統。

　　兩元思想，也呈現於嚴冬與春天、死亡與生命、黑暗與光明……諸種更迭，嚴冬來襲，春神潛居黑暗的洞穴，人們必須經過努力，甚至犧牲，喚回春天，也喚回生命。這種儀式，就是後世基督教生命與復活觀念的濫觴。救回春天與生命的英雄，例如古代傳說中的馬道克，原是神魔大戰中的神將，在巴比倫時代演變成為救世主的形象，功在救回春天與生命，以此受人膜拜。凡此救贖與復活的主題，不僅在後世基督教教義中具有重要意義，也

是許多啟示性宗教的特色。

　　埃及古代信仰，由壁畫及紙莎草文獻中可知，長期延續了多神信仰的傳統，但在西元前十四世紀時，法老阿克那頓主導了獨一尊神的信仰改革，以太陽神為獨一尊神，他君臨宇宙，賦予眾生以生命，不論猛獅或小草都受太陽神的庇佑。這次宗教改革，不久即因各地神廟祭司的聯合反對，終於消失。可是這一事件可能是人類歷史上第一次提出了獨一尊神的觀念。當時正有許多猶太人在埃及帝國為奴，後來在摩西的領導下，離開埃及，回到故鄉，摩西提出的《十誡》乃是古代猶太教的基石，其中獨尊單一真神——上帝，是否接受阿克那頓信仰改革的影響？我們雖難確定，卻也十分可能，更堪注意者，阿克那頓的太陽神，是普世的真神，這一普世特性，其實與猶太教的族群神性質不合。猶太人自命為上帝選民，受上帝的特別恩寵。但在猶太人屢次經過亡國之慟、族群離散之苦，卻也逐漸將自以為以色列獨自的尊神，轉變為普世的真神。基督教初期的發展，保羅是一位關鍵的人物，經過他們發揚闡釋，以色列的上帝，遂完全轉變為人類共有的普世真神。

　　古代希臘的斯多噶學派，在中文往往作禁慾主義，其實這一派的思想，主旨在於修身養性，頗與中國儒家的克己復禮相似，這一宗派堪稱為西方的儒家，在希臘化時代及羅馬時代，是地中海地區的顯學，其影響超過同時代的其他宗派。那時，基督教還正在發展的初階，吸收了斯多噶學派倫理道德的觀念，豐富了原來族群信仰所不足的超越理念，尤其這一宗派主張宇宙間有一個終極的道理 (logo) 頗類似中國的「道」，在基督教《新約聖經》中「太初有道，道成肉身」，即是吸收了希臘哲學的觀念，轉化為上

帝代表的超越理念。

　　與斯多噶思想同時，希臘哲學的伊比鳩魯宗派，中文常譯為享樂主義者，其實也是誤譯。這一宗派的思想，以人生求其愉悅為目的，但是並不主張過分的享用，更反對貪慾與追逐名利，毋寧與中國道家的天然率性相近，這一宗派主張宇宙的客觀存在，甚至提出「原子」(atom) 是宇宙的基本物質，在近代科學發展後，這一派的理念，竟可稱為遠祖。

　　犬儒學派，中文常稱之為嘲諷的學風，也是誤解這一學派以個人自尊自在為志，不在乎世俗的虛榮與享受，生活但求自適，是絕對的個人主義，頗類似中國古代的楊朱學派。

　　至於畢達哥拉斯，則以為宇宙之理可由數字解碼，實是數學之祖。若與中國古代學派相比，頗似陰陽五行家的術數之學。

　　這些希臘的思想派別，竟與中國古代諸家可以掛號相比，當然兩個古代文明仍有相當差別，大致言之，中國思想重入世的人文與群己倫理，希臘思想則重視宇宙之理及個人的自主。

　　中國與希臘的宇宙觀及人生觀，均有從「實有」的方向思考，古代印度文明卻從完全相反的方向思考，討論宇宙與人生的虛幻。

　　印度最古老的典籍「四吠陀」及《奧義書》，原是多神信仰的儀禮，其內容無非如何祭祀禮教神祇。為了通靈神遊，這些祭司階級（婆羅門）經常服用或熏燒藥物，此期達到忘我境界。這些儀禮中，並不討論人生與宇宙存在的意義；因此，吠陀文化並無超越性質。

　　佛陀出世，不以為婆羅門教提供了超越的意義，初期佛教，是對於婆羅門教的反動。釋迦牟尼以為生老病死，四諦皆苦，但一日在世，還是必須遵循八正道，不能有惡言惡行。佛教的終極

意義，即是諸法皆空。凡所見諸相，無非心念所動的虛幻。從自己心念建構的人相我相，不過夢幻泡影。

　　早期佛家，應是無神論，可是佛陀之後，僧侶發展為信佛的宗教，原來還只是從辯證中自求解脫，但是佛教傳入中亞，受了當地啟示性宗教的影響，遂從自度，轉化為度人。由中亞傳入中國，中土的佛教已不是自度的思辨，而是以救贖眾生為其志業了。在中國，經過將近一千年的消化，度人的佛教與經世濟人的儒家，逐漸相融，將入世與出世，融合為自救與度人，而成就兩方面均顧到的志業。

　　各地人類，除了謀生求活之外，總會對於所處的宇宙及處於其中的人群與自身，探尋其存在的意義及價值，提出這些超越於求生的問題，即是突破渾渾噩噩的生活，開創了文明，各地人類各有其提問的方向，因此決定了其解答的可能範圍，本章所述，乃是二、三千年來人類文明已走上的旅程，一路行來，糾纏交叉，彼此影響，終於走到今天的世界，從此走下去，走到哪一境地，也全靠我們自己的抉擇了。

5. 中國秦漢帝國的型態

　　自從秦始皇統一了當時的「天下」，中國即成為一個長期整合的政治體。從此以下，這一政治體雖有分合，「中國」的本部，總是一個國體，而且文化與經濟的共同體，也是依附在「中國」這一觀念上。

　　中國，作為一個政治單元，能夠有長期的凝聚性，固然由於其地理環境自成格局，卻也由於國家型態，具備一定程度的穩定性。

　　經過春秋戰國的蛻變，古代的封建社會轉變為編戶齊民的天下國家，在同一個統治機制下，一般平民百姓，雖有貧富之分，人的地位也仍有高、有低，卻沒有永久的貴族與大量不能翻身的奴隸。大多數國民，都在同一個國家體制下交糧納稅，也由同一法律規範其生活所依的秩序。「編戶齊民」的國家型態，在古代世界並不多見（參見第六章）。可能正因為這樣的國家型態，經過長期的凝聚，「中國」這一觀念，竟界定了「中國」的存在。類似的國家型態，是最近數百年出現的主權國家，在今天已是常態。但

編戶齊民

　　戰爭促成了「編戶齊民」的國家型態。春秋戰國時期，各國為了更能有效控制資源以及動員人力，逐漸凝聚組成嚴密的國家型態。封建制度崩壞後，人民不再屬於諸侯領主，進入國家組織，承擔納稅服役的義務。秦統一天下後，行郡縣制度，始天子領有萬民，所以理論上，所有的人都是平等的（齊民），國家則透過戶籍制度，以戶為單位，將人民納入國家組織（編戶），並利用鄉里作為最基層的地方行政組織，完全掌握地方。

在歷史上，中國的編戶齊民制可能是延續最長久的個例了。

　　秦漢帝國的結構，並不是任何人設計的，而是經過戰國時代列國紛爭中，一個一個國家各別嘗試，又互相模仿，方出現了秦漢帝國所承襲的國家型態。戰國時代晚期，一個國家已是由君主與專業官吏治理，也已有了中央與地方的分層管理。秦始皇統一中國，將秦國已實行的制度施行於全國，漢承秦制，大體未改，但是經過三、四代的逐漸改革，專業的文官，構成統治機構的主體。從此以後，中國的皇帝不得不與龐大的文官集團共治天下，內廷與外朝的區分，頗與今日企業組織董事會與公司抗衡部分的關係相似。

　　外朝，亦即執行政務的政府，是一個龐大文官組織的高級主管，漢代的「外朝」，由丞相主持，在權力結構上應是與皇帝的內廷分工的，但是皇帝的權力，仍時時干預外朝。皇帝內廷的幕僚，包括宦官、外戚或寵臣，常常藉君權奪取相權。從漢至清，只有

宋朝的內廷沒有伸張勢力，侵奪文官組織的權力。終究皇帝是專制的君王，臣僚對皇權還是無可奈何的。

　　中國的文官系統，古代世界難見同類。今日社會學上的官吏僚屬（簡稱官僚）的定義，乃是一群以管理為業務的人員。這些官僚，應是執行政策的工作人員，因此政策制定人對於執行人員，應尊重其專業上的理性。但是，中國的文官，自從漢代薦舉賢良方正、孝悌力田……作為官員入仕進階的條件，數千年來的士大夫，都接收儒家理念教育。科舉制度考試，也以測試舉子對於儒家觀念的知識。於是，數千年來，中國的文官系統，不僅以專業為其入仕資格，而更以實現儒家理念為其目的。這是一個有意識型態的文官群，並不僅是管理系統中的工具。

　　許多宗教都有出世的理想，其樂土都不在人間。儒家則秉持入世的理想，要在人間締造一個符合其理想的社會秩序。於是以儒家士大夫為主體的中國文官系統，至少在理論上，認為政府不僅是徵集資源，保持國力，更必須為生民立命，為萬世開太平。因此，中國的皇朝，至少在政治上，不是為了皇權而存在，卻是為了天下生民而存在。皇朝有好有壞，大多數的皇朝，十分背離這一理想。只是，有理想，至少有一個力求改進的目標，總比沒有理想好，二千多年來，中國老百姓過的日子，大體來說，比在歐洲貴族政治下的百姓，還是比較好些。至少，有了天災人禍之時，通常政府照例會有賑濟的設施。當然，在最近四百年內，歐洲政制已大非昔比，歐洲百姓的生活水準超過中國百姓的日子了。

　　中國的文官，正如任何權力結構中人，大部分會為權力腐化，更多的人會依附權力，忘記了儒家理念。可是，只要有理想為鵠的，總有一些人，或在權力結構中，力求匡正缺失，或在權力圈

外抗爭。許多忠烈正直人士，即使在當時只是白費氣力，儒家的理想都同為有這些諤諤之士，得以長存不墜。

中國的文官，既以科舉為入仕途徑，過了關口的人數，相對於讀書人的總數，必然只是少數。讀書人中，包括尚未入仕及已經退休的，有不少人士成為社區的領袖，亦即地方的縉紳。他們代表了社會力量，對於國家既支持，也制衡。在近代民主政治出現之前，許多歐洲的國家內，並沒有類似的社會力量，以制約國家的權力。

由於中國政治上的這些特點：二千餘年來，編戶齊民支撐的皇帝與文官體制，為中國百姓提供了比較安定的生活。是以，中國天災人禍並不少於歐洲，但是中國人口持續增殖，而且文化與經濟的整合也持續進行，以致這一龐大的「天下國家」延續了二千年之久。

中國歷史上的皇朝，不斷更迭。一般言之，改朝換代乃是一種關節更新。朝代初起時，懲於前朝覆亡，必有若干新制，以匡救敝敗，而且新朝代的成功，其君臣必有一些能幹的人才。因此，新朝之始，施政大致不差，到了二、三代以後，制度日久生弊，再加一代兩代的安定，人人好逸惡勞，莫說創業，甚至守成也不足，再過二、三代，若不振作，則增事內亂外患敝壞，一切江河日下。此時皇朝無力肆應，就難有重啟新運的機會了。若是皇朝垮了，另一批人乘時而起，重頭收拾，即是新的朝代。這種週期，因每一個朝代的情形各有其歷史背景，卻還是不能有一定的時間長度，預測其發生。

總之，中國的皇帝與文官制度，使中國歷史有比較長期的穩定，在近代的世界大變化以前，中國文化與經濟，在這一個國家

型態下，有相當長時期的涵泳與凝聚；於是，中國的政治體、文化體及經濟體，三者幾乎完全重疊，即使在三者擴大的過程中，新吸納的邊緣也往往逐步融入其中，成為巨大共同體的一部分。另一方面，中國帝國體制也因為有此調節，陷入僵化的困境，以致不能在大變之時有所調適。

6. 古代的帝國──波斯、希臘與羅馬

　　波斯、希臘與羅馬，都是古代的大帝國，其聲勢頗與東方的中國相垺。不過，中國有其發展及凝聚的特點，這三個古代的大邦，也都各自有其特色。東亞、西亞與地中海，三個古代世界，在後世走上不同的途徑，其影響及於今日。複雜文化系統的開展，時時有重要的轉折，然而其發軔之初，也已決定了以後逐步前進的方向。

　　從兩河流域與尼羅河流域的古代亞非世界來看，今日的伊朗地區只是文明的邊緣。卻正是在這一邊緣地帶，波斯崛起為中東的主角。波斯由米提發展，正值古代中東由盛而衰，兩河流域與尼羅河流域長期爭奪霸權，都已疲憊。波斯從今日波斯灣起家，很快即席捲中東，奄有古代最為繁盛的地區。波斯帝國的政治結構，是相當強大的中央集權。帝國的管理，由效率不惡的驛傳，傳遞訊息。全國分為幾個省區，總督聽令於中央，收取地方的資源，以供帝國朝廷之用。波斯皇帝，不但有一支強悍善戰的中央禁衛軍，隨時可以開拔征討，而且還有一個特務組織，負責蒐集

情報，監視內外臣民。

　　波斯帝國，可稱為古代罕見的戰爭機器。皇帝的權力，在不斷開疆闢土的過程中，加強絕對的專制性格。也許正因為波斯征戰是務，這一強權，也在征伐中，栽了大跟頭。經過三代名王的努力，波斯先崛起為中東的陸上霸主，旋即致力於征服地中海。波斯與希臘諸邦的聯軍，對峙數十年，強大的波斯，一次敗於斯巴達領導的希臘陸軍，又被雅典組織的艦隊擊敗，幾乎全軍覆沒。古代亞洲陸權與歐洲海權的爭衡竟成了亞歷山大大帝崛起的歷史背景。

　　相當於中國先秦時期，亞歷山大以希臘邊遠地區的馬其頓，取得了希臘世界的共主地位。亞歷山大帝國，雖然盛極一時，終究未能在亞洲陸地長久存在。他英年早逝，龐大的帝國根本未曾凝聚，即分裂為三片。其中在中東的一塊，終於由一個中亞草原上的族群，建立了中國歷史上記載的安息。這中東大國，儼然是波斯帝國的繼承者。漢代中國的絲路逐漸開通，安息屬於東西貿易西端的樞紐，蒙利甚豐。但是，這一富有的大國，也正如其前身的波斯，不能擺脫與地中海霸權爭衡的歷史孽緣。安息在戰爭中消耗，未及整合為一個中東的核心，即在古羅馬的擴張中，與其進行了數百年的拉鋸戰。

　　西元第三世紀，波斯貴族推翻安息政權，建立了薩珊王朝，繼安息而為第三個波斯帝國。薩珊波斯繼續與羅馬爭奪霸權，其主要對手，已是羅馬分裂後的東羅馬。雙方鬥爭四百年，前面半段由薩珊佔上風，後面半段則東羅馬逼垮了波斯。這一段中古時代的歐亞爭霸過程中，還有歐亞大陸內地大族群向西移動，亦即歐洲歷史上所謂「蠻族」入侵。一波又一波的族群，如同骨牌效

應，潮水般擁入中東及歐洲。薩珊波斯與西東兩個羅馬，都承受了極大的衝擊。波斯為核心的中東，終於在新興伊斯蘭教崛起後，有了根本性的轉變。教權與皇權（有時是部落酋長的權力）結合為中東政治體的性格，至今仍大致未變。

地中海上，希臘是前期的主導者。希臘城邦係由部族轉化形成的共同體。我們常以為希臘城邦制，以雅典為代表，是民主政治的祖源。其實，希臘城邦毋寧是軍事部落與商業活動的產物。在希臘與波斯爭鬥時，希臘諸邦曾以聯盟的方式，兩度擊敗波斯，但是，希臘諸邦的內鬥，也十分激烈。統一希臘的馬其頓，竟不是一個城邦，而是部落轉化的王國。亞歷山大，不僅是希臘的共主，也是泛希臘化地中海的君王。他的帝國，是軍事征服的成果，卻沒有凝聚為一個文化與經濟的共同體。在他身死之後，他的帝國，也就分裂了。

羅馬接續了地中海的霸權，甚至歐洲的霸權。羅馬不是一天造成的，早期羅馬共和國，不過是泛希臘世界邊緣的一個城邦，由義大利半島上的部族，模仿希臘城邦的制度，崛起為地中海的主人。共和國是羅馬城內大族領袖結合的政治體，實權在元老院的寡頭政治。前後「三雄」的鬥爭，終於將羅馬轉化為君主政體，又逐漸因為軍事領袖挾兵權奪取政權，這一帝國演變為將軍們輪流稱帝的軍事政權。

羅馬的擴張，自羅馬共和國起，從無停息。羅馬軍團，兵鋒四出，出征的大軍，就留居在征服的領土上。於是，羅馬不斷勝利，卻也耗費了自己的國民人口。羅馬人不夠了，伊特拉斯坎人不夠了，義大利人不夠了。一次又一次，「公民權」的擴大，一批又一批的異族，進入了羅馬，也改換了「羅馬」的性質。條條大

路通羅馬，歐洲因此也改變了。

　　帝國之內，每一片新得到的領土，都與「羅馬」有其特殊的關係，經過當地原有族群與羅馬軍團的「協商」，構成各處領土的權力集團。羅馬法律，理論上是帝國共同的法律，實際上各地原有的法律，也還存在。一個眾所周知的個例：耶穌上十字架，不是羅馬總督的裁決，而是猶太人以猶太法律，處決了耶穌。

　　在中古時代，所謂「蠻族」入侵，實質上已將羅馬送終。羅馬分裂為二，西羅馬在混亂中消失了，東羅馬則實質上是亞洲陸地的帝國，其性質更近於波斯以來的東方專制，其中已沒有多少「羅馬」成分，在一片軍人與蠻族的擾攘之中，羅馬的權力，落在基督教教團手中。信仰這一新興宗教的軍人，拱手讓教會取得統治權。僧侶們的領袖，號稱使徒彼得繼承者的羅馬主教成為羅馬的教皇；許多教區主教，則形同地方首長，分別結合部族的軍事領袖與商業城市的富商大賈，在歐洲建立了前所未見的神權政治體系。

　　從波斯帝國到伊斯蘭教的崛起，中東沒有經過中國帝國的皇權加上文官系統的政體。同樣的，由希臘經過羅馬，到天主教教廷的公教體系，歐洲也沒有經歷中國那樣的皇權與文官系統結合的政體。中東與歐洲的教士，都是以超越人間的上帝，為其權力的依據。他們都是以「出世」與超越的理念為號召，取得權力，不像中國的儒家士大夫，以「入世」的態度，懸治國平天下的理想為鵠的。

7. 中國的精耕農業與市場經濟

　　在戰國時代迄於漢初，中國曾經有過相當蓬勃的市場經濟，其發展與都市化、貨幣流通，及私有財產制，均互相關聯。秦漢皇權高張，秦始皇的朝堂上，可是還有富人因財富而取得「奉朝請」的地位！這一發展，當因周代封建制度徹底崩潰，戰國時列國爭雄，都為了開發資源不遺餘力。新興的私有財產制下，有些人可以發揮求富的積極性，以致出現了《史記·貨殖列傳》所述，各行各業均有富可敵國的企業家。

　　漢武帝時，外有戰爭，內有建設，須為巨額的開支尋求財源。那些坐擁巨貲的工商業主，即在財產稅及逃稅的重罰（所謂告緡）雙重打擊下，大受創傷。這一現象，其實也不難理解：漢初是皇權正在擴張之時，皇權必需掌握一切資源，政治力量不會容許財富成為挑戰政權的另一股勢力。漢武帝的打擊工商業，遂使甫具規模的城市經濟從此一蹶不振。中國遂長期以農業為主要的經濟型態。

　　戰國時期，列國爭雄，都盡力開發資源，農業資源當然也是

漢武帝的抑商政策

　　漢武帝之時，由於在國內大興建設，對外又發動戰爭，財政困難，為免商人投機獲取暴利，致使社會貧富矛盾，因此，漢武帝在張湯、桑弘羊等人的籌劃下，採取抑商政策，打擊商人勢力。例如：禁止私人及郡國鑄錢，由政府統一鑄造錢幣；將鹽、鐵及酒收歸國營，嚴禁私人販賣；行均輸法及平準法，平抑物價，防止富商牟取暴利；頒佈算緡令及告緡令，向商人和手工業作坊主人徵收財產稅，並對車、船徵稅，對於逃漏稅者，罰戍邊一年，沒收全部資產，並獎勵百姓告發違法商人。經此國家財政方得紓解，許多商人也因此而破產，勢力大不如前。

為人重視的項目。一方面，開拓田畝，招徠人口；另一方面，為了增加單位面積農田的產量，有人注意農業技術。農家由此而為專門的學派（《管子》與《呂氏春秋》都有篇章，討論農耕技術）。

　　當時中國人口分佈，以中原最為密集。在人口壓力下，增加單位面積的產值，改善農業發展的條件（例如建設水利），更投入大量的勞力，用精耕細作，增加土地使用的最大效產。在漢初，勸農是政府重要的政策，政府主導推廣有高效率的農耕工具及農耕技術。改良農具，例如趙過的代田法是在有限的農田面積，藉壟溝互換，達到就地易土休息的效果。區種是在一個小面積上，集中使用大量肥料。推廣以畜力拉動改良的耕犁，以增加犁耕效率。推廣春小麥，以縮短冬休時間，引進苜蓿，作為牲口飼料……，均是努力提升農業水平的例證。另一方面，政府有意提高農民的

社會地位,「力田」是政府察舉人才的一個項目。相對言之,商賈則有受到壓抑,甚至規定商賈的生活水準,不得超越一定的限制。

從農戶的一面言,為了實施精耕細作,農戶必須掌握足夠的勞動力,以備忙季之用。但在農閒的季節,又不免有多餘的勞力。於是,農戶常須在農閒時,或則為農產加工,以增加其附加價值(例如醃肉、漬菜……),或則將經濟作物製造為商品 (例如紡麻、織布……),凡此農戶的活動,遂使農舍不啻工場。農舍手工業的收入,毋寧成為農村經濟的一大支柱。我曾估計,漢代農舍手工業在農戶收入中,佔了不少於總收入四分之一的比例。

農舍手工業的發展,填補了前述城市製造業被摧殘後,留下的空缺!農村散佈各處,農舍手工業的商品,必須經由市場集中與分銷。這一具有集散作用的市場網絡,遂成為一個全國性的經濟網絡,最底層是農村定期輪流的集市,逐漸提高為常設市場的鎮市,亦提高為地區市場中心的城市,然後是大區域中心的重要都市,這一巨大的網絡,在地理空間上,呈現為全國的交通路線網,以幹道、大路、支線,與村落之間的小路,編織為區網,聯繫全國各地。在這一網絡上,政府的行政權力與民間的訊息傳播,和商品的流通一樣,都可順暢。中國廣土眾民,憑藉這一網絡,整合為文化、經濟與政治複合的共同體。我認為中國的多重共同體,正因其多重功能的互補,凝聚為罕見的緊密。中國歷史上,不乏分裂的時期,但政治上的分裂,往往經由文化上的一致及經濟上的互通,還是修補成為一體。中國也常有異族入侵建立政權的朝代,這些征服王朝的族群,幾乎都難免終於為中國吸收,成為中國的一部分,反而使「中國」的範圍及「中國」的觀念,都一次又一次的擴大。

中國的三重整合的共同體中，其特有的經濟型態，使中國農戶對於市場有相當程度的敏感性。中國的農戶，從漢代以來，難得有孤立自主的可能：桃花源那樣封閉的社區，終究只是難以尋獲的理想，漁人黃道真終究不能再找到桃花源的入口。

中國精耕細作的農業，還必須有其配合的意識型態。儒家的孝道觀念與宗族觀念，為社區社群意識，增加了血緣紐帶的認同，是以中國的農村常是一個或數個宗族聚居，並以此倫理維持了農村的秩序。同時，孝道的倫理，尤其「不孝有三，無後為大」的觀念，也與農戶保持勞動力不缺的需求，有彼此相證的合理性。

農村成為中國共同體的基礎，遂使中國人對於農村有無限的依戀；還「鄉」是回到「鄉」村。鄉村的人才，從原鄉出去，無論做官還是經商，在老年退休時，還是回到原鄉。原鄉因此不至於有人才與資源的流失。

農村也有因為天災人禍，以致難以維生的時候。逃離家鄉的農夫，扶老攜幼，逃亡他鄉，卻在他鄉又建立了老家的翻版，甚至地名也整個搬過去了。中國核心地區的三重整合網絡，於是也隨著人口不斷遷移，不斷的擴展到四周地區。中國疆域的擴張，很少是由於國家大軍出征取得新的領土；更為常態的，毋寧是隨著一波一波的移民潮，「中國」的疆域擴大了。政府的設治，通常是接踵而至的後續行為。

精耕細作農業，必然用盡已經開墾的土地，以維持其人口的生計。人口按幾何級數增長，土地的生產力，無論再加上多少勞力，一旦到達其報酬的極限，也不能再有所相應的增加。為了維持不斷增加的人口，只有增加可耕地的面積。於是中國的山林藪澤，從村落邊緣開始，一片一片，開墾為農田。同樣的緣故，河

流也為了灌溉,陸續用於灌溉。經過數千年來農地的持續增闢,中國的自然景觀,為之丕變。中國人以為繁榮安定的景觀是田疇相接,莊稼豐茂;中國的詩歌中,最常見的是田園,很少歐洲的牧野與山林。

　　精耕細作的農業,為中國人的飲食,開發出不少美味佳餚;可是其中最為豐富的成分是碳水化合物(澱粉)、纖維質與素食的蛋白質。相對於歐洲,中國人不食用大量的肉類與乳類食物。這種偏於素食為主、肉食為輔的營養來源,也決定了中國人(或東方人)的體質。

　　綜合言之,中國精耕細作的農業經濟,構成中國文化系統中的重要條件。長久以來決定了中國人際關係、人與人群的關係、人與自然的關係,及「中國」之所以凝聚與整合為如此龐大的共同體。

8. 中國地區人口與族群的移動

　　中國地區的人種，絕大多數是人類學上的「蒙古種」（黃種），不過北方是大陸型，南方是海洋型，二者之間體型與膚色稍有差別。南方及西南可能有少數海洋尼格魯人種滲入，西北部也有一些高加索種（白種）的少數族群。

　　中國地區，人口常有區間的遷入移出。同時，區內的族群移動也相當頻繁。

　　在史前時代，可徵考的資料不多，難以確知人口移動的情形。文獻可徵的古代，至少可知商周之際，因為周人封建親戚，各處新封國家，都有源自西土的周人及配屬的商人，與當地土著人口，構成一個一個多元的地方族群。春秋戰國時期，戰爭頻繁，在兼併的活動中，各大國的人口移動，也是常事。秦漢統一，至少東南與華南的越人，曾大量移往北方。因為防禦北方的匈奴，秦漢兩代都遷移相當人口實邊。秦始皇曾移東方豪強於邊地，西漢時代，三選七徙，充實陵邑，也曾有數十萬戶關東的富戶豪民，移往首都，這幾次人口遷移動輒數十萬，在當時不到五千萬的總人

口數中，已有不小的比率。

　　相當於秦漢時代，日本的九州地區曾有相當數量的大陸人口陸續移入。這些來自中國地區的移民，創造了彌生文化，為日本帶來水稻耕作及冶煉鐵器的技術。在西元前後二、三百年的時段內，據估計有數百萬人移入九州。近來以基因測驗，日本九州人口與中國山東及東南地區的人口，確有相當關係。我以為秦滅六國，齊魯燕楚都有可能航海出走，秦漢併吞百越，也當有一些人口被移送北方。漢代曾將數十萬越人移往淮河地區。

　　兩漢時代，北方人口陸續移入長江流域及西南各地，改變了全國人口的分佈格局。兩晉南北朝，南遷的北人為數更多。同時，南方的土著族群，在漢人南下時，或則避入深山，或則更往南方及西南移動。

　　在中國北部，所謂五胡亂華，東北至西北的北族人口，大量移入中國，最後終於融入中國的多元國族。這一為期五、六百年的長期人口移動，牽動中國及周邊許多族群，總的趨勢是南向的「鏈鎖說」式骨牌效應，涉及人口數字，應以百萬至千萬計。在人類歷史上，可謂為深遠影響的大事。同樣的趨向，其實從未停止。中國東北森林與北方草原的居民，不斷進入中國，分佈北方，而原來居住北方的中國人口，又不斷南遷，以致北方與南方語言，頗有區別。中國南方的「客家」乃是長久保持南遷集體記憶的族群，凡此屢次的大量人口南移，在文化與經濟的南北比重，都有顯著的影響。

　　中國人口由西向東的移動，大多源自西方。在唐代中葉，還有一批中亞人口，因為伊斯蘭帝國的擴張，陸續遷入中國本部，例如原在中亞的沙陀，成群移入中國陝西、山西。蒙元時代，調

動中亞的軍隊（簽軍），戍守中國內地。這些人口大多融入中國多元國族，而隨蒙元勢力進入中國西南的簽軍，成為中國境內伊斯蘭族群的南支。

　　至於由東而西的移動，也曾見於中國西域，第一批西移人口，是在漢代原來居住今日甘肅的大月氏，受匈奴擴張的壓力，西遷至中亞河間（今日阿富汗）。匈奴與中國對抗，經歷兩漢數百年，最後為中國擊敗，匈奴餘部西遷，一路往西，鏈鎖的效應，導致歐洲歷史上的「蠻族入侵」。中國南北朝時期，原在中國東北方的一部分鮮卑人，橫穿草原，進入黃河西岸，結合當地党項羌，建立了西夏。突厥敗於中國，西突厥餘部移入中亞，建立國家。在伊斯蘭帝國時，突厥人常是中亞地區的主人，最後突厥軍人移入今日歐亞之間，奪取政權，其後裔即是今日的土耳其。中國北方的契丹人建立了遼國，長期與宋朝分據中國，遼亡於金，餘部西征，在今日新疆建立西遼，雄張當世。

　　中國人口南向出海，則為由宋朝開始。唐宋之時，南海航道暢通，航道上出現了不少新興國家，華人也陸續進入南海各地。這一長期人口移動，在元代更為可觀。明初鄭和「下西洋」，在渤泥、舊港、麻六甲各處，都已有數以萬計的華人，建立聚落。十六世紀，大洋航道開通，中國出海人口更多。在明清之際，巴達維亞與呂宋，都已有數萬華人居住。十八世紀以後，西方帝國主義開發太平洋，華南人工外移南洋、美洲西岸及澳洲的人數，不下數百萬人。十六世紀以來，臺灣是閩粵人口遷移的新出路。明末鄭氏開臺，隨鄭成功入臺的軍民十餘萬，加上在荷領時代已經入臺的人口，總數應不下二、三十萬，康熙取得臺灣後，陸續由閩粵二地遷移臺灣的人口更多，甲午割臺，臺灣已有二、三百萬

人口。在閩粵人口移殖臺灣時，臺灣原居民，大部分同化於中國多元國族之中，但有若干部落則遷移入山，或移居東部，人數約以萬數。

　　十七世紀至十八世紀，河北人口移往陝北甘肅，湖北人口移往漢水流域上游及四川盆地，及山東人口移居東北 （所謂走關東），則是區內人口的移動，往往以數十萬至百萬計。

　　中國地區內外人口的大量移動，三千年來從未停止。由外面移入的人口，當以北方族群為主體，而南遷的人口，則攪入南方的原來居民，使其融入中國多元族群之中，且這兩個趨勢，都導致中國族群的擴大，也使中國文化的內涵更為多姿多彩。至於中國內部人口的遷移，則以其「攪拌」作用，促進融合，減少了地方性的差異。中國人口龐大，佔將近今日人類總人口的四分之一。這一龐大數字，並不全由自然增殖，而是不斷吸收與融合所致。

9. 歐洲地區族群的移動

　　舊石器時代的歐洲，曾有尼安德塔人種的居住。最近基因研究的理論，認為現代歐洲人是非洲人種移殖的後代。這一說法，使誰是歐洲早期居民的問題，難以有清晰的答案。

　　若從農業出現算起，歐洲地區農業發展，較兩河與埃及地區為晚。從兩河地區發展的麥類種植，傳入歐洲，也是由東而西，譜系相當清楚。歐洲新石器時代的考古成果，至今很難確認，誰是這些古代農人的族群。可知者，歐洲文明發展最為迅速的，還是在地中海周邊，尤其地中海西端的希臘人。希臘人的來源，則明顯是由巴爾幹及小亞細亞南下的白色人種。當時在東歐及歐亞交接地帶，早有一群白人居住。這批人種分佈的北限，可能達到中國西面，今日俄國東南面，那一片廣袤的草地。高加索種這一名稱，即指涉在高加索山脈下，古代居民代表的人群種屬。

　　在這一地帶，也可能是人類最早馴養馬匹的地方。估計在西元前第五千年紀，馬匹已在高加索山與黑海、裏海之間，於良好的草原，被人馴養。然而，在東亞，早期新石器時代的馬骨，幾乎都是食餘的遺骸，馬匹作為畜力的牲口，還必須在新石器時代

晚期，才見於中國的遺址。在青銅時代的殷商文化，馬匹與戰車即已在中國出現。至於胡人騎射，更在西元前第一個千年紀的早中期，已是北方草原文化的重要成分。馬匹進入古代中東與埃及的戰爭史，是在希克索人入侵埃及之時，已在西元前第二個千年紀的晚期，其時代也相當於馬車出現於中國的殷商。印歐族群，一批一批南下印度次大陸，約略也在西元前第二千年紀的中期。三方面的情形湊合言之，西元前第二千年紀的中期，或許更早時期，可能是高加索人種及其挾帶的馬文化擴散的時候。只是，他們東向的發展，被東亞的蒙古人種擋住了。最靠東邊的一支高加索人種，可能是在中國河西走廊居住的大月氏。匈奴與中國在此地爭奪霸權時，大月氏被迫向西南遷移。

　　這一背景，或者有助於了解歐洲居民的情形。高加索人種的西移，其跡象可由一種積石木室的墓葬觀之。這種稱為庫爾干的

庫爾干理論

　　1950 年代，Marija Gimbutas 提出「庫爾干」(Kurgan) 理論。庫爾干出自黑海北部出現的一種史前人類的葬墓遺址，Gimbutas 以此稱呼西元前 5000～2500 年間黑海地區到北高加索、伏爾加河下游的草原地區，以至西伯利亞葉尼塞地區的半游牧文化。此一文化武器較先進，採用豎式墓坑，並已飼養馬匹，有了農耕生活。之後陸續向外遷徙擴散，是為印歐人種的早期文化。但有關於印歐人種的故鄉何在，除了此一理論之外，學者從語言學、人類學或考古學下手，尚有中近東、安那托利亞、巴爾幹等說法。

古代墓葬遺址，橫亙歐洲大陸，處處可見。高加索人種自歐亞交接處向西向南擴散，最西端的極限遠達愛爾蘭，他們亦即稱為開爾特 (Celts) 的族群。

在羅馬擴張歐洲時，歐洲大陸的重要族群是今日法國一帶的高盧人，另一批古羅馬人奴役的斯拉夫族群，居住在東歐及中東以西的地區。沿著北海周邊，則有以捕魚維生的北歐族群。地中海周邊則是希臘─羅馬文化的核心地帶。

中國與匈奴相爭數百年，中國終於擊敗匈奴。失敗後的匈奴，其後裔大多仍在東亞居住，但有一部分向西遷移，引發了亞洲內陸族群遷移的鏈鎖效應。於是一些原來居住在歐亞大陸腹地的高加索族群，紛紛西遷，在歐洲歷史上即是西元四世紀開始的所謂蠻族入侵。羅馬建立的地中海霸權，隨著一批一批的「蠻族」入侵，為之終結。

歐洲的族群分佈，自從蠻族入侵，即完全改變，最重要的變化是日耳曼族群完全佔據了歐洲大陸的腹地。從多瑙河到阿爾卑斯山脈以西，全是日耳曼人的天下。在羅馬帝國的時代，日耳曼人曾是帝國軍隊的重要成分。羅馬帝國一分為二，其西半部變質為天主教會與日耳曼軍事領袖共有的「神聖羅馬帝國」。原來羅馬帝國的東半部，則是東正教會與東歐土豪的天下。這些地方豪強，有的是斯拉夫族群，有的是巴爾幹半島與亞洲西邊的一些當地族群。

在北海邊上的北族，向東擴張，侵入歐洲西部的陸地（今日法國及荷、比等處）與海外的英倫三島。他們也是部族紛紛建立地方性的政權。同時與早已在這一地區的高盧人及英倫當地原來的居民，逐漸融合為西歐的拉丁族群與盎格魯─薩克森族群，是

即後的法語與英語族群的前身。

　　相對於中國地區的族群移動效應，歐洲的族群移動為多元的分化。不像中國有一個堅實的文化核心，亦即華夏文化，不斷吸納進入中國的族群，也不斷將鄰近的族群同化於華夏。這是一個以核心凝聚的型態，其過程是文化的涵孕。歐洲的多元分化，則是將原來堪為核心的「羅馬和平」秩序衝散了。代替羅馬秩序的是天主教會與東正教會的宗教秩序。這兩支信仰秩序，也有相當強大的涵孕功能，但是地方軍事化部族的力量，也相當強大，宗教秩序不能獨擅勝場，還是必須與地方族群的武力集團分享權力。

　　多元化的後果，歐洲歷史走上長期的封建制度，強大的領主，不能有效的建立統一的國家，地方力量保持了相當程度的自主性。「君主」與地方力量之間，由宗教秩序提供一定程度的調和。這種權勢維持頗久，在原本一元的宗教秩序，多元化的權力分配型態，面對長期的文化與權力的多元化，終於由內部崩解。於是原本長期不衰的多元化趨勢，在宗教秩序崩解後，遂不能不再作調整。新興的國族體制，一方面擺脫了宗教秩序的束縛，另一方面經過對內凝聚為文化—政治—經濟的整合，建立了新的共同體。於是歐洲歷史，出現了有單一主權的民族國家——這是一個遲到了數百年的族群整合。國族分立的列國體制也更進一步延遲了歐洲全面整合的機會。

　　歐洲近代史上的列國體制，賦予歐洲諸國巨大的動能。列國體制是民族主義的體現。由於歐洲國家在國際競爭中表現了強大實力，於是民族主義與主權國家的理念隨之擴散於全世界。以致世界現代史的前半段是一些民族國家，以帝國主義的強勢，宰割歐洲以外的人類社會，後半段則是各處殖民地也以建立民族國家

為訴求,以反抗列強帝國主義為口號,紛紛模仿歐洲的方式,建立自己的主權共同體。

於是,西元四世紀開始的「蠻族入侵」,竟以其延遲了許久的發展,將世界也帶入「分」的多元化。下一步,又可能正因為有了這一多元分化的歐洲模式,也不免要付出許多列國鬥爭的代價之後,分崩離析的人類社會方可能整合融合為一個「合」的局面。

10. 歐洲的經濟型態

　　歐洲的工業化，乃是最近三百年的事。在此之前，歐洲的經濟，也還是以農業生產為主，不過其城市為基地的商業經濟，自古以來，即相當重要。

　　在古希臘時代，城邦四周仍是農田。不過，以雅典為例，市民是統治階層，不擔任艱苦的勞力工作，蘇格拉底等人整日討論學問，未見從事生產。雅典城邦，城裡城外，奴隸及壓在下層的原來居民，大致總數不下全人口的三分之一，這些人是農業生產的主力。雅典以其良港的條件，發展海運及貿易，最重要的商品是葡萄酒、橄欖油、糧食與鹽。當然，銅斤、鐵料及若干手工業產品（如細麻布）也是商品。商業貿易為利豐厚，是以雅典城邦重視海上活動，也有相當數量的人口從事貿易及水運工作。由雅典的情形，可以推論其他希臘城邦的情形，大致都相差不多。事實上，希臘模式為歐洲經濟型態，定下了基調。直到近代，歐洲的城市經濟，商貿佔了經濟總量的重要部分。

　　歐洲的農業，主要糧食作物是移植了發源於中東的麥類。麥

類之中，大麥、小麥、燕麥……種類繁多，與中國作物稻米相比，麥類是旱地作物，不需很多水分。與中國的黍稷類相比，麥類收割與儲存，都比較方便。中國北方的黃土，有其毛細管吸水功能，不宜深耕，以致破壞了毛細管結構。麥類植根較深，吸取水分的能力較強。於是，麥類的耕作，可以比較粗放、大面積，用畜力拉犁深耕，即可有不壞的收成。——這也正是自古以來，歐洲農夫採取的耕作方式。

在上章所述蠻族入侵以前，歐洲在羅馬秩序之下，雖然還沒有出現後代的封建制度，但是使用奴隸及附屬人口勞動，都屬常見不鮮。是以，歐洲一向不是以小農耕作為主要型態。大田眾作，都適合於粗放的耕作。相對於中國的精耕細作，歐洲的粗放耕作，不能經過細緻的輪耕、加肥……等工作手段，在原地連續耕作。歐洲的傳統農業，必須有二圃或三圃輪耕，方能保持土地的肥力，於是，在拋荒輪休的土地上，任草類或灌木生長，是歐洲農林常見的景觀。在這些草地與灌木林中，農林人口可以採集素食的食料，包括野菜、漿果、菇類，也可在草地上養殖牛羊，在林中養豬，在灌木叢中獵取兔、雉之類的野味。這些葷蔬食料，為歐洲提供了碳水化合物以外的營養。

「蠻族入侵」之後，軍事部落制服當地原來居民，建立了封建制度。大小領主握有莊園，上章所述的耕作方式，最為常見。這種型態的農村，通常有農舍、耕地、牧地及林地四個成分；農業是耕作、採集與牧養三類工作的互相配合。因為有牧地與林地存在，歐洲農林景觀，不是田疇溝洫，而是田園山林。歐洲人習慣於自己耕一牧兼顧的農業型態，於是稱中國及其鄰近的東亞農業為「跛足」的農業，認為缺了牧（林）業，食料中的蛋白質將

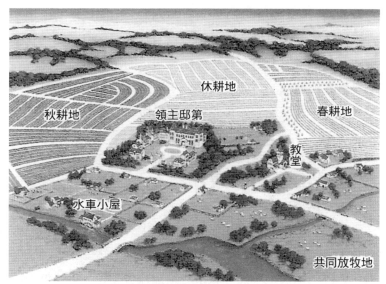

中古歐洲莊園示意圖

有不足。其實，東方農業的食料，豆類作物提供了足夠的蛋白質，
品質還優於肉類的動物性蛋白質。

　　前面曾提到古代城邦的城市經濟。在中古及近古，歐洲的城
市經濟，始終是整體經濟的一個重要成分。地中海的城市，經過
海運，無遠弗屆，可以跳越鄰近港口，直接與遠處港口貿易。因
此，地中海的海運，不同於中國陸路交通，並不必然構成一個定
型的網絡。這些城市不必依賴四周的腹地，於是具有比較自由的
獨立地位。後來歐洲陸海交通聯繫各地，交通線上出現許多重要
的城市。不過，這些城市之間，並沒有建構層級的網絡。因此，
歐洲地區的城市，整體而言，保持了相當自主的地位。歐洲城市，
自其早期的特性繼承了獨立的地位，遂能在封建網絡籠罩的農村
之外，自成平行於農村經濟的另一經濟體系。

　　歐洲隨著生產力的提升及東方與西方大區間貿易的出現，在中古以後，經歷了迅速的城市化過程。這些城市以其海外貿易及長程貿易的需求，發展了長程運輸業，也開始了借貸、保險等功能的金融業。熟練的工匠集中於城市，憑藉充沛的原料供應，也發展了以城市為基地的作坊工業，提供城市與鄉村的市場需求。這種城市中的作坊工業，在戰國至漢初的中國城市，也曾有過蓬勃的發展。但在漢武帝以後，農舍工業佔了手工業生產的相當部分。歐洲的城市則始終能有其獨立於農村以外的發展空間，由此繼長增高，為後世資本主義及工業化經濟，預留了強固的基礎。

　　中國農村，因為精耕細作的勞力需求，必須維持足夠的勞動力。中國的宗族制與孝道觀念，將大批勞動力，安土重遷，留在農村。歐洲的情形則不然。城市必須招徠勞動力，於是城市吸收了農村的多餘人口。歐洲的長子繼承制，使次子幼子必須外出覓食。這些「三隻小豬」故事反映的外移勞力，在新的環境不能不自力更生，一方面，他們有工作的積極性，另一方面，他們有獨立自主的自由空間。歐洲不斷釋放農村人口，對於後來資本主義市場經濟的發展，毋寧也是其中一項因素。

　　因此，中國長期以農村發展為基礎的單元經濟型態，與歐洲農業與城市互補的雙元經濟型態，呈現迥然不同的特性。中國的經濟穩定而堅實，但是只能有「量」的成長，不易有「質」的改變。歐洲的型態，卻預設了不少成長與轉變的機會，遂在近世出現了龐大而有力的工業經濟。

11. 歐亞之間的絲路

　　絲路是漢代開通西域以後，中國對西方輸出絲帛的通道。這一名稱，是由德國地理學家里希霍芬創立的，因此不見於中國典籍，也不見於外國的文獻，其實是一個近代才出現的名詞。

　　東西間的交通，也不能論定是始自漢代；東方與西方之間，人群的遷徙，文化的交流，早已有之，例如所謂「鄂爾多斯」型

鄂爾多斯文化

　　十九世紀末以鄂爾多斯（今河套周邊）為中心，出土了大量青銅器的北方草原游牧文化，故名。此一文化鼎盛期約在春秋戰國時期，範圍包括中國北方、蒙古、西伯利亞一帶，與當地的文化皆有交流。其青銅製作工藝進步，包括兵器、裝飾、日常用品、馬具……等等，藝術水準高，以動物紋為其特色，代表文物如帶扣和動物紋飾牌，造型別緻，具有獨特風格。

的藝術風格，本在西亞發展，但在中國的北方也屬常見。至於青銅之出現，也是先在西亞發展，其觀念輾轉傳入東方，中國地區的古人由此觸發，開展了另成一格的青銅文化。

絲路，並不只有經過河西走廊，出玉門關，經過天山南路沙漠及綠洲城市，那一條駝鈴渡磧的道路。絲路應是一個龐大的陸上交通網絡：從中國西向，有北、中、南三條路，北線經過漠北，中線經過額濟納河域，南線才是河西走廊的道路。在古代西域，有天山北路、天山南路兩邊，及穿過今日西伯利亞的一邊，也是三條路線。在「西域」，折西南向，又可沿著蔥嶺以下偏東一線，及靠近裏海偏西一線。進入歐洲，則有經過今日伊拉克的主要道路，及經由北面西向進入巴爾幹與東歐的另一道路。漢代開通西域的張騫，當時走的是北路，經過匈奴西去，回來時是經過南路返國。甘英奉命西探大秦（羅馬），走到了裏海或黑海，卻因為畏懼風浪，竟中途折回。

我們討論陸上的絲路，一向著重於中西之間的文化交流。是以，經過絲路，東方與西方有長期的貿易來往；而在文化交流方面，佛教進入中國，即是經過中亞絲路傳入，祆教、摩尼教、景教（聶斯脫留派的基督教）、伊斯蘭教……，也都是經由絲路進入中國。此外，西方植物、藝術經絲路傳入中國，例如西瓜、葡萄……都成為我們常用的食料。西方音樂，包括樂器（胡琴……）、曲調（唐代十部樂中的至少六部），都融入中國文化。中國文化西傳，除了絲帛綢緞及生產技術外，造紙與火藥的製造技術，都於伊斯蘭教世界及歐洲，發生重大的影響。凡此都是眾所周知的大事，此處不必再多說了。

我們一向不很注意的事，當是在亞歐兩洲交界處，沿著廣義

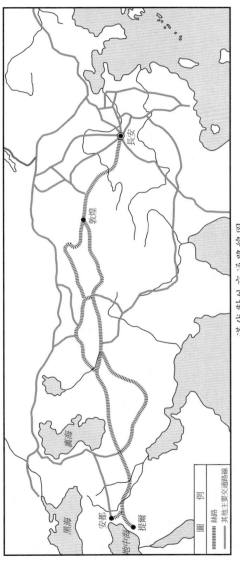

漢代對外交通路線圖

的絲路，由北南下，這一大片內亞腹地的廣大地區，所發生的族群移動。那些事跡，不僅不斷改變了當地居住族群的成分，其影響所及，對於中國、歐洲與印度的歷史，無不十分巨大深遠。

亞洲北部的蒙古高原，與歐亞交接處烏拉山，西南下高加索山脈，東南下天山、帕米爾，兩線之間構成一個大弧形的亞洲內陸。其氣候都是高寒少雨，但在向陽的谷地，積雪融化，往往水源豐沛；即使沙漠之中，伏流的河流冒出地面，注為湖泊池沼，成為綠洲。這些大大小小的綠地，宜於牧業，也可以發展一些農業。至於地勢低凹之處（例如新疆的吐魯番），可能溫度遠高於四周鄰近地區。新疆的許多綠地，都可發展農業（包括瓜果的種植），又如今日阿富汗北部，兩條河流之間的「河間」地區，也是絲路上的重要農業區。

在這一巨大的弧形地帶，人類曾經發展了以馬牛羊與駱駝為牲口的牧業，並且因為長途逐水草而居，游牧文化成為與農業相抗的另一生產食物的生活方式。游牧生活中，在現代機動車輛還未出現前，馬匹的使用，毋寧是最為重要的工具。駕車外，騎馬更是牧人必須熟嫻的技術。無論騎、乘，都可從生產功能轉化為戰爭的功能，遂使牧人與農夫之間，在武力鬥爭方面，有強弱懸殊的差別。

這一地區古代人民馴服馬匹，可能是在西元前二千年紀，先是作為拖拉車輛的畜力，後來人類又學會了騎乘。若將馴服馬匹對照中國與其他地區的歷史，商代中期，北方外族鬼方、獫狁大為活動，商代卜辭中頗多與鬼方的戰爭記錄。西周時期，與北方、西北方的戰事也史不絕書，青銅器銘文中，也頗有戰車會戰的記載。戰國時代，趙武靈王學習胡人的騎射，當然因為北方的胡人

已習於騎乘作戰。

在別的地區，西元前第二千年紀的中期，正是大批印歐語系民族從內亞西出南下的時期。西出歐洲的印歐族群，逐步西進，直到最西端的愛爾蘭，這一持續進展的大遷移，若以庫爾干型墓葬中的馬具，作為考古證據，使用馬匹是其長程遷移的重要因素。從那時以後，歐洲即是印歐語系的天下了。南下的族群移動，一支是由北向南，越過興都庫什山 (Hindu Kush) 進入印度次大陸。這一批南下族群，一波又一波，在西元前 1500 年為最頻繁，延續不斷，終於將印度次大陸的人口成分，改變為南支的印歐語族。另一支南下族群，則是在中東兩河古代文明核心地區穿越。其中走得最遠的是進入埃及的希克索人，他們帶去的馬匹，埃及步兵望風畏懼，然而埃及也很快學到了戰車的作戰技術。

在中國，秦漢農業帝國與匈奴游牧帝國對抗數百年。中國於西元 89 年擊敗了匈奴，北匈奴從漠北敗逃，向西南進入內亞，經過數百年的南下移動，一路吸收了不少當地族群，最後進入東歐。匈奴鐵騎於西元五世紀迫使東西兩個羅馬，結城下之盟。匈奴後裔，遂以馬扎爾人的名稱，建立了匈牙利。

匈奴往西南移動的前例，不斷再現於歷史。中國的歷史觀點，只以中原與北族的對峙為主題，從未注意北族所以南犯的背景及後果。匈奴盛時，勢力及於西域，原居住在河西走廊的大月氏，被迫西遷伊犁河流域，又因為被鄰近的烏孫擊敗，大月氏再遷到阿姆河一帶；在西元前二世紀，大月氏滅了原在此地的大夏 (Bactria)，成為內亞族群，其語言是內亞通行的語言。西元第一世紀，大月氏五部之一，貴霜侵略了其他四部，建立貴霜王國，是內亞的盛國。這一連串的鏈鎖效應，即在中國周邊進行，其實

也是中國人該知道的史事。

　　中國擊滅了北方游牧大帝國的匈奴，北方由東到西，一時沒有強大的族群，遂開啟了諸族乘機發展的契機。匈奴餘眾西徙，引發了歐洲歷史所謂「蠻族入侵」的鏈鎖效應。在中國方面，則是「五胡亂華」及其後中國的南北分裂。東北與西北的外族在中國北部建立了大大小小的政權，而以來自東北的鮮卑人為最強大的族群，其政權據有中國北部，亦即北魏與北齊、北周三個王朝。

　　此時在內亞活躍的粟特人，在中國文獻稱為昭武九姓，原來服屬貴霜，後來則為內亞新起的嚈噠征服；突厥興起，又被突厥游牧帝國征服。不論歸屬於哪一政權，這批粟特商人是絲路貿易的重要分子。

　　鮮卑入主中國，北方地空，柔然興起，壓迫原居阿爾泰山南麓的嚈噠，於西元四世紀南遷阿姆河一帶，先後擊敗薩珊波斯，擊滅貴霜王國，於西元五世紀成為內亞最強大的勢力。在絲路上，嚈噠作為東方與西方的中介長達一個多世紀，後來突厥興起，滅了柔然，於西元六世紀下半，又滅了嚈噠。這一連串的興滅，都與中國北方草原上的族群盛衰，息息相關。

　　突厥、回紇、契丹，先後在中國北方及西北大為雄展。隋唐都曾對突厥稱臣，唐代興盛，擊敗突厥，餘部西突厥卻在中亞稱雄一時。契丹在中國北部建立遼國，與中國南北對峙，後為女真滅亡，契丹餘部逃往中亞，建立西遼，是當時的盛國。這兩個由中國西移的強族子餘，都被當地人士視為另一個中國，以「桃花石」稱之。回紇則在唐代安史之亂時，支援郭子儀，恢復唐室。回紇是當時中亞強族，與中國、吐番、大食，四個政權彼此縱橫捭闔，互爭雄長。後來回紇信了伊斯蘭教，伊斯蘭教的政權，雄

霸中亞。

綜合言之，亞歐之間的一大片亞洲腹地，土地貧瘠不足以維持大量人口，中亞的早期歷史，是人口族群不斷外移，或西或南，開拓歐印。在漢代開拓絲路以後，中亞腹地居東西貿易的中介，頗收過境轉運的利潤。這一新形勢，使中亞腹地若干交通樞紐，一變而為可以坐收中介之利的據點。於是即使在東方的失敗者，一旦遷徙中亞，也可稱霸當時。也正因此故，這一大片腹地，不僅是過境的通道，也是族群爭奪的利藪。北族南下，其間的紛爭，竟比北族與中國之間的頡頏，情形更為複雜。

因此，陸上絲路的開通，其影響不僅是商品轉輸及文化交流，其實還導致中亞形勢的丕變，將歐亞交接的腹地，一變為自成局面的棋盤。

12. 中國南方的對外通道

　　相對於中國北方的對外聯繫路線陸上的「絲路」，南方的水上交通路線，有人稱為海上絲路，也有人稱為陶瓷之路。本章討論主題，除了貿易外，也兼及於中國文化圈的擴大。

　　中國與外部的接觸，除了開拓交通路線，其實也有領土的擴張，其影響則是將曾是「外」地的他族，攬入中國，並且經過文化的涵化，吸納於華夏文化體系之內。在北方與西北方，由於天然條件的制約，乾寒的亞洲腹地，不宜於中國式的農業。原來以牧業為生的族群，即使一度擊敗中國，建立征服王朝，入居中國之後，都同化於華夏。但是，中國大多未能將北方與西北的牧野，納入中國版圖。漢唐開邊，兩度遠到西域及中亞腹地，卻終究不能將這些地方納入中國。但在南方（包括西南），中國的擴張，常由開放吸納，進展為建立據點，再由移民深入，終於全面以文化的滲透與漢化，吸收了邊區，也同化了原來的族群，納入華夏文化體系之中，不再有內外的分別。

　　中國南方通道的開拓，通常由漢代的徐聞（位於今廣東）、合

浦（位於今廣西）出發，經過南海，遠達黃支（位於今印度半島南）一事，當作開拓對外交通路線之始。其實，這一海線的起點，本即是剛納入中國領土不久的南越交阯（位於今越南北）。在西南方面，益州是通往緬印及馬來半島的起點，而益州本身，則是開通西南夷之後，才是中國的版圖。南方與西南方道路的開拓，都有其更早的階段，兩者之間是連續的歷史。

　　南方的海道路線，是一段一段的聯接，南方的陸地部分，在長江以南，山川湖泊，割裂地形，原來居住的族群，通常只能形成較小的群體，不能建構較大的複雜社會。即使如秦漢之際的南越，也不過廣州交州的一部分，南越與甌越則更為弱小。後世在南方的割據政權，也往往不過今日一個半個省區。若在南海的島嶼，更因散置大洋之中，不可能有大型的群體。但是，這些分散的聚落群體，總是會與鄰近的其他群體來往，亦即有其一段一段的道路存在，有些商品往往經過一站又一站的傳遞，運送到相當遙遠的地方。將這些一段又一段的路線串聯，即是南方的長程路線。

　　舉例言之，張騫曾在西域見過來自巴蜀的邛杖、蜀布……，他以為應有道路可以從中國西南，經過印度，直達西域。這一認知，啟動了漢廷開通西南夷的大事。開通「西南夷」之後，中國向南的確有通道，然而毋寧仍是逐站轉運的長程運輸，大宗貨運其實不易。另一方面，因為這一認知，許多西南夷在轉運線的「國」，包括那一個自大的夜郎，一個一個成為漢代的郡縣。從這些幹道上的郡縣，又有許多支線旁出，中國的移民從商販開始，逐步滲入腹地，將「點」聯結為「線」，又從「線」擴散為「面」。他們未必取代了原來的族群，卻是經過同化，吸納了原來的族群。

漢代開西南夷開始，中國西南部的華夏化過程，經歷了二千年，經過多少次的類似清代「改土歸流」的過程，今天還在循同一方向進行中。

中國的南方也經歷了類似的過程。漢代的長沙南下，以至南越番禺（位於今廣東）這一條經過洞庭、湘水、灘水、珠江河谷的水陸路線，由幾個點聯繫為一條線，經過這一條通道，漢代的五溪蠻、三國的山越、南朝的傒侗蠻僚……，以至明清的苗傜壯夷族群逐漸為中國吸納，成為中國的編戶齊民。

由中國南方海岸出海航運所經過的地區，在印度次大陸以東，也是一連串的小群體，自漢代至唐代，這一條航線，直接以大船運送商品前往中東的商販不多，大多船隻都是一站一站的轉運，當可稱為一連串的區間貿易。中國的經濟體，比這些個別的小群體遠為龐大，整體國力也強大。因此，中國在這一亞太地區，北至日本，南至馬來半島，建構了一個「華夏和平秩序」（我們可稱為 Pax Sinica，類似歐洲歷史上羅馬和平秩序 Pax Romana），以貿易與朝貢制度結合，並以強大國力為後盾，長期執東方世界之牛耳。中國在亞洲腹地，極盛時，雖有過唐代的羈縻州府，遍設於西域葱嶺；然而中國在內陸的霸權，從持久與實際影響言，都不如在東亞周邊海上的霸權。相對言之，東亞地區列國之間，也的確未見嚴重的國際衝突。有之，則是日本屢次侵犯朝鮮半島，及安南兩度有事，中國必須介入干預。在南海地區，小國之間的戰爭或國內的變亂，其實並不常見，往往中國出面，一介使者即可解決爭端。

回到海上航道的經濟效應，南方航道所經，地方經濟體通常國小人少，熱帶或亞熱帶氣候，又不需厚重衣服。中國歷史上外

銷商品中，最為有利的絲帛，在南方諸國用處不大。再者，中國
絲綢產地，唐代中葉以前還在北方；中唐以後，南方江浙沿海才
成為絲帛的主要產地。北方生產的絲帛，有走慣的北方絲路外運，
南方海運又是區間貿易的轉運，於是南方海道，至唐代中葉以前，
少見中東印度商舶直接來華，南海商舶載來商品，長期以來，以
珠玉、玳瑁、龍涎香……為主，從中國運出的商品，則以工藝品
為主。是以，早期南方航路的經濟效應，並不十分可觀。

　　唐代開始，印度、大食（即伊斯蘭教國家）的大型商舶，大
量來華，廣州、揚州都有外來客商群聚。宋代更多外舶，泉州、
明州也成為外貿港口。這一變化，一則由於亞洲腹地的戰爭頻仍，
中國的西部也多事故，陸路商路並不暢通。二則，中國的瓷器生
產有長足進步，北方瓷邢窯、定窯、鈞窯，南方吉州、龍泉、德
化、長沙，諸處均有名窯，瓷器質量均多可觀。這一現象，內銷、
外銷，孰為主因，以致刺激了生產？尚待進一步研究。以目前水
底考古學中唐代沉船的資料看來，長沙窯與德化窯，論品質不算
上等，而且內銷不多，這兩處出品似乎是以外銷為主。是以，唐
代瓷器產量的大發展，或許竟是因為外銷的刺激而起。然而，瓷
器一躍為重要的外銷商品，對於南方國際海運毋寧有其一定的作
用；既因為不少名窯的產地在中國南方，也為了航運的載運量大
及折損率低，海運佔了優勢。

　　這一轉變，其影響所及，在國內言，南方所佔中國經濟的比
重，一時超過北方，至今還是如此。經濟力的強大，使中國南方
在文化與政治兩個領域都有與時俱進的龐大影響力。在國外的影
響言，大量商貨運輸所經之地，對於當地的經濟與文化均有提升。
於是，南方各地都有前所未見的國家出現，真臘、占城、越南，

均是富足新群體。甚至中印道上，南詔（大理）一時崛起，也是南路西線運道開拓後的現象。東南亞的形勢，有此國際秩序的重組，也為之丕變！

南方航運的發達，竟使中國不但是航路的終點與起點，也成為海陸兩條商路的中繼點。南海的香料，在歐洲與中東有龐大市場，遠大於中國對於香料的需求。在中國北方為遼金佔據時，南海香料，竟可由中國轉運遼金，再經過亞洲腹地的長程轉運，轉入西方市場。這一轉變當可解釋為日後全球經濟網絡成形的前奏。俟十六世紀以後，大洋航運開通，新大陸的黃金白銀投入國際經濟網絡，才是全球經濟網成形之時，最後則有待於今日的發展，全球經濟遂整合為不能分割的經濟體。

綜合言之，中國南方的國內與國際形勢，其演變過程，較與中國外銷經濟及中外航線性質的變化，有相應的關係；其整體的發展情勢，似與上章所述亞洲腹地商路的變化，呈現迥異的型態。

$13.$ 基督教與伊斯蘭教的擴張

　　基督教與伊斯蘭教的擴張，分別在歐洲與中東的文化、政治、經濟，都重大而又長久的影響人類歷史的轉變，由於這兩個信仰系統各霸一方，也從此決定了方向。

　　基督教是從猶太教衍生的信仰系統。然而基督教教義的普世意義，使這一宗教超越了族群神的信仰，逐漸由巴勒斯坦，擴散到歐洲，最後遍佈於全球。從基督教教義引申的若干價值觀念，例如自由、平等及民主，均已成為人類社會共同持守的信念。同時，歐洲文化經此轉折，發揮了空前的動能，遂使歐洲的印歐人種掌握了全球性的優勢。

　　基督教在耶穌創教時，不過是以色列人的一個小宗派，其理念固然已超過猶太教眾先知發揮的教義，但是當時人士，大致只以為這一宗派不過是許多猶太復國運動的一支。基督教教義的開展，保羅諸人的貢獻極大。這些早期的使徒，在希臘羅馬城市的猶太社區傳教時，以書信的方式，論釋基督教教義，將當時泛希臘文化中的若干觀念，尤其斯多噶派的思想，揉入基督教教義，

使這一信仰系統為猶太人以外族群都能接受的普世宗教。

　　基督教在猶太社區，本來即是一般平民百姓的信仰，傳入東地中海諸重要城市，也是在窮人之間，吸收信徒。西元第二世紀以下，羅馬內部逐漸改變，共和體制淪為軍人控制的統治體。羅馬軍團，兵鋒四出，各處征討，羅馬的兵源漸漸不足，於是原居住在東歐與亞歐交接處的許多族群，成為羅馬軍團的新成分。這些所謂蠻族，其投軍從戎者大多出身窮苦，當中不少人已接受基督教，於是基督教漸漸滲入羅馬軍團，成為基層兵卒的信仰。西元 313 年，羅馬皇帝君士坦丁在內戰中，察覺軍人的基督教信仰，遂標榜基督教的十字架符號為軍徽，鼓舞軍心，竟得大勝。君士坦丁遂將基督教合法化。

　　這一轉折，不僅使原來在地下傳播的基督教可以公開傳教，得以隨同羅馬軍威，傳佈於羅馬世界各處。歐洲原來居民，如在西歐的高盧人及東歐的許多族群，本各有自己的民俗信仰，例如「泛靈」信仰。基督教傳佈於這些族群時，也頗能將基督教的儀節，遷就這些所謂「異端」的舊俗。舉例言之，今日的耶誕 12 月 25 日，其實即是冬至，在北半球而言，白日最短，黑夜最長，可說是冬寒終將回春的轉捩點，也是農家收成，在冬日遍地風雪前，慶祝豐收的時節。今日耶穌的復活節，是清明前後，又正是大地回春，生機重現之日。基督教的教堂，常建於「異端」的聖地；祝聖的聖徒，也常借用當地原有信仰的若干人物形象。凡此現象，均可是基督教能夠迅速普遍吸納歐洲各處信眾的策略。

　　羅馬帝國分裂為東西兩部，都受蠻族侵犯。匈人阿提拉兵臨君士坦丁堡城下，脅迫東羅馬投降。日耳曼人於 476 年，罷黜最後一任西羅馬皇帝，羅馬實際滅亡。歐洲淪入所謂「黑暗時代」，

基督教會是唯一能提供文化與秩序的組織。各處基督教主教，實質上，在與當地領主封君共治。這些封君，浸假必須以基督教會的祝福，取得其在人民心中的合法地位。羅馬的主教，則是基督教會的最高權，其地位凌駕於武人自立的「皇帝」之上。歐洲遂是基督教會的「公教秩序」統治時代。當時羅馬的希臘正教，則是為皇權服務，教士們也是「皇帝」的文官，不論在羅馬的公教，抑是在東方的希臘正教，都可謂是政教合一體制。教會握有權力，卻也因此失去了潔淨！於是，為了排斥異己，基督教會箝制思想，壟斷文化資源，歐洲的文化淪為萬馬俱暗的局面。後在十四世紀文藝復興及十六世紀宗教改革之後，歐洲文化才重獲生機。

　　這一時期，中東（亦即亞洲的西部）伊斯蘭教崛起於阿拉伯半島，其族群居住沙漠，以游牧為生，這些貝督因人自古處於波斯文化的邊緣，服屬於此起彼落的王國與皇朝的權威。阿拉伯人習於遷移，是勇猛的戰士，也是精明的商人，中東地區是東方與西方商路的中間點，幾百年來坐收貿易之利，也吸收了東方與西方的文化，發展為中東特有的文化。

　　在此些背景下，阿拉伯商人穆罕默德創立了伊斯蘭教，以順從阿拉意志為其核心教義。伊斯蘭教與猶太教、基督教同源歧出，都是啟示性的宗教，都著重在劫難與救贖。不過伊斯蘭教的教義，強調對唯一真神的順服，甚至穆罕默德也只是最偉大最後的先知，他本身不是神，於是避開基督教聖靈三一與救主復活所牽涉的難題。真神規劃的行為準則，順服是善，違逆是惡，又不必在善惡分界及原罪觀念有所糾纏。這樣的宗教，對於質樸不文的信眾，明白易行。因此，本來處於波斯文化邊緣的阿拉伯人，有了一套可行於日常生活的信條及儀式，足以超越宗族部落的局限，發揮

遠大潛能，團結於這一信仰，建構為堅實的共同體。

　　伊斯蘭教興起時，正值中東兩大帝國，薩珊王朝的波斯與希臘正教的拜占庭帝國，纏鬥了數百年，都已精疲力竭。薩珊王朝已經衰老，政治、軍事均不振作。伊斯蘭教團，在這一時機乘勢颺起，滅了薩珊，壓服拜占庭，擴張勢力，又在亞洲腹地，擊敗中國唐代的戍軍，南向繞行地中海，攬有非洲北岸。從亞洲腹地到北非，均為伊斯蘭的政權統治。固然內部有始終不斷的權力鬥爭及朝代更迭，伊斯蘭教的信仰體系，確實已據有中東及四周的歐亞非三洲交接處。這一地區本是東方與西方遠程貿易的樞紐，此時伊斯蘭教團的勢力籠罩所有北線、南線，陸路、海道的運輸路線。伊斯蘭勢力坐收中介利潤，掌握了豐厚的資源。

　　這一形勢使歐洲的商業受制於伊斯蘭勢力。歐洲的權力中心，亦即羅馬的基督教會，遂發動十字軍東征，然而卻是勞而無功！另一方面，形格勢禁，歐洲人不得不轉而尋找新航道，冀望繞過伊斯蘭勢力的壟斷，竟因而開通大洋航道，啟發了後日一連串的歷史，包括殖民東方、發現美洲，以及終於編織了全球性的經濟網絡。

　　伊斯蘭勢力掌握豐厚資源，取精用宏，既承接了希臘羅馬與波斯文化，又接受了東方傳來的中國與印度文化，一時之間，中東文明，無論文學、藝術、數學、科技，均有十分可觀的成就。此時也正是歐洲處於文化黑暗期，新進闖入歐洲的蠻族，還未能繼承古典文明。若沒有伊斯蘭世界保存了希臘羅馬典籍，則後來的文藝復興將無所憑藉。伊斯蘭世界，學到東方文明，例如中國的造紙術、印刷術、考試制度，與印度的航海技術……，並將這些知識轉介於歐洲。這一貢獻，對於文明日後的發揚光大，功莫

大焉。

　　歷史的發展，往往因為偶發的因素出現，導致不能逆轉的趨向。基督教與伊斯蘭教，都尊崇獨一真神信仰。這一獨斷的特性，導致其強烈的排他性。兩個排他的信仰，比鄰存在，衝突在所不免。從十字軍東征以至今日，這兩個信仰之間，和平相處之日少，兵戎相見的事件多。人類的超越性信仰，本有許多可能的觀念與方式，獨一真神，也不過許多可能性之一而已。然而，一旦有了這一排他的獨斷，人己之間的包容與共存，即不再可能了！最近十餘年來，世界各處恐怖分子的活動，造成許多災害，就是因為基督教與伊斯蘭教，兩個獨斷信仰之間，無可調和的衝突。

　　綜言之，基督教傳入歐洲及伊斯蘭教奄有中東，在人類歷史的長程發展趨向上，實佔有十分關鍵性的意義。許多幸運的事，與許多不幸的事，都因為這兩個信仰系統的發展，及他們之間的糾纏，在人類歷史上，留下了深刻的軌跡。

14. 佛教及其他宗教傳入中國

　　佛教傳入中國，在世界史上也是一樁大事，其重要性不下於基督教在歐洲的傳佈與成長；因為佛教進入中國，引發了中國文化本身的轉變，而且也由此改變了日本、朝鮮，以及蒙古等地的文化。

　　佛教入華經過三條路線：南傳佛教，經由南海進入中國，北路則是經過中亞的中繼，傳入中國本部，藏傳佛教先在西藏高原立足，然後又傳入蒙古高原與東北地區。三條路線傳入的佛教，各有其特色。

　　最早傳入中國的宗派，是經過中亞傳入的大乘佛教。在印度，最初佛教是尋求自我解脫的宗教，其重點在理解四苦諦（生老病死）的無窮之苦，及由此悟覺諸法皆空。這是自度的佛教，不是度人度世的宗教。佛教進入中亞，發展了救贖世人的大乘佛教。據說龍樹是這一宗派的創始者。但是，中亞地區早就有源出西亞的從 Gnosticism（諾斯替，靈知派）衍生並混有祆教成分的摩尼教，此外還有 Mithra（密特拉）與 Meitrya（彌勒）的啟示信仰。

凡此天啟信仰，都有（善惡或明暗）兩元對抗、劫數、救贖，以及最後得喜樂和平的承諾。——基督教其實也是這一類型的啟示（天啟）宗教。啟示性宗教的影響，使佛教由自度轉向度人。這一類型的大乘佛教，由鳩摩羅什等人傳入中國。在中國發展的許多宗派中，淨土宗無寧是最具啟示性宗教的一支，人生歷盡苦厄，仰仗佛力，或有解脫，則有彌勒、彌陀、地藏……等佛力救贖信仰，度世人往生淨土。至今淨土宗在中國衍出的許多宗派，還是中國民間信仰的主要部分。

　　南傳佛教，相對於「大乘」一向稱為「小乘」，其實是誤譯。南傳佛教保留原始佛教上座部的教義要旨，可說是從悟解求自度的佛法。南傳佛教進入中國，當在南北朝時，較中亞佛教的傳入為晚。這一派的悟解觀念，終於與儒家孟子一派的唯心主義互相

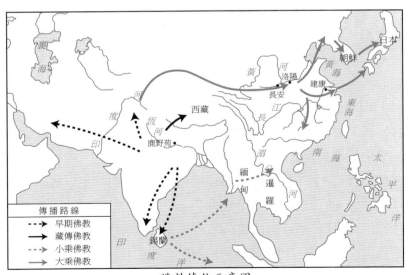

佛教傳佈示意圖

契合，成長為中國的禪宗，日後蔚為中國佛教之中十分重要的宗派。相對於淨土宗在一般群眾中的強大號召力，禪宗的信仰者雖說可以有不識字的有緣人，終究還是對知識分子較有說服力。兩大流派各有其信眾，至於玄奘取經回來所創的唯識宗，則因為其高度的哲學思辨，竟至逐漸隱沒，無法與上述兩大宗派抗衡。

藏傳佛教具有印度原始佛教的許多成分，也吸收了婆羅門—印度教及西藏本土苯教的成分，相較於前述傳入中國的教派，藏傳佛教是顯密兩宗中的密宗，於儀式、咒語以及身體修持，有其特色（藏語中稱密宗的「上師」為「喇嘛」，所以藏傳佛教又稱喇嘛教）。這一宗派，在中國的本土並未發展，卻馴化了草原上戰鬥性甚強的游牧族群，後來成為蒙古與滿洲兩族的信仰，遠播西伯利亞的布里亞特地區，並隨西蒙古的吐爾扈特部播遷伏爾加河流域。

漢代佛教入華，從漢明帝之後約三百年間，亦即西元後一至三世紀，基本上在民間流傳。即已引發了中國人從本土巫術信仰及道家學說，組織為道教。到了西元第四世紀，佛教開始影響上層和士人，從上到下，各個不同層次的施主開始建造寺廟。西元400年前後，中國出現了第一批大寺，僧侶也開始形成教團。以後，佛、道與儒家鼎足而立，並且不斷互相影響，而由中國文明系統中的宗教觀念，整合為中國人的超越意識心態。佛教經過千年的融合，終於「華夏化」，其中國色彩比重竟可謂不下於原有的印度傳統，另一方面，佛教也開拓了中國文化的領域，不僅刺激中國組織道教，而且也使儒家重大修正，亦即明代王陽明的心學、近代楊文會及支那內學院復興的佛學、熊十力演繹的新儒學。於是原來是印度的佛教，完全蛻化為中國文明體系的一部分了。這

一發展，正如基督教不在中東開花結果，卻成了歐洲的主要宗教，佛教在印度逐漸消失，卻在東亞蓬勃發展，都是文化移植後，在新的土壤上，終成大器。

歐洲基督教與中國佛教的情況，最大的不同處在於宗教與政權之間的關係。基督教在君士坦丁接受為合法宗教以來，始終與政權有相絆相接。西羅馬滅亡，羅馬教皇更儼然為歐洲的共主，而拜占庭的教會，又幾乎是皇帝的官僚系統。這種教權與政權共存的情形，須在宗教改革之後，始有改變。

佛教則不然。當初在印度，作為佛、法、僧「三寶」之一，有過僧團（僧伽）組織，但不是統一的教會。佛教到了中國，從未有過全國性組織的教會。南北朝時，沙門不敬王者論，曾經引發嚴重的辯論，卻也因此確立了僧侶「出家」，與世俗不再有牽涉，政權與教權之間，入世與出世之間無所關聯。固然，除了「三武」法難，佛教曾數次受過政權迫害。大體言之，中國的君主政權，對世外的佛教，還是相當尊重彼此之間的隔離。方外竟成不受君權約束的遁逃所。當然，佛教是社會力量，而不是以「教會」的組織與政府對抗，也不會因此而有互倚的共存。

祆教、摩尼教等中亞啟示性信仰，均在西元七世紀傳來中土，但是在中國沒有發展為大型的宗教。在唐代，中外交流十分活躍時，這些中亞的宗教，包括基督教的景教，即聶斯脫留教派，都在中國活躍過。著名的「大秦景教流行中國碑」即是聶斯脫留教派建立寺廟的記錄。中亞諸教，大都是在中亞旅華的僑民社群中傳佈。例如粟特商人（昭武九姓）即有其「薩寶」（教長），主持宗教事務，甚至也執行相當於「領事裁判權」的責任。唯一例外是摩尼教，當它在北非、歐洲趨於衰微的時候，卻在東亞享有一

時之盛。762 年，一些摩尼師被協助唐廷平定安祿山之亂的回紇部落聯合酋長從洛陽帶到漠北，摩尼教被立為回紇國教。840 年後，西遷的回紇可汗又把摩尼教帶到吐魯番地區。

可是，中亞諸啟示（天啟）宗教，在中國仍有其重要而又一向不受人注意的影響。祆教與其衍生的摩尼教，教義都在善惡明暗兩種力量的相抗，及其彼此消長的不同階段，所謂二宗，亦即善惡與明暗的激盪；經歷三世，由過去對立，經現在抗爭，在未來光明得到全盤勝利（祆教的第三世卻是明暗的整合）。從一個階段過渡到另一個階段時，亦即「渡劫」的時候，會有救主降生救贖世人。在中亞，民間的救贖信仰宗派曾經非常活躍，其教義在於強調「未來世」將是安樂的樂土。前面已說過，佛教的淨土觀念，源自啟示信仰。在佛教之外，中國民間信仰的宗派，曾以不同的名稱，不斷的出現，早期的黃巾、天師道，中古的方臘吃菜事魔（摩尼教的支派），後來的如白蓮教、彌勒教……都是民間的信仰組織，並且常常以此號召窮而無告的社會游離人口，組織反政府活動，甚至武裝起事，聳動一時。

這種民間信仰宗派反抗政權的現象，在歐洲並不多見，有之，俄國的民變或可說比較相似。中國歷史上這種現象屢次發生，可說是宗教與政權之間，始終存在的對立。貧窮的弱勢人口，只有借啟示性信仰，保持一些對未來的憧憬！相對言之，儒家的智識分子與已經佔了一定社會地位的佛教僧侶，已居社會的優勢地位，他們大致不會同情這些可能顛覆已建立的社會秩序之行為。於是，中國的民間信仰宗派，始終只能停滯在社會底層與社會邊緣，少有提升為正式教團的機會。

綜合言之，佛教進入中國，其引發的影響，不僅是一個信仰

體系的傳播，而是相當徹底的改變了中國的思想方式，既帶來了另一種思維，也迫使中國固有思想系統（儒家與道家），不斷與佛教互動，終於融合為中國型的思想。

另一方面，中亞啟示性教派，進入中國後，不在中國的社會精英之間，引發反應，而是為社會的底層與邊緣人群，開啟了反抗與革命。

當然，佛教與基督教的最大不同處，還在於：（一）教義上，佛教不是獨一尊神的信仰，其容忍他教的信仰空間，十分寬廣，於是中國幸而免去了歐洲因信仰而引起的許多戰爭與迫害。（二）體制上佛教沒有嚴格的教階制度，不是制度化的宗教。具有諷刺意味的是，當年並非全是高僧的佛教僧侶在漢地傳播信仰，由於完全自發而取得了完全的成功；明末清初，來華佈道的耶穌會傳教士有著高度教育訓練和文化教養，但是由於受制於羅馬教廷的嚴格督導而業績不彰。

15. 十六世紀以前的中國

　　我們用十六世紀作為古代與近代的分界線，因為美洲大陸進入舊大陸的歷史一事，開啟了全球人類歷史的新時代。在十六世紀以前，歐、亞、非三洲人類互有交往，卻仍缺少美洲這一塊，人類對於託身的地球其實所知並不準確。

　　在中國本身的歷史論，春秋戰國時代，孔子、老子與諸子百家興起，塑造了中國的思想體系，而列國競爭到秦漢帝國，也為中國的政治制度，逐步發展成形。三國魏晉，中國分裂，外族入侵，第一期的中國結束了。南北朝時，中國民族吸納許多新成分；迄至塵埃落地，隋唐中國是脫胎換骨，堪謂第二期的中國。隋唐號為華夏的中國，但究其實際，兩代統治階層，已是胡漢混合體。安史之亂後，河北長期胡化，人不知孔子。平亂官軍，也是以吐蕃、沙陀為後援。中國的內戰，毋寧竟可看作是不同外族以中國為戰場。

　　宋代是中國的王朝，然而，與宋同時存在的，有北方的遼、金、蒙元，西北有西夏，西南有大理（南詔），東北有高麗，東方

有日本，南方有扶南、高棉。東亞儼然出現列國體制，宋不過列國之一，不再是一個「天下國家」。蒙元鐵騎，橫掃歐亞，卻分封諸汗，從未有過「天下國家」，普世「定於一」的理念。由西域與中亞調來的簽軍，戍守中國內地，使中國人口又增加了不少新的成分。隋唐以來的第二期中國，事實上已是屢次吸納新族群，又揉合而為新的華夏複雜體。於是，中國的文化也有所改變。單以生活起居的方式言，秦漢席地而坐，已漸漸改變為坐椅據案！飲食的食料與烹飪，也與前不同，麵食已取代了小米，成為北方的主食。

明代驅逐蒙元，自認為再造中華。然而，後元始終存在，東方的朝鮮、日本，都已有自己的文化發展，無復吳下阿蒙。南方的安南，已脫幅獨立；鄭和艦隊下西洋，所到的地方，大多也已為自主的政權。東北方面，滿洲將成大器。西北方面，蒙元宗王據土自雄，帖木爾異軍崛起，以中亞、西亞為中心，建立大國，其後裔據有以印度為主體的蒙兀兒帝國，帖木爾還曾計畫率大軍進攻中國。明代的中國，固然也不外是過去「天下國家」的影子，實質上還是列國體制中，比較強大的一個國家。

統治這一大國的明廷，其專制程度，遠超過唐宋朝廷。君主與文官（士大夫）共同治理國家的傳統，在明代大有變化。明代君權強大，文官系統不能制衡君權，而且權臣與宦官合作，經常狐假虎威，戕賊士大夫猶如草芥。文官體系中，也有人反抗，例如海瑞、楊漣……多成為烈士。

漢代以下，集體而言，士大夫代表了社會力量，與君權之間，有既合作又制衡的辯證關係。在明代，士大夫雖也擁有一些特權，但只有東南地區的士大夫具有集體力量的聲勢，例如東林代表社

帖木兒計畫攻打中國

　　帖木兒在 1369 年建立了帖木兒帝國，開始他南征北討、積極擴張版圖的帝國事業。包括東、西察合臺汗國、波斯、花剌子模、伊兒汗國和阿富汗，都納入其麾下，也曾進攻欽察汗國。帖木兒對於周邊國家虎視眈眈，至於中國方面，從明洪武二十年（1388 年）起，曾多次遣使進貢。到了 1396 年，帖木兒態度轉變，扣押各國使節，包括明朝使節傅安，繼續對外擴張，南侵印度以及小亞細亞，擊敗鄂圖曼土耳其帝國，帖木兒帝國威震一時，傲視列國。此時他的眼光落在中國，1404 年 11 月帖木兒率領大軍從撒馬爾罕出發，準備進攻中國，結果 1405 年 2 月在途中病逝。後來其子轉與明朝友好，雙方再度建立良好的外交關係。

會與君權抗爭。東南士大夫有此聲勢，頗與東南方經濟力有關。因當時東南沿海本身經濟與文化，都有積累豐厚基礎，加上南宋以來，對外貿易興盛，使南方地方力量有所憑藉。相對而言，淮河以北的北方地區，屢經戰亂及旱潦天災，窮困貧乏，救死不遑，哪來抗爭君權的力量？明代中國，南北發展落差之絕，竟可說是兩個中國。於是，明末民亂，所謂流寇，全在北方活動，不能進入南方。滿人入關，北方傳檄而定，南方卻有長期的抵抗。──凡此均顯示中國內部實質的分裂。

　　中國人口比重，唐代早期，南北相差不多。南宋以後，南方人口的密度，遠遠超過北方。人口壓力大，而又有外貿的經濟優勢，南方遂於農業之外，也多手工業及商業的發展。明代南方的

絲綢、瓷器、製茶……均有可觀的成就。科技史專家一致都認為，在十六世紀以前，中國的工藝技術及生產力，居世界之冠，不是同時代的歐洲可以望其項背。

但是，中國的經濟，終究是以農業為主，工商業的發展，多多少少仍依附於農業經濟，未能獨樹一幟。中國農業，精耕細作的傳統源遠流長。這一密集農作全仗大量勞力，投入生產。按照馬爾薩斯的報酬遞減現象，勞力投入生產，有其極限，過了一定程度，不但多勞不能增產，而且竟不足以補償勞動成本。中國密集農作，在宋代已創造單位高產的佳績，到了一定的程度，單位產值即不易再有提升。人口增加，單位產量不增，則為了餵飽提供勞動力的龐大人口，唯有擴大耕地面積，以增加生產量。於是，明代的中國，各處均有墾拓山林，開發湖沼的現象，人口也一批一批進入丘陵山谷與林地原野，東南沿海更有海埔新生地闢為田畝。江漢以南，以至西南山地，在明代日漸開發。北方也有開發蒙古與關東的移民。整體言之，中國密集農作的傳統，難有質的提升，只能以量的擴大為其解決困難的途徑。耕地面積不斷擴大，事實上，是以戕傷天然環境為其代價。明代的東南、南方與西南，人不斷有由狹鄉移民寬鄉的現象，相對的也改變地理生態。中國移民，當然不限於在國境之內，東南沿海的人口也大量外移，在南洋一帶，處處有華人移居，建立了不少海外的華人社區。——這一形勢，在明代以前實不多見。

在文化方面，明代的儒家，承接宋代理學的傳統，加上明太祖加強君權的策略，形成以倫常綱紀為主軸的禮教，社會上人際相對地位，亦即尊卑上下的觀念，將個人納入倫理的網絡，維持了既得利益階層主控的社會秩序，卻也限制了個人的自由發展。

物極必反，明代王陽明學派提出心學，以糾正宋儒的理學，實是對於儒學僵化現象的反抗。正統學問之外，明代的民間信仰也頗多發展。一些由唐宋以來即相對活躍的啟示性教派，形成社會底層與邊緣的社會力量，卻又不足以顛覆上層的禮教倫理，反而也不免在教派之內，仿照上層，強調其自己的倫理秩序。

綜合言之，明代的中國，君權發展為強大的專制。經濟發展到了瓶頸，未能在質的方面有所提升，也不能改變發展的方向。思想已僵化，又為政權利用作為工具，雖有「心學」別樹一幟，但終究未能取代官方維護的理學。整體看來，明代的中國，各方面的發展都已到達極致。十六世紀開始的世界，已不是中國能夠面對的新局面。明代晚期，仍有可能啟動新猷，改弦更張，那一現象將在本書的第二篇再作討論。

16. 西元 800～1600 年的歐洲

　　這裡取西元 800 年為斷代的開始，因為這一年是法蘭克王國的查理曼大帝加冕為皇帝，史稱「查理曼帝國」。正如上一章，我們將隋唐以下，視作第二期的中國，這一「帝國」，也可解釋為第二個歐洲。第一個羅馬建立的歐洲秩序，已被一批一批蠻族入侵衝散了。東方的拜占庭帝國，則與歐洲的主體分離，歐洲分裂為東西兩個中心。日後的歐洲主體，毋寧還是在西半邊。查理曼大帝統一了原來高盧地區的法蘭克王國。在他訪問羅馬時，教皇利奧三世為他加冕為羅馬人的皇帝。大約四百年前，法蘭克人移居高盧。那一波所謂蠻族，經過四、五百年的涵孕，已經融入歐洲的族群，成為歐洲文明體系的新成分。現在，這一批原來是外族的人群，已是歐洲的主人；他們竟必須面對新的挑戰者：匈牙利人、保加利亞人、波蘭人、維京人、斯拉夫人……，當然，還有更強悍的阿拉伯人。在 800～1600 年間，歐洲不斷重整自己的內部秩序，重新界定歐洲文明的內容與意義，最後他們將推動全球人類社會的成形。

在這一將近千年的時段中，歐洲各地的族群，陸續組織了地方性的政權，愛爾蘭、蘇格蘭、英格蘭、波蘭、基輔、法蘭西、日耳曼諸邦，及由此而興的德國。神聖羅馬皇帝，一個新的帝號，在 962 年為日耳曼的鄂圖一世取得。歐洲大陸的核心，已經由地中海轉移到其大陸部分。

西歐、中歐、東歐、北歐及海上的英倫三島、地中海的三大半島，合成了歐洲。在這些地區，逐漸整合為後世的歐洲諸國。第一個歐洲的羅馬，是歐洲的霸主，也是歐洲的核心；經過基督教會普世性權威涵蓋的時代，歐洲轉向，逐漸演變為多中心的列國體制。而且，這一體制下的列國，將強調各國獨立的主權。這一新起的國家觀念，將在各地組織為近代複雜共同體時，呈現巨大的凝聚力，也因此導致許多嚴重的衝突，以至於今，未見終止！相對而言，宋代以後的中國，雖然實質上也是身處東亞列國體制之中，卻始終不肯放棄「天下國家」的理念，甚至日本、朝鮮、蒙古……也都採用「天下國家」的皇帝名號。

歐洲的四周，有強大的伊斯蘭勢力，與已經成為東方帝國的拜占庭。這兩大勢力，擋住了歐洲與東亞（中國）及南亞（印度）地區的交往。可是，正因為有他們之間的互相牽制，伊斯蘭勢力不能進入歐洲。

在「主權國家」逐漸形成的漫長過程中，歐洲曾經有過許多地方勢力割據的時期。「神聖羅馬帝國」只是一個虛名，既不是真正的羅馬，也不具備「帝國」的機能，至於「神聖」則是教會為了提升自己影響力而提出的標誌。歐洲的許多族群，在移入歐洲時，大多是部族組織。部族的戰士終於定居，各地必有地方性的領袖。當新的國家逐漸在鬥爭中成形時，勝利者自己取得王位，

也冊封部屬與盟友，爾公爾侯，種種尊稱，任他們擁有領地及人民。這就是歷史上所謂「封建制度」。歐洲的封建，其結構及功能，酷似中國周代及日本武家政治曾建立的制度。究其實際，所謂「封建」，即是在權力中心將權力分別委託於地方，讓受託者就地攫取資源，以維持其存在，而又以受託者的力量，控制權力核心所不及的地方。封建制度不像文官組織的官僚制度，其權力是分散的，法度因人因地，各有不同。歐洲的封建，即與中國古代不同。周人封建親戚，以為藩屏，宗統與君統，合而為一。血緣紐帶是團結的因素。歐洲封建，出自部族的重新編組，語言風俗是結合的基本。因此，這些封建群體，最後即演化為民族國家(nation state)。不過，在許多勢力縱橫捭闔的過程中，友邦以婚姻為結盟工具，也是常事。歐洲人男女都有繼承權，由於婚姻與繼承而領地合併，在歐洲史上，頗為常事。因此，歐洲封建制下的領土與人民，竟不啻是領主封君的私產！

歐洲封君，大的稱國王、親王、大公，小的稱公、侯、伯，都直接領有土地人民。封君下面，有許多領主各自擁有莊園，及其鄰近的山林原澤，由屬下百姓或由領主擁有的佃戶與奴隸耕種。有事時，領主即從自己部屬中組織隊伍，參加封君的軍隊。應付軍事需要，封君常在要衝處，選擇易守難攻的山地建築城堡，據守自保。在港口及津渡，則設立關卡，稽查行人，收取關稅，甚至掠奪商貨。有些領主的莊園，也深溝高壘，儼然城池。歐洲的若干首都，即由這樣城堡演化而為都市。

在有些交通要道上，來往商賈既有駐足休息的生活功能，也可彼此交易，發揮商貨集散的機制，於是形成集鎮，更進一步，發展為經濟都會。這種商業城市多是港口，或幾條陸路的交會之

處，前者如威尼斯、熱內亞，後者如科隆、漢堡。城市是五方雜處之地，有來自各處的行商坐賈，也有不同行業的良工巧匠。失去了祖國的猶太人，常在這種商業城市聚居於「猶太區」；他們以匯兌借貸，操縱歐洲的貿易網絡。城市工匠結合成幫（例如建築教堂的石匠，組織了跨國的共濟會），以教學為業的知識人也在城市組織大學（具象的意義：聯合教學中心）。封建領主也不能不仰仗城市，提供許多有用的功能，於是城市往往可以其經濟實力，換取不受封君約束的自由。有些城市還握有傭兵自衛，甚至結為聯盟，彼此支援（例如中歐的漢薩同盟），在國際間舉足輕重。凡此現象，指陳歐洲城市與鄉村的分離，實與中國的城鄉延續現象不同。

　　基督教羅馬教會在歐洲的重大影響，是人類歷史上罕見的。羅馬帝國的晚期，基督教馴服了入侵的蠻族，也在幾乎沒有政府的情況下，擔起維持秩序的任務，但在基督教與君權結合，甚至還凌駕君權之上時，權力腐蝕了掌權的教士。羅馬教皇，執政教合一的權柄，不顧這一宗教的高尚教義，卻擅作威福，對內以酷刑鎮壓異端，對外發動十字軍，操弄信徒的信仰，草菅人命。這些都是人類歷史上少見的罪行！

　　然而，也許正因為教會如此擅作威福，少數教士又如此生活腐敗。逆火回燒，竟導致歐洲歷史轉變的契機。當時封君領主們長期為教會操弄，終於有不甘心的一派。這些進入歐洲的民族，原來都是部族共同體，有其各自堅持的個別主體性。基督教本是普世性的信仰，教會代表一種普世秩序。個別主體性與普世秩序之間，如何維持平衡，本來就不容易。當部族感受壓制，而自己的力量已經足夠時，部族的個別主體性，即會以民族主義的訴求，

反抗教會的普世秩序。——這是中古後期民族國家興起時，封君領主的心態。

教會的排他政策，則在知識分子中，也引發了反感。城市中的學者、文人與藝術家，及經常周遊各處的工匠群體，對於教會儀式的煩瑣及教條的浮淺，不再能感覺滿足。他們開始從已經遺忘，卻在東方伊斯蘭教世界仍得保存的古典著作中，尋找歐洲文化的源頭。許多古代希臘羅馬學者所討論的問題，重新引起中古學者的注意，他們又拾起已為宗教熱忱掩覆的課題，例如「人」的價值，例如理性的思考……。對於藝術家們，藝術不應只為信仰服務，神聖不可觸的神性，也不應排除「美」的表現。於是，「人」也出現於神壇與教堂的宗教藝術；例如瑪利亞與耶穌，竟可以慈母與孩子的人間形象，代替了刻板的神像。——這一重新找回文化源頭的集體志業，即是所謂文藝復興。

於是民族主義的訴求與文藝復興的大業，合流為巨大的能量，到了十五、十六世紀時，有些人在尋找歐洲文明的本質，有些人在重建自己民族的集體記憶；這兩股力量，最終都會反抗基督教會專斷與獨佔的排他性。在教會內部，也有人尋求找回耶穌及其門徒所提示及信守的教義；這一勢力，將導致後來的宗教改革。

基督教是歐洲思想與學術的主流，其教會是一個足以抗衡君權的團體。在這些層次，中國的儒家也有類似的歷史地位。但是，兩者的對比，儒家之中有人擔任文官，與君權共治，還有人則堅持儒家的理念，在朝針砭缺失，在野特立獨行。正因為儒家沒有教團的組織，儒家遂能免於全體的敗壞。

綜合言之，第二期的歐洲與第二期的中國，都在吸納外族後，改變了其人口的成分；古代天下國家的普世秩序，也都改變為列

國體制之中的一員，必須與鄰國共存。在這一方面，中國與歐洲
的情形，其實還是相當類似的。封建制度，在中國早已出現過，
而在歐洲，卻出現於「天下國家」已經衰微之時，遂為後起的民
族國家，開一發展的契機。歐洲的城市，在中國歷史上未曾出現。
這些城市的經濟機能及文化機能，乃為後世經濟與學術的自主性，
奠下了基礎。歐洲的莊園本是自足的生產單位，但不像中國的小
農的勞力密集。是以歐洲莊園有其轉向為資本密集與技術密集的
新方向。歐洲十四世紀的大瘟疫，三分之一的人口為之死亡。失
去了大批勞力，歐洲不得不轉向利用機械的方向，重建其生產力。
從西元 800 年到 1600 年間，歐洲走過的歷史變化十分劇烈，變化
的方向也頗多歧出，卻也為後來的發展開啟了許多的可能性。

第二篇　近古的世界與中國
（1500～1850 年）

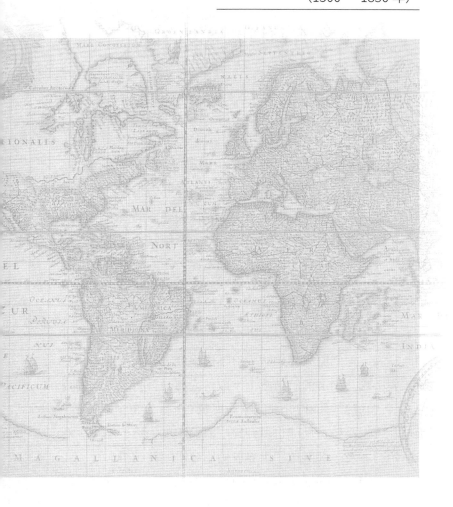

17. 大洋航道開通後的世界

　　1492 年哥倫布到達了今日美洲的巴哈馬群島，1497 年達伽馬繞行非洲南端的好望角，進入印度洋。這兩件歷史事件之後，世界各地商品都可交流，從此形成一個全球性的經濟網絡。人類歷史不再能以分區的格局處理，我們將西元 1500 年當作近古歷史時代的開始，從此人類社會一步一步走向不能分割的整體。

　　歐洲人開拓新航道的動機，是為了伊斯蘭勢力在中東攔截東方與西方的商船，以致東方商品流入歐洲市場時，價格十分昂貴，於是在大西洋海岸的葡萄牙與西班牙，也想在奇貨可居的市場上，尋求豐厚利潤。他們原來的想法，只不過是繞行非洲，進入印度洋，可以與中國及南海的航道接上，取得南海的香料，中國的瓷器、絲、茶，順道還可取得非洲的象牙與寶石。哥倫布到達美洲，是誤讀地理，以為繞行地球也可到達中國與印度。這一結果，為哥倫布所始料不及，卻開啟了世界歷史十分重要的轉折。

　　然而，新航路的開通，為非洲及美洲的人類族群，帶來了無窮的不幸。美洲原來的居民，亦即哥倫布稱為印第安的人種，原

來是在遠古時代，由亞洲一波一波移殖美洲。在那廣袤的大陸，經過數萬年的努力，已發展了自己獨特的文化，也組織了大型的複雜社會。美洲人的政權型態，在歐洲人到達之時，已有中美洲的馬雅與阿茲特克及南美的印加諸帝國，也有北美的伊洛奎部族聯盟，都具有自己的管理制度。

歐洲人到達美洲，帶來了災害。西班牙人到了美洲，垂涎當地豐富的金銀，西班牙人科提斯於 1519 年進入今日墨西哥的阿茲特克。在阿茲特克君主還熱誠歡迎時，卻將主人囚禁，殺害了當地的許多貴族，毀滅了這一國家的都城，奴役了當地的居民。

1532 年西班牙人皮沙羅進入今日智利的印加帝國，也是在接受友好的歡迎後，出其不意，囚禁印加的君主，勒索滿屋的黃金與白銀，卻並不實踐釋放俘虜的諾言，殺害了印加君主與百官群臣，印加淪為西班牙屬地。歐洲人帶來的疾病，例如天花與梅毒，是當地土著前所未有，美洲原居民不具抗疫性，感染之後，大批死亡，以致土著人口十不存一。

西班牙與葡萄牙的傳教士，視原居民的信仰為異端，不盡力毀滅，不以為快。於是他們焚燒一切原居民以自己文字書寫的書籍與記錄。今日學者花了不少氣力，才可以勉強解讀一部分遺址刻石的原居民文字。這樣的罪行是人類歷史上罕見的！

歐洲人繞航非洲海岸時，已開始虜掠非洲人運往歐洲出賣為奴。歐洲人佔領了美洲，既然原居民已孑遺不多，為了開拓所需的勞動力，葡萄牙人與歐洲猶太商人合作，有計畫的俘非洲西岸居民，運往美洲，出賣為奴。在航程中，上了鐐銬的黑人，因為擁擠與虐待，死者往往泰半。倖存者在美洲世代為人奴役，至今美洲的非洲後裔，雖然在法律上是自由人，終覺還是弱勢的族群。

　　歐洲船艦進入印度洋與太平洋時，航道所經的許多島嶼，例如今日印尼群島、婆羅洲、菲律賓群島等處，本來都有大大小小的政權，獨立自治。明代永樂年間，鄭和率領艦隊屢次「下西洋」，這些島國都見記載。鄭和的遠航，與各地建立封貢關係。但是中國其實並不干預他們的內政，也未有官方支持的殖民活動。但在歐洲人到達後，一處一處淪為歐洲海上列強的殖民地，不僅是航道上的中途休息站，也是掠奪當地資源的據點。在歐洲人未到東方之前，東方與西方間的航運，除了波斯、印度、阿拉伯的大型商船，長程運送商品之外，航道上各站之間的短程遞運，是由當地小型船隻運送，是以這些小國也分潤了東方與西方之間長

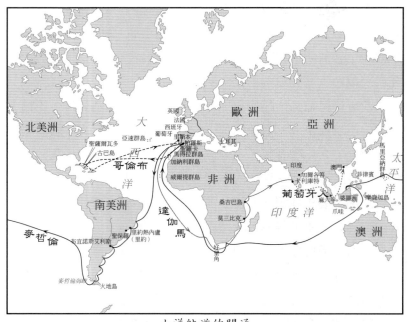

大洋航道的開通

程貿易的利潤。歐洲大型高桅船進入東方海域,長程貿易的利益,即因這些大型船隊獨佔,當地人不再有餘利可論。

　　因此大洋航線開拓,使歐洲諸國先是葡萄牙、西班牙,後是荷蘭、英國,掠奪了大西洋、印度洋與太平洋上各地的資源,也據有了這些海洋族群的土地與人民。這一轉變,遂使歐洲在以後的世界取得主導的地位,獨佔世界鰲頭。從此以來,歐洲殖民帝國掌握亞洲、非洲這些族群的宗主權。要到二十世紀的下半期,歐洲殖民帝國(尤其最大、最主要的——英國)方才解體。——這是大洋航道開通以後,世界歷史不能逆轉的長期影響,甚至在殖民帝國瓦解後,西方的文化已完全覆蓋了各地原有的土著文化!

　　回到大洋航道開通與全球經濟網絡成形,二者之間的關係。大洋航道可分兩條:一是從歐洲繞航非洲的路線,一是從歐洲橫渡大西洋,到達墨西哥,再經過墨西哥地峽的短程旱路,從阿可坡可下太平洋,再橫越太平洋到達東亞及其海外諸島。葡萄牙與西班牙在十六世紀是這兩條航線上的主人,但荷蘭與英國隨即加入競爭,最後的霸主是英國。經過大洋航道,東方的商品運往歐洲,然而歐洲在十六世紀至十九世紀之間,並沒有沖銷輸入商品的本錢。他們取得南海及非洲的資源,例如香料、珍寶,其實是赤裸裸的以武力攫奪。但為了購買中國出產的絲綢、瓷器、茶葉及一些工藝製品,西班牙人以從美洲掠奪的白銀支付。十九世紀的英國商人則以鴉片作為平衡貿易逆差的貨源。

　　在十六世紀及十七世紀間,美洲的貴金屬、黃金及一部分的白銀流入歐洲,支持了歐洲的經濟與文化建設,白銀又流入東方。大量貴金屬流入西歐與東亞,一部分用於裝飾品,大部分在各地流轉,成為貨幣。由於貨幣供給量增加,導致通貨膨脹,在歐洲

與中國，都有物價上漲的現象。西歐的歷史上，稱這一現象為物價革命，在中國歷史上，則是明代萬曆至清代康熙雍正年間，相當長期的經濟持續成長。兩個相似的現象，其引發的後果卻完全不同。

在歐洲，取得金銀最多的西班牙，只消費於建築宮殿及支付貴族們的豪奢生活。那些商人、工匠集中的城市，卻從經濟成長中獲利甚豐，也創造了更進一步發展的條件，亦即累積的資金及不斷提升的工藝水平。城市中的知識分子，也是經濟成長的受益者，他們在日後將是推動近代學術的主力。相對而言，歐洲舊的地主貴族，則因為地租收入追不上通貨膨脹，漸漸喪失了經濟優勢。若以地區論，中歐地區城市受益不少；英國則後來居上，掌握了不少海外資源與貿易的利潤，也在經濟上超越了西班牙，成為世界性經濟網絡的主要受益者。

在中國，由於絲綢、瓷器及茶葉都是長江以南，東南與華南地區的產品，甚至後來外銷南洋及美洲的日用工藝品，也是在南方生產（例如廣東佛山生產的鐵器、福建福州的漆器），於是中國東南與華南，持續了將近三百年（十六至十九世紀）的經濟繁榮。這些地區，尤其長江三角洲與珠江三角洲，市鎮十分密集。這些地區的食糧生產額，已不足供應當地迅速增加的人口需求。於是長江流域的腹地，尤其湖廣、四川，由於供應沿海食糧，也帶動了經濟的繁榮。

相較於中國的南部，華北五省、舊日的中原，原本為首善之區，則並未蒙受大洋航道帶來的經濟利益。每次改朝換代帶來的戰爭、因戰時不能維修水利造成的旱潦天災、首都（北京）大量人口的消耗、北方各地受明代封藩的剝削，與北方三邊（陝西的

固原、寧夏、延綏）的外患……，都使此地平民百姓的生活日益困窮。富裕的南方與貧困的北方，彼此之間，又因明代國家機器運作效率太差，並不能有挹注互補。中國實質上形成兩個經濟體！北方內陸的農林與沿江沿海的市鎮。在明代末期，國家機器只能習慣性的收奪農村的資源，卻不能從富裕的市鎮汲取財富，以應付內亂（流寇）與外患（遼東與北邊的防禦）！

歐洲整體經濟的擴張，必須有相當配合的條件，方足以持續其成長。歐洲大疫之後，人口大量減少，勞力不足，以致他們終於走向使用機器的工業革命。中歐與西歐的富裕，地方掌握了巨大的資源，各地遂有反抗教廷及神聖羅馬帝國的實力，終於走向宗教改革及建立了民族國家的列國體制。

中國卻沒有走向改弦更張的方向。明代晚期，民間向海外開拓的努力，被政府視為非法的活動。東南知識分子反省文化傳統，尋求思想新方向的運動，則因為清政權的壓制，不能繼長增富。南方繁榮的經濟，仍因廣大人口提供充分勞力，未轉向借重機器的生產。中國始終是一個整體，不像歐洲分割為許多各不相涉的部分，是以中國也不能有局部獨立發展的「隔艙」效應。明亡清興及日後面對西方帝國主義的侵略，中國的一部分垮了，必然將全部一起拖垮。

18. 中國沿海的各國海商活動

　　凡提到明代的海上活動，大家必定會想到鄭和下西洋一事。鄭和此舉，誠屬中國歷史上的盛事，但是，從長程的歷史觀察，鄭和出航與其當作明代在海外擴張的努力，毋寧解釋為蒙元時代海運暢通後的最後一次大舉。鄭和船隻體積與艦隊規模均屬空前，然而蒙元時代，中國與波斯灣之間，各國船隻也頗多大船。鄭和七次遠航，其航線所及，都是蒙元時代各國商舶常到的地方。明初，蒙元留在中國的「色目人」，為數不少，鄭和即是移居雲南的穆斯林家庭的後裔。他的艦隊中，穆斯林背景者，也大有其人。至於鄭和下西洋的任務究竟為何，尚待研究。至少，這一次海上大舉，空前盛大，但並非鑿空的探險，因此在歷史上也沒有哥倫布、麥哲倫、達伽馬等人開拓新航線的意義。

　　要到大洋航道開通之後，中國近海，風波驟起，多了不少中外海商的活動。而且，這些活動正與西方海上列強以帝國之力投入的情形相反，都是中國政府禁止之下，民間力量干犯禁忌，自行投入，以致在中國官方記載上，落了寇盜的惡名！

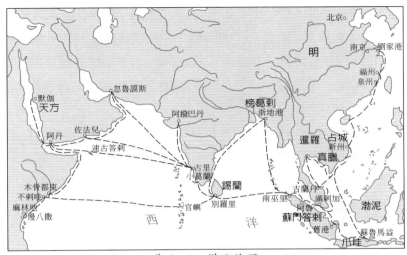

鄭和下西洋路線圖

歷史往往是弔詭的！1488年狄亞士繞航好望角；1492年哥倫布到達美洲的巴哈馬群島；1493年教廷敕令，將世界一分而二，東邊是葡萄牙的勢力範圍，西邊是西班牙的勢力範圍。正在此時，1492年，明廷命令沿海人民不得與來華的番船交通；1493年，明廷敕諭今後百姓的商貨下海，即以「私通外國」治罪！這是明廷一貫的海禁政策。由洪武以來，雖然也常有暹羅、占城、麻六甲……等處來華的貢船。海禁政策，即使時鬆時緊，基本上沒有開放禁令。

西洋各國迤來到東方時，「諸蕃」常有船舶以朝貢為名，攜帶商貨來華。中國官方以貢使相待、接納、回賜，但並不鼓勵民間與「貢船」有所交易。這些「諸蕃」大多來自南洋，以玉石、珍寶、香料，換取中國的商品。日本則是特例。蒙元征日本，為颶風吹散。日本豐臣秀吉當權時，侵略朝鮮，中國派兵援朝，驅逐

日本。中日之間，關係並不友好。日本在此時，也執行鎖國政策，只允許少數持有「勘合」（執照）的朱印船運載商貨。中日物產大致相似，因此日本貿易的商貨，不在絲綢，而是中國的精緻產品；又因為金銀比價與銀銅比價不同，中國輸出日本的是黃金與銅幣，輸入的是銅斤。

　　不論如何，中國海外貿易頗有利潤，官方禁海，百姓遂自求生計，私自接近外商，轉販商貨。蒙元海外交通開放，中國人外遷者，大約已經為數不少。明初鄭和下西洋，航線上諸國都有華人社群。舊港（今日印尼北部）不僅有不少華人居住，而且還有自治的「頭目」；鄭和抓了一個頭目，又任命了另一個頭目。這些「頭目」在朝貢明廷時，明廷給予的職銜，相當於西南少數民族的土司土官。東南亞各國貢使，常由當地富居的華人擔任；在年老時，他們往往請求返回故里祭祖。這些人的祖籍，不僅有閩粵沿海，也有江西、浙江等處。可知華人外遷，已是相當常見的事。海外貿易，官方懸為屬禁，民間則借助於已在外地僑居的華人日漸發展。

　　西葡諸國海舶來到東方，各有其基地。葡萄牙人在印度的果亞，西班牙人在今日菲律賓的呂宋，荷蘭人在今日印尼的巴達維亞及日本的長崎，都有遠洋船舶經常靠泊；中國商人則以近洋船舶轉駁接運。厚利之下，必有勇夫，自然有人會投資海外貿易。而在中國沿海，也會有轉口商港出現，葡萄牙人由於天主教教廷將東方劃歸該國經營，尤其熱中於在中國海岸找到立足點。他們曾經在寧波附近的雙嶼設立基地，1548 年，浙江巡撫朱紈發兵驅逐雙嶼葡人時，該地已有數千葡萄牙人居住，並有教堂、貨倉、碼頭、街道，儼然是一個具有相當規模的港口。朱紈驅逐葡人，

為人告發擅專誅戮；政府查訊，朱紈自殺，海禁遂得稍紓。此後海禁時緊時開，並無定規。1553 年，葡人從廣東地方官員，取得在澳門居住的權利。自那時開始，澳門成為中外交通的據點達四百年之久！

中國人投資海外貿易者，並不僅限於沿海百姓。安徽商人許一、許二（許棟）等兄弟四人，即以徽商資金，投資造船航海經商。許氏四人，亦即是雙嶼之役中先後為明廷治罪的商戶。同時，汪直、徐海也都是徽商轉入海外貿易的人物，倭寇之亂中，汪、徐都是著名的「奸人」。「倭寇」之來，日本鎖國政策下，若干九州藩主的部下「浪人」，在禁令下謀求國際貿易的厚利。到達中國口岸，有商機則交易，乘人不備則劫掠。胡宗憲、俞大猷、戚繼光諸人，努力清剿，方將浙閩沿海肅清。當事人很清楚，倭寇之中，「真倭」之外，也有華人及西洋人在內。這種海商或海盜，其成分的確是十分複雜的，而其亦商亦盜的特質，其實與西、葡、荷、英的海上勢力，也是相同的。

明代國際貿易大致情形，西、葡、荷蘭諸國的高桅大船，以麻六甲（葡）、呂宋（西）、巴達維亞（荷）為基地，東方海商則由中國近海轉駁商貨，再由印度洋轉大西洋運往歐洲，或由今日墨西哥的阿可坡可轉陸路跨越地峽，進墨西哥灣登船橫渡大西洋運往歐洲。兩條航道的沿路各處，例如東南亞、印度、非洲及美洲殖民地，也消納一部分中國的商貨，日本長崎及印度果亞，當然都是中繼站，也是市場口岸。

中國外銷商品，已如前述，主要為運銷歐洲及中東的絲綢、瓷器，另有各種日用的工藝品，則是東南亞及美洲市場的商貨。中國收到的貨款，已不是珍寶、香料而已，最大部分是墨西哥的

白銀。中國與日本之間，由於金屬比價的差額，中國從日本輸入銅斤，向日本輸出黃金。西洋商舶，在這三角貿易中，也賺了不少。當時墨西哥白銀遍天下，在歐洲引發了物價革命，在中國則因此創造了東南、華南長期的繁榮經濟。銀多銅少，導致白銀為主幣的現象，以致宋元以來已出現的紙幣金融，竟又回到銀本位的通貨。——至於中國南方與北方的榮枯差別，已在前章提過，不必贅述。

這一時期，從美洲引進中國的農作物，以番薯與玉米為最重要。有人甚至認為，中國在清初人口的劇增，頗與這兩種作物的生產有關。

中國沿海海商集團的活動，歷時兩個世紀，其中人物，例如前述汪直、徐海，後來的李光忠、陳老、林道乾、林鳳、袁進、李旦、顏思齊、鄭芝龍、劉香……，無不狎弄浪濤，騰躍鯨波。以林鳳為例，他曾企圖襲擊呂宋，但敗於明廷水師與西班牙的夾擊。又如李旦，在巴達維亞、呂宋與長崎都有寓所及事業，縱橫於各處的海上活動。李旦的屬下鄭芝龍，則成為明末海上勢力中，最強大的力量。其子鄭成功，後來開闢臺灣，建立了海上扶餘。中國沿海的海上活動，或商或盜，終於在十八世紀，為清廷的水師剿滅，最後一支勢力是竄入臺灣與廣東的蔡牽。幾乎同一時期，新興的美國，編練海軍，肅清了加勒比海域的海上勢力。

這一段海上活動的歷史，除了貿易與劫掠外，也有其更為久遠的影響。中國華南居民，自此不斷移殖南洋。以麻六甲為例，該地華人社區，至今已有數百年。我猶記憶，那次往訪，走在街道上，就如回到明代的廣東。一般估計，在明清二代移居南洋的華人，人口數以百萬計！他們的後代，仍以麻六甲的「娘惹」為

例，長憶中國祖源，自成族群。

　　回顧歷史，十六世紀是世界形勢轉變的轉捩點。西方勢力向東方擴張，那時，中國的實力還勝於西方。只可惜暮氣已深，又昧於外面的情形，民間有企圖開拓之心，官方則全無向外發展的意願。時機一過，東方與西方的相對條件，完全改觀，要再過數百年，進入今日，東方才有重起的契機。

19. 臺灣進入中國歷史

　　大洋航道開通，將臺灣帶進了中國歷史。

　　臺灣，這一個東海上的大島，是東亞大陸棚的一部分。百萬年來，歐亞大陸板塊與太平洋菲律賓板塊的移動，擠壓推起了兩大板塊相接的部分，形成高聳的中央山脈。臺灣東岸是一片峭壁，只有狹窄的谷地，西岸是大陸棚的延伸，過了臺灣海峽，即是福建沿海丘陵地。臺灣海峽其實不深，海峽的寬度也不大，在上次冰河期的後期，海水退落，兩萬年時，臺灣還與大陸相連，是以大陸的古代動物，頗多可在臺灣留下化石。

　　這樣一個位置密切的海島，在中國的史籍記載，卻只有三國與隋代兩次留下接觸的記錄。捫其緣故，臺灣孤懸海外，難與中國交通，當與洋流的方向有關。太平洋西端的黑潮，是由南向北的暖流，流過臺灣東側的海面，再往北經過琉球、日本，順時鐘方向流往北太平洋。在東亞的島嶼鏈內側，另有一條南向的洋流，穿過臺灣海峽，向南轉向馬來半島，逐漸變弱而消失。這一條洋流，閩臺人士稱為黑水洋。由海峽北面寬闊海域，流進海峽的狹

窄水道，是以海峽內的水流十分湍急。在渡海工具還不很良好時，
人力操作的船隻，即會被急流沖走穿峽而過，不能裁流橫渡。明
清時代，閩南居民開始移民入臺，於橫渡黑水溝時，常被沖向南
方，稱為「落漈」（閩南方言）。明清航海工具及技術，已相當不
錯，還如此艱難，更何況早期的航海條件！

　　在大洋航道開通以前，中國海外交通，不外兩個方向：北向
日本、朝鮮，由浙江或山東北駛；南往東南亞，由福建或廣東出
海。正東方向，並無航線，臺灣一島，不在中國海外交通的路線
上，而當地並無大型聚落，可以為市場，又無適當產品，可以採
購謀利，於是臺灣竟長期孤懸，未與中國大陸有密切的交通。中
國大陸近海作業的漁船，顯然知道有此一島，是以，北邊雞籠山，
南部大員……這些地名，仍見於航海的記載，也常為通航琉球航
線的地理指標。因此不能說中國人不知道有此海外一島！

　　在漢人尚未大批移民以前，臺灣的原居民已在此生活很久了，
從考古資料言，長濱文化的舊石器，形制與大陸南方的舊石器屬
於同一類型，是以，六千年前，這些居民已來到臺灣。臺灣北部
及東北部考古遺址，頗多玉製品，其玉質及工藝，均與浙江良渚
文化的遺留相似。澎湖新石器文化的石料，在廣東及臺灣都有同
樣的石器。高雄鳳鼻頭新石器文化的遺存，也與福建的新石器文
化遺存相類。是以，在新石器文化時期，當已有從中國東南及南
方遷來的居民。

　　臺灣的南端，與菲律賓又隔了一條狹窄的巴士海峽，西北來
往，並不困難，也當有移徙的人口，或由南方來，或往南方去。
語言學家有以為南島語系的分佈，以各地語言排比，當以臺灣地
區的南島語為這一語系的源頭。但是，南島語系人群，頗多經過

曲折的移徙路線，黑潮由南往北流，帶來南方的移民，也是十分可能。

　　臺灣的考古資料，還正在累積中；目前所見，已知的新石器文化類型，尚不能歸納周密的譜系。目前所知，縱向在時間軸上，各處文化之間，尚有不少空白；橫向在空間軸上，也還未見籠罩全島的類型。凡此現象，當然是由於材料不足，史闕有關。至少以目前所知情形，似乎這些古文化，既是局部地區的，也未必是延續不斷，有一定的繼承關係。我們以為，臺灣目前的原居民族群，未必都是此島最早的居民。歷史上在此生活的族群，或由大陸來，或由南方來，居住在此，長養子孫，卻始終不能凝聚為擴及全島的大型文化共同體，以致分散為許多聚落與族群。今天，原居民的分類，不下十餘個文化群體；在未經漢人與日本人的干預前，本地族群與文化的分歧，可能更為有過之。

　　大洋航道開通，海上形勢丕變。中國海外有了西洋船隻的帆影出沒於海天之際。葡萄牙人與西班牙人先來，分別在澳門與呂宋島建立據點，以經營東方。荷蘭人接踵而至，在今日印尼的巴達維亞，建立荷蘭東印度公司的基地，也在日本長崎佔了一個立足點。但是兩地相距遙遠，而且中國是當時東方貿易的主要對象，荷蘭人必須在中國附近找到一個基地。他們先嘗試佔有澎湖，但中國艦隊已在此駐守。澎湖駐軍長官沈有容，志不在戰爭，遣人告知荷蘭艦隊，不必打澎湖的主意，還不如嘗試在別處發展，1624 年，從事海上活動的華人指引荷蘭人駛入大員（今臺南安平）海域，登陸建立了基地。不久，荷人建築堡壘據守，並擴展其勢力於臺南周邊，遠達南方的琅嶠（屏東）。各地原居民，力量當然不能抵抗，荷人遂在南臺灣各處的原居民聚落，所謂「番

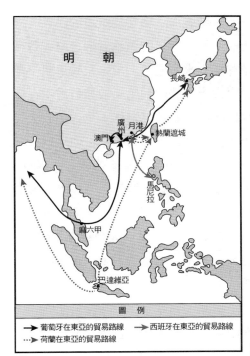

明　朝

長崎

廣州　月港
澳門　　　熱蘭遮城

馬尼拉

麻六甲

巴達維亞

圖　例

➤ 葡萄牙在東亞的貿易路線　　➤ 西班牙在東亞的貿易路線
┄➤ 荷蘭在東亞的貿易路線

十七世紀東亞貿易網絡圖

社」，收稅傳教，儼然收南臺為其殖民地。從此到 1661 年，鄭成功入臺，次年驅逐荷人，荷人據有南臺灣達三十餘年之久。（同時，西班牙人也曾嘗試在北臺灣建立基地，卻未能成功。）荷蘭人以臺灣為轉駁站，將商貨由此運往巴達維亞，再由高桅船運到歐洲。當時荷人的東方發展，獲利甚豐，堪與西、葡鼎足而立，均是大洋航道的霸主。

　　其實，中國南部的漢人，在荷蘭佔據南臺灣以前，早已在臺灣立足。最初，那些在海峽捕魚的漁船，會在臺灣停靠，補充淡水與給養。當海上集團（海寇與海商）活躍時，更是可能以臺灣為活動基地。荷蘭人侵入澎湖時，不僅明廷駐軍知道「大員」的

情形，引領荷人入臺灣的，也是熟悉海上形勢及航道的漢人。據傳說，此人是後來縱橫海上的李旦。李旦的繼承者鄭芝龍，曾在今日嘉義附近佔有土地，招徠閩人來臺墾拓，由鄭家給予耕牛及田畝，收穫糧食，即作為鄭家海上船艦的補給。或據另說：在鄭芝龍以前，另一海上集團巨擘，顏思齊及其夥伴，也曾招收人民開墾。林道乾是另一批海上集團的領袖，勢力不小，似乎以今日的高雄為活動基地。至今，高雄還有林道乾之妹攜帶黃金的傳說。回到荷蘭人在臺發展的情形，據荷人記載，城堡之外，漢人聚落已成市集村落，而且有自己的領袖。後來鄭成功大舉來臺，建議鄭氏入臺者，即是號為通譯的漢人何斌，也是此人引導鄭氏艦隊，由鹿耳門馳入大員。當時在大員的漢人，為數不少，有了他們的內應，荷人遂不能抵抗鄭氏，終於投降，降旗離去。

李旦、鄭芝龍等人的海上集團，亦商亦盜。其實，他們的目的不在虜掠平民百姓，而在收集中國的絲綢、瓷器、工藝品，運交外商，又以外商運來的香藥，及臺灣出產的樟腦、硫磺、鹿皮、藥物，販運於中國市場。明末的中國政府，海禁啟閉不定，法令無常，地方官吏及管理外貿事務的宦官，擅作威福，謀求私利。這些海上集團，既不能合法經營外貿，遂成為非法的走私集團。在補給接不上，或是被官家緝拿時，他們鋌而走險，劫掠殺戮，遂是海盜。荷蘭、西、葡艦隊，也是如此，常有突襲中國沿海市鎮村落，掠奪牛隻糧食的事。

海上集團，不只一家，爭奪利權，常有戰爭。劉香等人，原與鄭家同儕，或聚或散，亦敵亦友。最後，鄭芝龍兼併各家海上集團，儼然海上霸主。他的力量強大，商船掛上鄭家旗號，即可太平無事。明廷無可奈何，只有招撫鄭芝龍，收編為福建地區的

水師。但是，政府並不能約束鄭氏，唯有聽任鄭氏坐大，以閩南為基地，稱雄海上。

清人入關，北方淪亡，建號南京的福王政權也崩潰，福建的唐王倚鄭芝龍為後援，即位稱帝，唐王政權不能持久，鄭芝龍降清，他的兒子鄭成功，以唐王敕封的延平王賜國姓，據金門、廈門，抵抗清廷。1659 年，鄭成功入長江，進攻南京，敗績返閩。1661 年，鄭成功以強勢艦隊，駛入大員，荷蘭人不能抵抗，1662年投降退出臺灣。從此到 1683 年，清師攻取臺灣，鄭氏三世治理臺灣，延明朝正朔於海外。鄭成功進入鹿耳門，以明朝延平王名義，在臺設官府，開田畝，在這一年，1662 年，當是中國領有臺灣的開始！西方紀錄，稱他為「國姓爺」。

鄭氏入臺，攜來軍民人口，又不下數萬。這些人口集中臺灣南部，其總體力量，不是原居民可以抗衡，而且中國文化水準高於原住民，後者遂逐漸同化。——凡此種種將在另一章敘述。

明代晚期，西方海上力量及由此引發的中國海上活動集團，在大洋航道開通的巨變中，乘潮而起，掀起驚濤駭浪。臺灣是在這一特殊形勢下，由海嶠孤島，轉變成為中國海疆門戶。

20. 十六至十八世紀近代西方國家的興起

　　我們曾在前面提過歐洲封建秩序下的國家,其性質與現代「國家」的定義並不相同。中古時代的歐洲國家,常因君主的繼承與婚姻,國家時分時合,彼此從屬關係也往往變動。例如,西班牙與葡萄牙,可以因為繼承關係,合為一國;英國國王可能以安茹伯爵的身分,既是法國國王的屬下,又可能是法國王位的繼承者。國家的邊界,並不十分固定,治理國家的「政府」,也多是一群貴族,國事與家事,往往難以區分。

　　十六世紀以後,歐洲經歷了許多變化。文藝復興、宗教改革,及大洋航道開通後的經濟型態,都改變了歷史發展的方向。在這一章,我們先討論新起經濟型態引發的國家性質改變。一個接一個,歐洲的一些強國,躍登舞臺,左右了當時的世局,也留下長期的影響。

　　第一批崛起的國家是葡萄牙與西班牙。這兩個國家,地處地中海西端的伊比利半島,既扼地中海的西方出口,又據大西洋上,由北海到非洲海岸的中間站。當伊斯蘭勢力阻隔東方貿易商道,

西葡兩國的地理位置更形重要。因此他們啟動了尋找新航道的前導。大洋航路開通了，美洲大陸也進入了舊大陸的人類歷史，西葡兩國獲利甚豐，一躍而為世界性的大國，縱橫七海四洋，達百年之久。他們長期獨佔了美洲白銀豐厚資源，天主教教宗甚至將世界一分為二，由西葡兩國各佔一半！兩國的貿易站及殖民地分佈各處，其影響所及，直到今天，美洲還有不少國家使用西班牙語或葡萄牙語。

不過，西葡兩國的內部結構，並沒有經歷巨大的改變。兩國曾因王室婚姻，合而為一，又分而為二。尋找新航路的冒險事業，並不由國庫支持，而是出於國王或王后自己斥資支持。那些注入兩國的大量財富，大半用於王室與貴族的揮霍，一般國民並沒有分潤的機會。西葡國際活動，並沒有因此調動全國資源。西班牙龐大的無敵艦隊，屬於王室。他們的軍隊，也以雇傭兵為主，並未徵發國民參加軍隊。因此，西葡兩國，雖然顯赫一時，卻不能持久不衰。

第二波躍登舞臺的國家是荷蘭與英國。這兩個國家都地居海濱，其經濟好壞頗與貿易有關。

先說荷蘭，這一低地國家，原是哈布斯堡「神聖羅馬帝國」所屬的七個省份，地處四條河流的入海口，由北海可以通往波羅的海與大西洋，港口、河流，加上運河網，這個地區成為歐洲水運的樞紐，荷蘭的經濟脫不開運輸與商業。當地農地不足，資源短缺，他們在辛苦中求生存，必須節儉與勤勞的生活。

十七世紀時，荷蘭已是新教（尤其喀爾文教派）的地盤，當時信仰新教的族群與信仰天主教的哈布斯堡王室之間，有過長期的戰爭，史稱三十年戰爭。1648 年，戰爭結束，參戰雙方簽訂了

《西發里亞和約》，新教族群得以成立國家，荷蘭也是其中之一。至於荷蘭與比利時分開，則是後來的事。

荷蘭在鬥爭之時，已經乘大洋航道開通的機運，發展了海外貿易，甚至開拓了海外疆土。這一蕞爾小國的海上活動，是由平民百姓自己發動的。商人們集資合股組織了海外貿易公司。英國早已在 1600 年成立了皇家特許的東印度公司，荷蘭的商家遂於 1602 年合組荷蘭東印度公司，迅速開展海外活動。這一公司曾擁有當時全世界最大的艦隊，並有以萬計的雇傭兵，在海上護航，也在海外佔地，建立據點。荷蘭人在南非佔了好望角，從葡萄牙人手中奪到了麻六甲，在爪哇建立了巴達維亞，在日本取得長崎的出島，在臺灣也取得了大員（安平）的基地。這些港口組成荷蘭印度洋與太平洋的海運網，在國際競爭中，凌駕於早著先機的西班牙與葡萄牙，儼然一時海上霸主。

荷蘭每年的貿易利潤，十分龐大，不少國民為此投身海外活動。這一國家雖然有奧倫治公爵為其國主，實質上是平民百姓組織的共和國。他們幾乎全數參預國家的發展，其動員力量十分可觀，不是西葡那種古老的貴族國可以比擬。可是，荷蘭本國的共和政體，並不延伸於海外。他們海外基地的本國人，可以組織議會，但是當地土著居民並沒有公民的身分。是以在大員熱蘭遮城外的漢人與本地原居民，只是殖民當局驅使的勞工及收稅的對象而已。

在荷蘭不可一世的同時，英國也已崛起。英倫三島，是歐洲最屬西邊的土地，其居民包括一波接一波由歐陸進入的族群。這一島群，在十六世紀以前，早已是大西洋海上活動的樞紐之一。西葡兩國海外開拓的豐碩成果引起英國也投身海外的發展。英國

已有一批有經驗的商人與城市居民，在伊莉莎白一世女王當政時，英國的海上活動，例如德萊克的艦隊，已經常在海上攔截西班牙的商船，洗劫西葡佔有的港口。伊莉莎白女王是亨利八世的女兒，繼承了父親反對天主教的立場，自此以後對於打擊西班牙、葡萄牙的海上集團，支持不遺餘力，十分鼓勵英國人在美洲建立殖民地。從 1607 年建立了今日美國維吉尼亞州的詹姆士鎮，後來更有稱為「十三州」的大小城鎮。伊莉莎白女王曾敕封那位海盜王德萊克為爵士，她自己的寵臣拉萊 (Raleigh) 在美洲建立的殖民地，遂以維吉尼亞（處女之地）為名，以紀念這位從未結婚的女王。

英國的土地、人口、諸種資源，遠比荷蘭豐厚，而且英國沒有參加那一勞民傷財的三十年戰爭，因此，在國際競爭中，英國不僅擊敗西葡，也迅速超過了荷蘭。英國在美洲奪得了原屬荷蘭的良港紐約；在東方，英國建立了新加坡，扼印度洋進入太平洋的咽喉。英國商人聯合成立的東印度公司（1600 年），獲得伊莉莎白女王賜予的貿易特權，儼然是英國海外開拓事業的專設機構。這一公司的海外工作者克萊武等人，巧取豪奪，搞垮龐大的蒙兀兒帝國，將印度收為英國的殖民地。

英國在十七世紀，曾有以市民力量為基礎的革命，由克倫威爾領導的議會，處死國王查理一世。雖然後來英國王室復辟，英國終究發展為虛君制的民主政體。英國的民主政治，使其全國國民都參預國家事務，其動員國家資源的能力，為現代國家體制楷模。

隨著荷、英之後，進入現代國家之列的法國與德國，於開拓海外上難以與英國競爭。但是在歐洲事務及國際事務方面，也是舉足輕重的大國。法國自許為當年查理曼帝國的後人，一向不甘

落人之後，法國為了遏制「神聖羅馬帝國」及教廷的霸權，曾悍然參加新教的一方，對抗天主教的聯合力量。在不斷的國際鬥爭中，有時與英國作戰，有時與奧國、西班牙作戰，法國成為一個有強大中央王權的集權國家。太陽王路易十四（1643〜1715 年在位）長期的統治期間，法國是歐洲最重要的國家，其國力之強大，文化之燦爛，使法國成為當時的首善之國。

德國是後起之秀。居住在中歐的日耳曼族群，是不甘心於神聖羅馬帝國的體制。日耳曼的歷史，也使他們不能接受教廷的思想約束。馬丁路德的宗教革命，將在另一章討論。在政治方面，日耳曼族群中的縉紳，是擁有土地的武士之後，他們不是貴族，卻有自己的社會地位。中歐的城市地處交通要道，都有一定的經濟自主性。這些條件合在一起，日耳曼族群遂在勃蘭登堡選侯領導下，建立了普魯士王國（1701 年），腓特烈一世與其子威廉，父子二代將普魯士建設為有強大軍力的集權王政。

在荷、英、法、德之外，神聖羅馬帝國系統的奧國、西班牙毋寧落日餘暉，俄國則於彼得大帝領導下，逐漸發展為東歐巨強，其專制獨裁的程度，歐洲各國無出其右，在以後的世界，俄國也是一個要角。

綜合言之，這些歐洲國家的興起，幾乎都有一個相同之處：或則由下而上，經過民權的參預，或則由上而下，經過中央集權的體制，他們都將舊的封建體制政體，改組為能夠有效動員資源的國家機器。在此後數百年間，這幾個大國使歐洲主宰了全球的命運。

21. 明清時代的國家型態與亞洲周邊

　　十六世紀至十八世紀中葉，二百多年的中國，若從中國朝代轉移的歷史看，不過是明、清兩個朝代的興亡。當然，一般歷史會提到清代政權是滿族入主中國，乃是一個征服王朝。我們還須進一步考察這二百年來的變化。——不僅要考察內在的變化，還須注意中國對於外面變化的理解與反應。

　　王朝的轉換，在歷史上往往出現一般比較安定的朝代。明代末期，政治不良，外患內亂，征戰不斷，百姓愁苦；尤其中原及淮河地區，流寇往來如風，最為凋敝。滿清乘流寇之亂，入關取代明室。照理推論，一時不易恢復元氣。然而經過一代休養生息，康熙時中國強盛勝於明代，百姓生活不惡，而且人口急遽上升，從不過一億左右，增加不啻倍數。康雍乾三代，中國號為盛世。

　　這一快速興盛的原因，固然與康雍乾三代君主的才華能力有關。然而，當時人心思明，漢族未必那麼甘心接受異族，各種變換此起彼伏，久久不能安定，對外擴張，勞師動眾，所費不貲。單單這些內外戰爭的開銷，新朝如何應付？人力如何足以支持？

凡此均不能僅靠治理的能力，作為答案。

　　我們以為，自從十六世紀，中國大量外銷貿易換來財富，其實由於明代賦稅主要為田畝，政府從來沒有從國際貿易累積的資源獲得更多稅收。巨量的資源，其實留在東南與華南的民間。俟清代治安秩序恢復了，這一大筆財富即足夠撐起一個相當規模的消費經濟。同時，自從大洋航道開通，美洲作物玉米與番薯引進中國。這兩種新作物，可以在山地及沙壤種植，於是過去不能用作農田的土地，例如華中及西南的山地，華北、西北的黃土高原，都可種植。農田面積擴大了，足以支持更多的人口。人口與經濟資源配合，國內秩序安定，不少本來無法維生的人口，可以遷移到本來不能種植的地區，人口由負擔轉化為生產力。於是中國的經濟體，不僅迅速增長，而且因為消費增加，更有了資金循環的餘地。清代前半段不僅有休養生息的歷史慣例，而且還有繼長增高的當時條件。

　　然而，清代榮景，卻正出現於世界有空前巨變的時候，中國內部經歷的盛世，竟不能將中國推入全球巨大變化，參預其中，與時俱進。

　　明清兩代的權力結構，均呈現專制皇權最為高漲的情況。明洪武永樂兩代，都是雄猜之主，自從明太祖廢除宰相，明代始終是皇帝獨攬大權。在皇帝無能時，則由權臣與宦官挾帝王威勢，行使皇權。中國自古以來發展的文官系統，在明代始終不能制衡皇權。清代是征服王朝，挾武力統治，中國的文官當然也不能有抗爭的力量。漢唐朝廷上的文官集議，在明清兩代，基本上已不再有同樣的功能。輔政的高級文官，不過是皇帝的祕書而已。——這是明清兩代政權的延續性。

　　兩個朝代的差異，則在於清代皇權的本質，並不僅是中國漢人的皇帝，同時是滿－蒙－藏三個族群的共主，這是一個兩合的結構！清人初起時，第一步統一東北的滿族諸部，繼而收蒙古族群為盟友，透過結婚聯姻，視同自己人。清廷在平喀爾喀蒙古時，是與東部蒙族聯合，打擊西部蒙古，平準噶爾部，招撫西藏，乃是以中國漢人內地的財富與資源，建立滿清在北亞的霸主地位。相較於明代在北邊的守勢，清代收北方為自己的腹地。這一形勢約略與唐的「天可汗」兩元帝國相似，卻更為徹底，也更為持久。

　　自漢唐以來，中國皇帝每以天下共主的「天子」自居，中國是一個沒有邊界的中心，由核心輻射其威權於四方。為此，明初永樂時代，鄭和艦隊下西洋，除了防範帖木爾東征外，也志在招徠海外遠人，確立「天子」的權威。在表面上，亞洲東部及東南部各國不斷朝貢，中國儼然又是「中央之國」；撥其實情，外國來貢，其實是另一型態的國際貿易。明廷對於四鄰影響，只有一次援救朝鮮抵抗日本的侵略，可說是伸張「天子」聲威。除此之外，明廷並不具備唐代的強大影響力。

　　清代接替明代，太和殿廣場上，其實不再有萬國衣冠朝參，滿族與蒙藏之間，盟友親戚的關係，多於「天朝」的君臣關係。

　　更為大眾忽略者，中國最親近的友邦朝鮮，在滿族入主中國後，始終視清廷為不合法的強奪中國。雖然朝鮮循例朝貢清廷，他們來華使節撰寫的「燕行」記錄，無時不忘談到清廷的野蠻。為此，朝鮮學者經常以「小中華」自許，認為中國文化的繼承者不再是為「虜」竊據的中國，而已移到禮儀之邦的朝鮮。

　　日本對中國的態度也有明顯的改變。唐宋時代，日本確實視中國為文明之所在，他們的儒家學者與佛教高僧時時不忘中華文

小中華思想

　　滿清取代明朝，成為中國的新主人，而東亞文化圈中的成員，如李氏朝鮮、阮朝越南、日本，認為滿清以「蠻族」姿態入主中國，引發其以「中華文明繼承者」自許思想的出現。以朝鮮為例，他們維持明代衣冠、正朔、禮儀，以「中華」自居，甚至有「大抵元氏雖入帝中國，天下猶未剃髮，今則四海之內，皆是胡服，百年陸沉，中華文物蕩然無餘，先王法服，今盡為戲子軍玩笑之具，隨意改易，皇明古制日遠而日亡，將不得復見」之言。越南也曾自稱「中國」、「夏」，日本則有「華夷變態」之說，中國反成了「蠻夷」了！

化。蒙古橫掃亞洲獨獨在征伐日本之役，全軍覆沒。從此日本人對自己的期許，提高了不少。明初中日關係，大致以朝貢貿易為主，甚至日本長期以明代銅幣為其流通的貨幣。但在豐臣秀吉崛起時，其師侵略朝鮮，明廷竭力援助，救朝鮮於危亡。豐臣秀吉含恨而終，從此，中日關係未再友好。明代中期以後，大洋航道開通，在中日兩國都採封閉鎖國政策時，有些日本「大名」（藩主）為了謀取利潤，結合中國海上集團，販運商貨，也不時虜掠沿海居民聚落，史稱「倭寇」。中國花了不少氣力對付國際海上集團。但是，中國典籍所載，似乎始終沒有真切的了解當時真相。

　　滿人入主中國，日本對於中國更為鄙夷，日本學者常謂「中華」已變於夷狄。他們自以為從此以後，中華文化的正宗，必須由日本擔負。這一新觀點，始終發展在以日本為領導的所謂「東亞意識」，發展之極，則是日本自以為是東亞的主人，有領導「東

亞」與西方抗爭的使命。

中國當康雍乾三世，曾強盛一時，以致清廷及包括許多知識分子，自滿之餘，一步一步走向心理上的自閉。康熙經過耶穌會士，遂知道一些當時的西方及四鄰情勢。但在天主教廷堅持禮儀與教義，引發了康熙晚年禁止西人傳教。到乾隆時，著名的英國馬戛爾尼使團來華的事件，當時朝中君臣於中國以外的情形，已完全蒙昧不知究竟了。

不但滿清君臣不知西方在進行的變化，對於中國的邊鄰，他們也不知道緬甸與暹羅王國的爭奪南方霸權，不知道暹羅竟已率先向西方學習。他們似乎從來沒有注意，亞洲腹地與印度次大陸上，帖木爾的子孫建立了強大的蒙兀兒帝國，又於 1740 年瓦解，為波斯納迪爾王取代。當然他們也不注意，1757 年，英國東印度公司的克來武已佔據了孟加拉，最後英國佔有整個印度。

中國朝野完全不知道日本德川幕府的第八代將軍吉宗（1684～1751 年），於 1716 年接任日本實質的統治者位置後，放棄了閉關政策，引進西方的知識，編練日本新軍。而且，長崎出島已成為日本學習西方的窗戶。當時中國澳門，其實也可發揮同樣的作用，卻必須到了十九世紀，中國才將澳門再度看作汲取西方知識的門戶。

綜合言之，明代是中國「天下國家」模式的一段尾聲，清代建立的兩合帝國，是內捲型的兩元體制，以漢地資源維持北族威力，以北族威力控制漢地人民。康雍乾三代的繁榮，更使掌握權力的滿朝君臣，恬然自滿，根本不注意周邊的變化，更不論歐洲已在脫胎換骨。兔子與烏龜賽跑，不但兔子中途停下休息，而且兔子根本不知道有此正在進行中的賽跑！

22. 臺灣的開拓

　　鄭氏入臺，驅逐荷蘭人，帶去了統治的機制，臺灣遂是中國人移殖的地方。1662～1683 年間，鄭氏三世治臺，均以明封延平王的名義統治臺灣；因此，臺灣的主權，那時以後，是屬於中國明廷的。1683 年，清軍攻襲臺灣，鄭氏投降，臺灣主權遂轉移於已在中國建立政權的清廷。甲午之役，中國敗於日本，日本在《馬關條約》取得臺灣為其屬地，臺灣的主權遂歸屬日本。從鄭氏入臺至馬關割臺，中國在臺灣有效的統治，有二百三十五年。更重要者，則是臺灣居民，絕大部分是經過二百餘年的移殖，來臺的中國閩粵漢人，原來居住的原居民，也有泰半接受漢人文化，經過通婚及同化，其生活起居、語言文字，也與移來的漢人難有區別，只有在山地還有原居民的部落保持其原有文化。

　　這一為時數百年的開拓，前半段移民人數不多，自 1740 年乾隆一度開放移民，來臺人數急劇增加。鄭氏入臺，帶來官員、軍隊及他們的家屬，人數約十餘萬人，再加上原來已在臺居住的漢人及一百五十餘「平埔番社」的原居民，總數也當十餘萬人，全

數不過二十餘萬人至三十萬人之間。嘉慶十六年（1811年），全臺人口調查，計有二十四萬餘戶，近二百萬口，全部人口增加幅度極大。這一劇增，並非自然增殖，而是大量人口的移入所致。清廷取得臺灣後，海禁甚嚴：乾隆四十九年（1784年）才開放移民，大量移徙當在乾嘉之間的一個世紀。

　　華南人口移居臺灣，也可說是當時中國各處移民現象的一部分；其時，清廷已完全有效的建立了政權。經過大亂，康熙朝休養生息，康熙朝的稅制改革，「盛世人丁，永不加賦」，當然使原本隱藏的人口，納入戶籍，然而，中國在大洋航道開通之後，引進不少食糧新種（例如玉米、番薯……），可以在山坡、沙地……等處種植，使耕地面積及食糧供應均有大量增加。於是不僅人口會隨之增長，也引發人口移向原來耕地不足的地區，開闢田畝，擴大了耕地面積。這一人口從狹鄉流向寬鄉的趨勢，符合流體從高密度流向低密度的自然現象。於是在十七至十八世紀，中國人口曾有不少大批移動，例如，從湖北移向漢水上游及四川盆地邊緣的山地，所謂湖廣填四川。又如，河北人口移往陝北黃土高原，山西與河南人口移往「壩上」及蒙邊。山東人口大量偷渡到東北，滿人原有的土地。以及淮河流域人口移往江西南部的山地。更為顯著的現象，則是大量人口移殖西南地區，以致漢人人數劇增，土著迅速同化，政府遂有「改土歸流」之舉，將原本有些自治權的土著地區，改制為一般的地方治理的州縣制。上述這些移民潮牽涉的人口，數字不易稽核，估計當以千萬計算。臺灣移民當有百萬計數，也是其時移民現象中，頗堪注意的一例了。

　　若從更為宏觀的角度看十七至十八世紀，全球也頻見移民潮。最為歷史上重要事件者，當然是歐洲人口移往美洲，南美是西南

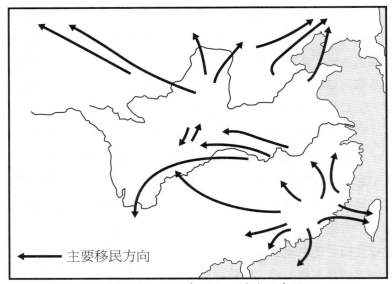

十七、十八世紀中國人口遷徙示意圖

歐西語、葡語系人口為主，北美則由英語、法語系人口開其端，接著歐洲各種語系的人口，以及亞洲人口，又陸續移入北美。這一移民洪流至今未息！同樣的，歐洲人口也移入非洲，例如荷蘭人移入南非。俄國人口東向移往西伯利亞、遠東海濱地區。英語系人口移入澳洲與紐西蘭。非洲黑人被白人載運至各處殖民地，則又是非自願的人口移動。凡此現象各處規模，大小不同，不一而論。若以其牽涉的人口總數，為數千萬計。

　　臺灣內部開拓過程，前期與後期並不相同。鄭氏時代，移民多為軍隊、官員及其眷屬。他們的居住點，有如屯田，今日尚有左營、前鎮、援剿（燕巢）、後勁（後金）……等地名，保留駐軍營地的名稱。鄭氏時代，漢人大致都在南部平原及高屏諸地。鄭氏政權的經濟基礎，仍保持其原來海上集團的特色，以海外貿易

為主要財源。「國姓爺」的旗號，縱橫東南亞海洋，從轉運商品，獲得厚利。相對而言，農耕不是其主要的經濟基礎，大率以能夠做到食糧自給，即已滿意。當時有一府二縣的行政規劃，城居人口，不會很多。軍隊在營地附近耕種田畝，形成南部的「集村」聚落傳統。至今嘉南平原上仍有集村，星羅棋佈，處處可見。

　　鄭氏時代，平埔原居民仍有百餘社。他們耕種技術不及漢人，仍經常游耕拋荒，是以對於土地所有權的觀念相當模糊。有些漢人即以借地、佃種的方式，取得土地的耕種權，於是，久假不歸，反客為主。還有人入贅為平埔女婿，因而取得土地。番漢發生產權糾紛，告官投訴，則原居民不諳法律，往往敗訴。凡此，巧取豪奪，不一而足。臺灣中南部鄉間，常有清代官府處分漢番糾紛的碑碣，告示雙方定案之後，不得再有紛爭。個中實情，可能即是移民挾官府勢力，奪取原居民產業。有些原居民也可能依照法律，招徠佃戶墾丁，自己儼然地主，號為「番頭家」，然而究屬少數。

　　移民開禁以後，大批閩粵移民紛紛來臺，有不少投入兩岸貿易，由臺灣輸出米、糖、硫磺、藤條……，由大陸輸入日用百貨。鄭氏大洋貿易的轉運經濟遂轉變為兩岸貿易。臺灣的商品是農產品為主，因此擴大種植面積即是增加商品數量的最佳途徑。為此，在嘉慶時代大規模的開拓代替了過去個別移民從平埔番取得土地經營權的方式。一些有餘貲的人物，大致是兩岸貿易致富的商人，其中頗多閩南港口的人士，集合資金，向官方申請墾照，以此特權募集福建漳、泉二地的壯丁，來臺開墾。這種有墾照的開拓，人多勢眾，財力雄厚，又有官府奧援，是以通常超越許可的範圍，越過土牛紅線的番界。番社因此在強力侵略下，一批一批的消失。

這種大規模的開拓，在臺灣土地分配，留下了大租戶、小租戶、佃農等三級地權的制度。大的墾戶，土地成千上萬甲，人丁成千累百，儼然地方封君！臺灣著名的大家族，如板橋林家、霧峰林家，都是聲勢顯赫，富甲一方，手下墾丁轉化為租戶及佃人，也都擁有土地經營權。上述板橋林家，以巨貲捐官；霧峰林家，以組織「臺勇」參加湘軍，博取功名，都成為臺灣的地方領袖。到十九世紀，吳沙招漳州墾丁，開發蘭陽平原，當是最後一次大規模開拓的墾戶。

　　閩南漳、泉二府移民隨鄭氏來臺，以此淵源，後來入臺人口，也以閩南人為主體。閩粵的客家族群，原來即有集體移徙的傳統，遂也陸續移入臺灣。客家來臺晚，平原及山腳下的土地已為閩南人佔領。於是客家的開拓，都在山坡臺地，今天由屏東、苗栗、新竹、桃園，地勢較高的地區，連綿不絕，大致都是「客莊」。客家人存在閩南村莊與原居民「番社」之間，兩面受敵，唯有團結，互相支援，難以立足。當日所謂「六堆」，即是客家村莊的武裝聯盟，以此組織一條南北聯結的「長蛇陣」。閩客二群，常因爭地爭水而起大規模械鬥，最嚴重的衝突是十七世紀末延長到十八世紀初，在今日新竹地區的械鬥，參加的人丁成千累萬，死傷遍野；數年以後，閩客地方人士出面議和，終於議以「金廣福」的組織，由閩廣雙方合作開拓內山。

　　經過漢人由個別農戶發展到大規模組織的開拓，到了十八世紀，臺灣原居民遭受排擠壓迫，有的同化融入漢人人口，有的逃亡內山，在崎嶇山地中，延長族群的存在。在吳沙開拓蘭陽平原後，東北角最後一片平地，也為漢人佔領，當地原居民撤退內山，或者移徙「後山」，東部的花蓮、臺東山谷及山地。全臺原居民人

數減少，又分屬不同的語系與文化群，漢人移民已成臺灣主要人口。

　　漢人開拓臺灣，對於原居民的衝擊，以致主客易位，已如前述。漢人之間，為了爭奪土地及資源，也衝突不斷。清領早期，朱一貴、林爽文幾次大型起事，還為了抗清復明的意識型態。後來族群之間的械鬥，幾乎全為利益衝突，不僅閩客之間有械鬥，漳泉之間、頂下郊之間……都有械鬥。清領二百餘年，乾嘉以後，大小械鬥，每隔三、五年不斷發生，為此犧牲的丁壯為數眾多，甚至掠其婦女，戮其嬰兒，慘不忍言。清廷官府遠在福建，鞭長莫及。中國儒道佛三家的教化，在這一邊陲，影響也有限。內地的縉紳力量，在臺灣也沒有成形。是以，清領二百餘年，臺灣社會唯力量足恃，禮法教化的功能相當微弱。漢人取代原居民的過程，其實與白人侵入美洲，取代當地族群的現象，並無差別。

　　在漢人入臺前，原居民的粟作農業生產力不高；原居民也沒有能力改變原始生態。在郁永河等人的記載中，漢人來臺之初，臺灣還是榛莽遍地，處處沼澤湖泊，西岸沙洲變化不定，河流短促，不能形成內港。單以臺北盆地言，郁永河所見，還是一個大湖。漢人開拓，西岸從南到北，均是田疇，溝渠池塘，人煙數百里不絕。但是，這一巨大成就的另一面，則是自然生態不斷因人為而改變。舉例言之，臺北盆地的大湖，已只剩了內湖區的一兩個水塘。自然生態的變化，還在繼續進行之中。

　　綜合言之，自從鄭氏入臺，臺灣遂成為華南人口的移徙之地。鄭氏海外扶餘，原以外向參預大洋貿易為經濟基礎。清代取得臺灣，此地遂成為閩粵的延伸。漢人移民侵掠原居民，其暴力不下於白人殖民美洲。漢人開拓臺灣，維持了數百萬人的生計，其代

價則是排擠了原居民人口的自主性，也完全改變了當地的生態。此中成敗得失，難以評斷。一般臺灣史，往往正面敘述，卻不注意其負面的情況。本章陳述漢人移民擠壓原居民的情形，既為原居民討一個公道，也從大移民潮現象，說明臺灣史是世界史與中國史的一部分。若僅從臺灣史的格局敘述，將不易理解其具體的意義。

23. 明清民間武力起事活動

　　明代的開國，是在遍地都是反蒙元活動中，群雄逐鹿，得到了天下。明代覆亡，雖是亡於滿清，卻也是在李自成進入北京時，崇禎自縊於煤山。滿清入關，是乘流寇亡明的機會，滿清覆亡，則是在太平天國、義和團……等內亂之後，革命活動，此起彼落，辛亥革命遂絕清祀 。 是以本章從 1600～1840 年間大規模民間起事，一觀近代前期，中國民間社會與國家統治機構對抗的型態。同時期的歐洲，也正是宗教改革與民間革命二次颺起，徹底的改變了歐洲的社會與國家。

　　明太祖崛起於白蓮教／明教大規模起事，但在自己羽毛已豐時，即已擺脫了祕密教派及農民起事的色彩，轉變為傳統內戰的群雄，到取得天下後，也回到列代帝王與士大夫共治的型態。明代前半期，一般言之，並沒有大規模的民間武力起事。但在十五世紀至十六世紀，地方性的變亂，出現於河南、陝西、河北的窮困地區（例如荊襄、淮西），甚至南方的福建、廣東與江西也有亂事。十七世紀，山東、河北的白蓮教起事，經過半年始得平定。

　　明末，十七世紀，陝西農民大起，越變越烈，終於擴大為大規模的「流寇」，由高迎祥、李自成、張獻忠等人領導，參加的民眾以百萬計，由天啟到崇禎，歷時十七年（1627～1644 年），蔓延整個華北地區，終於攻入北京，明代遂亡！在中國歷史上，如此規模的民間起事，也只有亡秦的內戰、兩漢之間的赤眉、銅馬與東漢末年的黃巾之亂數次而已。

　　過去論述明末流寇大起，或則認為官貪吏污、賦役太重、民不聊生，以致激成大亂；或則以社會主義階級鬥爭的理論，當作有意識的社會革命。誠然，明代晚期，內政不修，人民困窮，而且崇禎朝賦役繁重，又加上政府為了遼東戰事及練兵，逐次徵收「三餉」（遼餉、剿餉、練餉）的苛捐重稅，百姓負擔的確太重。政府為了節省開支，裁撤驛卒，以致激變。——凡此均是釀成大亂的緣由！

　　不過，我們還須再重視，這些因素之外，還有哪些特定的時空條件，以致明末流寇發生於此時、此地？

　　明代晚期，大洋航運開通，中國從國際貿易獲得過量白銀，維持了長期貿易順差，江南華南十分殷富，政府為何還如此窮乏？我以為，第一，南方殷富，北方卻未能分潤，因為南方手工藝商品的原料，例如綿帛、陶土、鐵材、茶葉，都由南方供應，南方因為工商業發達，多需糧食，也由長江及珠江流域生產；北方沒有因為南方經濟發展而沾到好處。第二，明代賦稅的稅基是農業，而且以田賦為主，為了徵稅方便，又常常攤丁於畝。王公勳貴及縉紳，均有免稅的特權。於是，田賦及加徵的稅捐，均由自耕農負擔。商業稅以「鈔稅」為主，是以交通要道的鈔關徵收。明代前半期，商稅所入不過正課的百分之二、三，明代晚期，商稅也

不過正課的十分之一。明代南方民間，其實可以負擔國用的相當
部分，卻因稅制完全從農業收入著眼，遂致稅負貧富不均、南北
不均。

　　另一個常為人忽略的因素，則是明末氣候寒冷乾旱。當時歐
洲正有「小冰期」，導致農業減產，歐洲列國（尤其是英、荷兩
國）由於生計窮迫，有不少人遂投入對外開拓的事業。「小冰期」
是北半球都有的現象。中國歷史時期，明代是比較寒冷的時期，
明末至清初尤其酷寒乾旱。崇禎時旱災連年，各地報災，有連續
七、八年者，中國北部當然更為困苦。大洋航道開拓，新引進的
玉米與番薯，都可在南方山地種植。番薯是由菲律賓引入福建，
號為救災糧。北方一時還未能受惠。是以，崇禎時，北方諸省人
口因為饑餓，群起響應「流寇」，動輒萬計，也是可以理解的。漢
光武帝以大鍋煮飯，只喊了一句：「過來取食」為口號，即招降了
赤眉的大眾，饑餓到了極點，可以反，也可以降！

　　流寇活動都在華北及淮漢川楚，卻不在南方，當與此一「小
冰期」現象有關。清代早期，小冰期尚未結束，因為北方戰亂，
人口銳減。李自成、張獻忠餘部，轉入西南活動（如夔東十三家，
又如孫可望、李定國諸部），毋寧是另一方式的移民。清初湖廣填
四川，淮西入江西……，也都是人口重新調整。饑民已移入別處，
清初北方因此較為平靜。

　　清代的民間武裝起事，大多是祕密宗教與幫會。川楚白蓮教
起事，是清代早期的大事，除了一般啟示性信仰的宗旨之外，還
常以「反清復明」為口號（也有時是興漢滅滿），「朱三太子」也
多次為人用為號召。另一方面，祕密會社（例如「天地會」）又常
有「啟示、救贖」信仰的「兩宗」、「三際」（兩宗為光明和黑暗，

即善和惡；三際為初際、中際和後際，即過去、現在和未來）、
「真空家鄉，無生老母」（均為白蓮教等教派常用的名詞，可參考
第十四章）等教義成為天命所寄及天地劫難的預示。是以，這兩
種原本並不相同的社會底層與邊緣的組織，事實上，由於思想意
識的資源有限，不免彼此借用，以致渾為一體了。

　　在歐洲未嘗不也有類似的現象，俄國農民起事，常將救世主
來臨與盼望好沙皇相提並論（例如 1773 年波卡卻夫自稱彼得三
世，奉耶穌神諭起兵）。甚至有些新教反抗運動，在號召農民時，
神學教義的辯論不能為眾人理解，也將救世主再臨作為口號。

　　在上述背景下，清代運河漕運的船工水手組織了安清漕幫，
本是為這些勞苦工人的共濟合作組織。在其初創時，以祕密宗教
的羅祖信仰建立寺庵，安養老年水手。後來則又與反清復明的洪
門，先是互制，後來是相容，終於合作，成為社會底層與邊緣的
祕密組織，以對抗國家與社會的上層。是以，「紅花（洪門）、綠
葉（青幫）、白蓮藕（白蓮教）」，三處都是同一家！這些組織既不
是為了一時的饑餓貧困，也已將其政治目的及宗教信仰放在一邊，
他們的存在可謂近代複雜社會多元化、貧富懸殊、城鄉分歧，及
專制皇權與主流正統思想的結合，窮而無告者，針對上述諸項現
實，自己組織了另一個看不見的社會。

$24.$ 明末清初的思想界

　　宋代儒家，經過北宋諸學派的辯論，界定了一系列的課題，探討宇宙論、知識論、倫理，及人生價值系統。這些課題都在闡述「聖學」的框架下，是整理中國思想體系的主要論述。南宋朱熹特將宋道學諸派，整合為一個龐大、繁雜，而且又精密的理學系統，可謂先秦儒家與道家的一次重組，其在中國思想史上的地位，堪謂開創了中世晚期以下千年的中心思想，也規劃了國家權威、社會結構、行為規範……無不籠罩在內。

　　朱熹在世之時，這一思想還未成體系。但自南宋後半期開始，這一思想系統，通過科舉，已與皇權、父權、夫權結合，確立了其支配個人思想與行為的權威。即使在蒙元時代，科舉的作用遠不如前面的宋代及緊接的明代，也還是有一批重要的學者，努力將理學與中國的華夏文化之間劃上等號。明代重建漢人的政權，明太祖強調君主權威，取理學的三綱五常為維護君權的理論基礎，甚至指斥孟子的民權主張。明代科舉，建立了朱子注疏為解釋儒家經典的權威；從此以後，朱子理念系統，遂確立了不許撼動的

正統地位。

　　無論鉗制嚴緊，總有人不甘束縛。蒙元時代，九儒十丐，有些讀書人不願受辱，轉入詞曲創作，另闢天地。明代仕宦，既受權臣宦寺欺凌，甚至還有廷杖之辱。大多數人在專制極權的淫威之下，俯首貼耳，甘於科舉闈墨，干求祿位，對於思想自由竟不再注意。於是難得有人敢挑戰正統思想的權威。然而，天下之大，正統不可能長久不受質疑。終於，有了王陽明的心學系統，挑戰朱子的理學。在朱子之時，陸象山已有不同的意見，所謂「朱陸異同」，即為宋代思想史上的一大公案。陽明之學，上接孟子，強調了個人思想，由此建立了「萬物俱在於我」的唯心理論。致良知、良能，更為個人的主體自主，設定不同於世俗外在規範的自由空間。王學發揚了陸象山的思想系統，其在砥礪個人志節，不是遵循「禮教」約束可以同日而語。

　　陽明之學，在中國儒家系統之中，融入佛家的唯心論，實可謂朱子之學後，雖然以孟子為祖源，其實也是儒家思想的另一次擴展！陽明之學中，因為已有禪味，終於有了更近於釋氏的宗派。王學中的泰州學派，亦狂亦狷，不再是儒家所能羈絡。創始人王艮出身鹽場的匠戶之家，本來就與一般儒生不同。是以他的見解，超越書本學問之外，以為修身即是修道，以「心」為主體，融合天人，達到怡然自得的境界。這一境界實與從日常生活中求得悟解的禪宗，十分相似。耿定向更借用《心經》的「照見五蘊皆空」，闡釋儒家「喜怒哀樂之未發謂之中」，指向自由的「心」為「仁」，經此認識，人性的仁，始得流行不息。

　　李贄是明代思想家的奇人，他本出生於伊斯蘭教家庭，治學之道融合儒道佛三家，主張以絕假存真的「童心」，回到不受污染

的「本真」，竟可說是一種浪漫主義的訴求。不僅李贄如此，羅汝芳等人，又何嘗不是出入佛道，並非全以儒家為正宗。明代末季的方以智，會通三教，學問不僅在儒家經典，而更在《易》、《莊子》、華嚴、天台諸學。他與西洋傳教士頗多接觸，雖然對於天主教的宗教哲學並不佩服，卻相當重視西方科學研究的實證方法，頗趨於理性主義的立場。──這些人代表明代在朱學正統之外，正不斷的擴大思想境界，融合了儒家以外的別家思想，誠可謂自由探索的努力了。

　　另一個值得注意的方向，則是學者中有人期望在思想之外，走向實踐。陽明之學，知與行之間，本有良知、良能的相對性。王艮即以此出發，曾經規劃，打算在海埔新生的無主之地，建設一個理想社區。何心隱也有社會運動的理想，設計了「聚和堂」的組織，捐出家產，誠為一個社區共同體。他希望接納一切士農工商人士，不限身家，捐產入會，設立制度，輪流主持會務，會

何心隱的理想國

　　何心隱，原名梁汝元，江西永豐人，是泰州學派的代表人物之一，主張實事實學，反對空談性命。何心隱曾在家鄉創辦「聚和堂」（即《明儒學案》中的「萃和堂」），組織宗族共同體，試圖建立一個理想世界。在聚和堂中，冠婚喪祭賦役等事務合族共理，財產互通有無，救濟鰥寡孤獨，試圖縮小貧富差距。他也開辦學校，不分本姓外姓、長幼遠近，都可以入學。這樣的組織，打破傳統以君臣為首的五倫關係，表現出何心隱對於社會平等的主張。

首是「師」，也是「君」，君臣平等，相師相友，以臻於「天下歸仁」的境界。何心隱的主張，從明代皇權的角度看，當然是驚世駭俗，甚至「大逆不道」。他終於下獄，竟以身殉。

　　黃宗羲在明亡之際，不能不思考亡國亡天下的道理。他在《明夷待訪錄》中，提出了相當接近民主制度的設計，以為君民之間，不是主從尊卑，政府是為民而設。地方發展，猶如諸侯，有相當的自主權。學校是議政的場合，其所議定，由地方長吏付之實行。——這一構想，儼然是代議制，而且是地方自治的民主政治！

　　在文學與藝術方面，反傳統、反權威的風氣，在明代晚期，也頗有可觀。《水滸傳》與《西遊記》，都是從反權威的角度，敷陳故事。崑曲大師湯顯祖的作品，「臨川四夢」（《紫釵記》、《牡丹亭》、《南柯記》、《邯鄲記》），或則提出佛道的無常與淡泊，或則挑戰儒家禮教的規範。在散文方面，袁氏三兄弟（宗道、宏道、中道）與歸有光等人，下筆直寫平常事務，直指性靈，不再受「文以載道」的約束，採擬俗語俚言，十分活潑。繪畫方面，唐寅、沈周等人，作風自由，不受傳統約束，陳洪綬更是意在筆外，猶如道家的得意忘言了。

　　自由風氣之外，則是理性的學風。王棟與劉宗周都嚴格自律，而且立下自己省察的規範。在科學方面，李時珍的本草之學，謹嚴踏實，近於現代實證的方法。徐霞客的地理之學，全由親身旅行各處，實際觀察之後的記錄。耶穌會士來華，帶來了西方科學知識，中國的天文曆法受其影響，頗有所採納。徐光啟等人介紹西方水利，用水力的器械及設施，編譯為《泰西水法》，又如宋應星的《天工開物》、茅元儀的《武備志》、徐光啟的《農政全書》，都有工藝器械的製作過程，並有實繪的圖樣。——凡此均是從理

性發為科技的作品。

　　從上述哲學、文學、藝術、科技，甚至理想社會的規劃，都突破了宋代以來只有道德倫理與政事為學問的藩圍。而且，明代學術界擴大了思想體系，包容釋道；更可觀者，明代文化發展的各個領域，自由與理性的訴求均已顯露可見。

　　若以明代晚期這一發展方向，與歐洲近代啟蒙運動相比，二者都有相似的軌跡。然則何以歐洲啟蒙運動終於開啟了現代的西方文化。舉凡科學、政制、經濟，各個範疇的歐洲現代特色，都可追溯到啟蒙運動，而明代的大變化卻似夭折，並未繼長增高？

　　這一命題，實與李約瑟討論中國科技文明的未能進一步發展，及韋伯西方資本主義出現歷程，兩大命題，都有息息相關之處。關於韋伯命題可在討論啟蒙運動的一章，再予申論。本章此處，討論明代思想界轉變不能徹底一事。

　　史學界的一般意見，最常見者主張滿清征服皇朝的專制擅權，抑制自由思想，以致萬馬俱喑。我以為滿清專制，雖是不可忽略的負面因素，我們還須注意明代風氣本身的特性。明代學風，越到後期越見空疏。尤其狂禪末流，已是放誕無所拘束。

　　在中國歷史上，東漢之初，對於西漢經學的流於虛妄（例如讖緯之學），大起反彈，學風遂趨於以考證訓詁，代替義理與術數。這一學術發展的「鐘擺」現象，也可能在清代出現。於是清代政權的鼓勵與學術界自覺的反彈，都使學術課題（亦即孔恩 Thomas Kuhn 的 paradigm）大轉變的轉向，遂有清初大套的叢書與「類書」（例如《四庫全書》、《古今圖書集成》）的編纂及稍後乾嘉考證之學的興起。

　　除此之外，科舉之強調三綱五常的倫理及尊崇朱子學正統之

間，仍有密切關聯。舉國讀書人，十之八九，志在利祿，只在闈墨中打轉，甚至將經傳正典，也放在一邊，全心全力模擬制藝範文，則明代那樣的學風，怎能有延續的機會。

　　明清兩代讀書人，大多只知讀書，不親世事庶務，更與工農商賈接觸不多，於是，書本上所記的學問（例如《泰西水法》）始終只是學問中的課題，卻不能在實踐之中得到印證，當然更不會繼長增高，日新又新了。

　　以上諸種現象，彼此之間互相影響，也加強其綜合的效應。是以，明代的文化發展雖有一時的蓬勃氣象，竟不能持續，以致有清代反覆，「正統」與「權威」相結，扼殺了中國歷史上可能出現的一次「啟蒙」。

25. 歐洲的宗教改革與啟蒙運動

　　歐洲進入近代史的指標，一是國族主體國家的出現，一是教會力量的衰退，一是啟蒙思想，導引了文化發展的方向。後面這兩項，更是彼此相關，本章的討論，也將這兩個現象合併為一個課題。

　　自從西羅馬覆亡，天主教會維繫了歐洲地區的秩序，而且在其教化之下，一批批進入歐洲的所謂「蠻族」，都逐漸在新家安居樂業。這些族群，散居各處，有相當時間，未能組織有效合理的管理群體事務的國家。法蘭克王國的查理曼，統一了歐洲的主要部分，天主教會即送給他「羅馬人的皇帝」(Emperor of the Romans) 尊號。日後，又將這一尊號代表的權力，稱為「神聖羅馬帝國」（始於 962 年鄂圖一世受教宗加冕）。其實際情況則是教會抬舉武力強大的諸侯，以這一尊號行使霸主的權力，結合教權與政權，互相利用，以維持手上的利益。因此，這一稱號，為人譏笑：既不「神聖」，也非「羅馬」，更談不上「帝國」！在十六世紀以來，列侯選舉皇帝已成虛文，中歐哈布斯堡家族長期擁有帝

號，對於歐洲其他地區，並無約束節制的威信。

　　教會本身，上層的主教們長期富貴尊榮，已為權力腐蝕，也忘記了基督教教義所設定的精神與職責。

　　在十五世紀以下，有許多新生的情況，歐洲已必須改變。宗教改革，一觸即發。在自然生態方面，歐洲正在一個寒冷乾旱的小冰期，農業生產大受影響，歐洲又發生了黑死病的大疫，喪失不少人口。這兩項災難，農村與農民承受了嚴重的衝擊，依靠農莊收入為主要經濟基礎的封君領主，也都大受影響。相對的，開通大洋航道之後，歐洲從海外掠取巨大財富，白銀黃金大量流入歐洲，造成物價革命。從海外活動獲利的貴族與商賈，有了更多生活需求，刺激了手工業及商業的發展。凡此，城市是主要受益者，歐洲的發展動力，遂由農村轉入城市。

　　文藝復興後，歐洲找回了古典時代的知識，以致教會不能再獨佔心智資源。馬可波羅及十字軍東征接觸的東方消息，更與海外活動帶回來的世界知識，彼此印證，打破了長期封閉的孤陋寡聞。城市中開設了許多大學，一群新的知識分子，可以不受教會約束，尋索新的思想課題。宗教改革的幾個重要人物，英國的威克力夫 (John Wycliffe)、捷克的胡斯 (John Huss)、瑞士的茲文利 (Ulrich Zwingli)、德國的馬丁路德……，都是在大學執教的學者。

　　正是這些思想家，質疑教宗代表教眾，也質疑教會本身，是否應有獨佔解釋教義的權力。他們回到原來的教旨，主張全體人類及個別的個人，都是蒙受神恩，直接由上帝決定其命運。這一解釋，一方面否定了天主教會權力的合法性，以致各種新教抗議天主教會竊取了教義未曾賦予的特權。再進一步，啟蒙運動者，更提出了自然律，代替神諭的權力，竟開啟了近代科學探討自然

現象的理性訴求。

　　各處地方勢力早就不甘承受神聖羅馬帝國的霸權。政教權力彼此利用，使地方勢力難以挑戰。宗教改革，正是地方諸侯尋求自主的機會。不少挑戰教會的學者，其實常有當地官方的庇護，例如馬丁路德，即有撒克遜選侯的保護與支持。荷蘭諸省的獨立運動，是奧倫治公爵與新教教派的合作。英國脫離天主教會，更是英王亨利八世自己直接主導的國事。在「三十年戰爭」中，新教諸侯與神聖羅馬帝國抗爭，不僅英國幫助新教諸國，甚至信奉天主教的法國，也援助新教諸國。《西發里亞和約》，是歐洲歷史的里程碑，從此以後，擁有主權的國族國家，各自獨立自主，打破了「普世秩序」的帝國／教會霸權。「國家」成為群體凝聚資源的載具，可也是在「國家」之下，國民以「小我」，難以抵抗「大我」的壓力。

　　由此出發，啟蒙運動中，又出現了另一課題：「個人」與「國家」之間，彼此如何定位？堅持君權神授的君主（例如法國的路易十四），自認朕即國家。近代史上許多「開明專制」的國君（例如普魯士的腓特烈大帝），也為此不懈不怠的操勞國事。在「國家」代表全體國民的口號下，荷蘭以蕞爾小國，竟能全民參預，共同締造了海外殖民帝國。

　　在啟蒙運動中，對於國家性質的提問，引發了自由與人權的觀念。這兩個觀念，其實與希臘古典思想關係不大，卻毋寧是由宗教改革後，重新界定神恩引申而來。人類與個人都蒙受神恩，神創造了人，而且神愛世人；因此人權是神聖的，人的自由，不應由別人剝奪。於是，國家是由個別國民合訂的契約所創設，以服務國民。這一轉折，遂在「國家」的定義中，注入個別國民的

權利，為民主政體確立了天賦人權為其基本要件。

　　「理性」是啟蒙運動發展的重要觀念之一。這一觀念，的確與希臘古典文明有關。蘇格拉底至亞里斯多德，毋不強調理性的思辨，邏輯推論，即是理性思辨的過程。畢達哥拉斯的數學，雖有術數的神祕主義色彩，終究還是從理性的思維操作數學。但是，「理性」也有基督教神學的來源。神是全知全能的，因此其所規劃的宇宙也當是合理有序的。這是從上帝的神聖出發，轉化為合理的自然律。正因自然律是合理的，人方可以合理的思維，探索自然律規範的宇宙奧祕。於是，自然科學亦即數理科學！這樣一個命題，毋疑是入室操戈，逼得神學進退兩難。宗教改革的新教人士，終究必須為基督教拿回自己的立場。他們的解釋：神是全能的，任何凡世思考不能測知神意，否則人可與神對弈了。神意不測，神的威權方不致受人探尋，甚至行善求神施恩，也是另一方式的對弈；唯有完全的順服，如《聖經・約伯書》所敘述，神的全能始得完整。喀爾文派與路德派，無不如此主張。關於理性的辯論，至今仍是基督教神學理論體系中，一個難以自圓其說的難題。

　　將本章所討論的兩件歐洲大事，放在中國的角度看，有兩點值得注意：歐洲人經過馬可波羅以至明代西洋傳教士的報導，知道東方有一個龐大的國家與複雜的文明。由於這些報導，都是選取中華文明足以稱道之處，歐洲的學者，尤其啟蒙運動的學者，借異域的鏡鑑，以中國作為「他者」，彰顯自己必須反省的缺失。十八世紀以前，歐洲對東方的中國，常多溢美之辭，其實大多是借題發揮，找一個美好的中國發抒自己的理想。這一階段過去了，歐洲對東方的知識也比較清楚了，他們對中國文明的評價，遂轉了一個大彎，由稱頌一變為輕視。

啟蒙哲士看中國

十八世紀，歐洲掀起一陣「中國風」。從十七世紀開始，中國的儒家經典如《論語》、《大學》等，經由來華的傳教士翻譯，傳入了歐洲。在皇室貴族爭相蒐集中國工藝品、舉辦中國式的宴會、興建中國式園林建築時，十八世紀的啟蒙哲士也極度推崇中國文化。中國傳統強調理性、不重神學思辨的思想體系，成為啟蒙哲士羨慕的對象，對於中國的政體機制（如官僚體系、科舉制度）、道德意識（如孝道）和哲學思想，都加以美化。一時之間，孔子成為他們欽慕的先賢，不少學者投入中國哲學的研究，如德國哲學家萊布尼茨就曾出版《中國近事》（1697年）一書，認為中國有令人讚嘆的道德，還有自然神論的哲學學說。這些啟蒙哲士，透過間接理解的中國文化，擷取其需要的部分（如理性），其理解雖不見得全盤透徹，甚至有誤解之處，但在當時的大環境下，仍具有其重要的意義。

另一個問題，明代晚期思想界的大變化，已在上章論述，恰在西方傳教士利瑪竇等人來華之時。為何中國的知識界沒有感受到歐洲正在進行的深刻論戰？我以為，這些耶穌會士，雖然自己是天主教內的改革者，依舊是天主教思想體系的守護人。利瑪竇本人，揉合中國思想與基督教教義，向中國人傳佈基督教，還遭本教人士的駁斥，他們哪能將宗教改革的種種正反辯駁，傳達於中國的知識界？至於耶穌會士介紹的歐洲科學知識，也是由於他們自己的立場，不能不有所選擇。以天文學為例，他們沒有介紹

哥白尼與伽利略,卻介紹了第谷遷就新舊的理論系統（日月繞地,五星繞日）。在中國知識界,「天理」是一套合理的秩序,原本就不必顧忌到神意不可測,也不應測。可能正因為中國人的思維方式中,不必顧忌這一點,中國人在（天啟的）頓悟與國學的漸悟之間,從來沒有深刻注意,以致中國人忽略了科學方法學的思辨。

　　總之,十五世紀到十八世紀,經過宗教改革與啟蒙運動,歐洲確實邁入一個全新的方向,並且在下面兩個世紀內,將全世界推入新境界。

26. 近代科學的興起

　　十六世紀，哥白尼提出了太陽中心論，挑戰地球是宇宙中心的傳統觀念，伽利略又進一步建立了嚴密的理論，解說天體系統中太陽為許多行星圍繞的中心。過去基督教神學的宇宙觀念，為之丕變。同時維薩留斯 (Andreas Vasalius) 對於人體結構的討論，及哈維的血液運行與心臟張縮的理論，觸及人體與生命的奧祕。對於宇宙及生命，人類有了全新的認識，從此跳出宗教信仰的教條。

　　從這一關鍵性的時刻，近代科學迅速開展，到了十八世紀牛頓建立了引力理論，達爾文建立了生物進化理論，近代科學取代了過去形上學與神學的框架，一步一步繼長增高，成為人類探索知識的主要領域。這一新境界的肇始，英國歷史學家巴特菲爾德認為，其重要性幾乎與宇宙的迸發 (Big Bang) 與文明的開始，可以相提並論。

　　我以為，近代科學的出現的確是人類文明史上，一個重要的里程。新石器時代，人類發展了農業（包括畜養馴化動物），使人

類有了可靠的維生資源，也可以在同一地點生聚教養。都是人類歷史上的一大關鍵，與人類直立步行，那一重要發展相比，近代科學發展，應是人類歷史的第三個關鍵性的發展了。

在許多古老的文明系統內（例如中國與印度的文明），都有人努力探尋宇宙與生命的奧祕，也都有可佩的成績。但是近代科學的興起，毋寧是劃時代的大事，其意義超過古代文明中許多個別的發現，因為這一次科學革命，徹底改變了人類文明中的宇宙論、知識論……，展開了全新的思維方式。

新的思維方式的出現，也有其特殊時空要件。當時宗教改革，不僅是新教取代了天主教的半壁江山，卻更意味著宗教信仰獨佔人類心智的局面，出現了缺口。有些歐洲的知識分子，從此獲得了心智活動的自由空間。此時，經過十字軍東征，接觸到伊斯蘭事物，也開啟了新的視野；經過文藝復興，學者又有古代的經典著作可讀了；經過大洋航道的開拓，東方古老文明引起了學者的審視，當作歐洲文明對照的「他者」。這些條件湊在一起，歐洲，尤其英、法兩國的知識階層，甚至更廣泛的社會中產階層，擁有許多引發刺激他們反省的資料。

在這一段時候，歐洲的城市經濟，直接間接因為海外資源而富裕，許多城市，一個接一個，出現了大學。於是在這些學術基地，學者們能組成社群，彼此交換意見。回顧宗教改革的時期，那些重要的改革者，威克力夫、胡斯、馬丁路德……，都在大學執教。學者之間，沒有國界的阻隔。舉例言之，捷克查爾斯大學的胡斯即十分熟悉英國劍橋大學威克力夫的著作，在近代科學勃起的時代，許多有重要影響的學者，全是在大學任教的研究人員。

除了大學可以提供學者們所需要的支持外，學者們也組織了

大大小小的學會、學社，作為切磋的論壇。十七世紀中葉，英國的皇家學會、法國的科學院，以及德國、荷蘭、俄國等處的類似團體陸續出現；這些團體，至今還存在。四百年來，學社與學會的集會，使各科學者有具體的社群，經常分工合作，形成課題，經過辯駁、修正、擴大，不斷的融入知識的未知領域，不斷的將已知的點與線，聯結為已知的面。這種制度化與組織化的學術合作，在人類歷史上，第一次有如此跨國界、跨學科的規模。

近代科學的成績，已斐然可觀。經過兩、三百年的努力，學者們的思維方式已很明顯。過去的教科書，常以培根的歸納法與笛卡兒的演繹法，當作兩種不同的思考過程。其實，兩者之間畢竟是互補的，而且都與獨斷式的教條信仰不同。近代科學的特點，是在於複核邏輯的思維。複核的形式，可以是實驗，以重演其推理，也可以是經過數學的計算，核對其一致性。從一類課題 (paradigm)，可形成理論，亦即由特殊推往共同性。從一類課題轉變與擴大，則推向更廣泛的共相。科學史的專家，往往將波普 (Popper) 的理論擴張，與孔恩 (Kuhn) 的課題轉移，視為兩種不同的解釋，以闡明學術研究範疇的改變。其實二者也是互補的看法，課題的轉移，本身即是理論的擴大；整體言之，即是一片一片知識領域，在轉移之中，聯繫為更大的領域。

這是發生於歐洲的情況，由十八世紀至今，可說是學術界已經確立的規範，甚至可說是一種學術社群的「小文化」。回顧中國明清時代的學術發展，中國的學者們，有類似大學的書院與講學制度，學者之間也有交流與討論；但是，前者並沒有獲得國家與社會足夠的支援，後者也沒有歐洲學術團體的制度化，是以學術課題沒有延續，也為此沒有累積、轉移與擴大。歐洲的宗教改革，

推翻了教會的獨佔與權威。明代晚期的學者與文化人，努力突破傳統的樊圍，但較之歐洲，儒家保有正統權威性；至於清代的編纂工作與考證工夫，更是以扶翼聖學為宗旨，沒有突破權威的空間了。本章曾提到歐洲學者可有許多「他者」為對照，而中國獨善於東方，對於西方所知不多，甚至耶穌會士帶來的訊息，也不能普遍為學術界共有的知識資源。中國學者缺少了可以作為鏡鑑的「他者」，也就缺乏了刺激及隨之而來的反省。也許這一區別，可以幫助我們了解中國與歐洲，在近代發展的不同軌跡。

　　李約瑟曾經問到：何以中國在十六世紀以前，科技成就為舉世之冠，但在十六世紀之後，歐洲學術發展突飛猛進，遠遠超過了中國？我想，本章上述討論，或可部分解答李約瑟的大問題。除此之外，李約瑟的大著，書名的翻譯應是「中國的文明與技術」(*Science and Civilization in China*)，即說明中國的學術成就，除了正統經典的闡釋，實以「技術」為最有價值。歐洲的理論性研究，

李約瑟難題

　　李約瑟在 1930 年代曾提出一個問題：「儘管中國古代對人類科技發展做出了很多重要貢獻，但為什麼科學和工業革命沒有在近代的中國發生？」引發許多學者對此一問題的爭論。這一個難題還有另一種表述方式：「為什麼西元前二世紀至西元十六世紀之間，在將人類的自然知識應用於實用目的方面，中國較之西方更為有效？或者，為什麼近代科學，關於自然界假說的數學化學及其相關的先進技術，只是輝煌而短暫地興起於伽利略時代的歐洲？」

卻不是中國文明中最耀眼的部分。舉例言之，中國數學，幾何、級數、代數……，最大成分是由天文觀測、年曆計算、面積與體積的量度、造橋築堤……等等實際需要而有可觀的發展。李約瑟本人選定的書名，已點出中西發展差異的關鍵。

　　近代的科學，今日往往分為兩個階段，十八世紀到二十世紀是牛頓的科學，現代的階段則是愛因斯坦的相對論，和更進一步，量子力學的系統論。學術課題的發展，與理論建構的知識體系，已有巨大的差別。本章所敘述，毋寧是牛頓的科學，其物理學是結構性的與機械性的，可用「時鐘」為譬喻：宇宙是一個奇妙的大機器，經有可以測知的零件，按照一定的規律運行。與此相當的，則是生物學的達爾文演化論，生物由簡單發展為複雜，在演化過程中有不斷的分歧，而分歧的現象，遵循淘汰與選擇，發展為「進步」的軌跡。科學的可以推測及規律性，轉移到一般人的世界觀，遂是樂觀、積極、並相信一切都趨向進步。一般人對於「科學」，也因此發展為所謂「科學主義」，幾乎可像是代替了宗教的另一「信仰」。從十九世紀接觸到近代科學，五四諸賢的推動，「科學主義」瀰漫於中國。長久如此，於今尤甚！這一「信仰」，其實導致大眾對於現代新科學的信任，幾乎成為信仰，以致不能真切的了解其不同的預設條件及思維方式。

　　十六世紀至十八世紀之間，近代科學逐漸成形，人類文明歷史上揭開了新的一頁。下一步，我們將在二十世紀的發展中，目擊那一個機械結構的牛頓宇宙，被另一型態的宇宙觀取代。愛因斯坦的宇宙，由宇宙原點，一次大爆炸，宇宙開始向外方飛奔似的擴大。物質不再是靜止的結構，而是質與能的互相轉換。生命科學關懷的課題，也不局限於物種的演化，生物學家正在從「基

因」中，尋找生命訊息的傳遞。眾生與萬事萬物，將在不同的課題下，為新的學科，呈現前所未知的特性與共相。「變化」將是大家最關心的現象了。這些問題，將在當代文明等章中，再予申論。

27. 大革命的時代

　　十七、十八世紀，歐洲經歷了英國與法國的大革命，美洲也出現了一個全新的聯邦共和國。革命的浪潮，波濤洶湧，英國、法國都有國王被送上斷頭臺，借用法國革命的名詞，古老的政權 (regime anciene) 覆亡，代之而起的是秉持自由、平等與博愛的新秩序！革命並不僅在這些國家發生，法國拿破崙的大軍，揮師東進，一路上又鼓舞推動更多的革命。在十九世紀中，史家常以 1848 年為歷史的紀程指標，歐洲出現了許多新興的國族國家。同時，不僅美國的革命斬斷了殖民地與母國之間的臍帶，南美洲西班牙與葡萄牙的殖民地，也經過革命，紛紛成立了新的國家。

　　的確，十八世紀後半到十九世紀中葉，西方世界的舊日秩序，完全為民主政體的國家取而代之。這一巨大變化，其歷史意義不下於二千年前幾個主要文明系統的出現。更可注意者，與這一革命浪潮幾乎同步進行的巨大變化，乃是近代科學與近代工業生產的開展。西方發生的這些大事，又將伴隨資本主義與帝國主義的侵入亞洲與非洲，引發了西方列強對於東方古老秩序的衝擊。後

者徹底的質變，也將在十九至二十世紀進行。

　　英國與法國的革命，其實並不相同。英國的政體轉變，可說
是歷時數百年的漸變。一般教科書，常以十三世紀英王約翰簽署
《大憲章》(Magna Carta) 作為英國民權革命的源頭。可是，那次
英國貴族逼迫約翰簽署承諾之處，並不是人民的權利，而是貴族
們要求專制王權的自我節制。《大憲章》六十三條，幾乎沒有觸及
民權。後來歷代英國王室，也經常修改其內容，遑論依約自我約
束了！然而，我們必須注意：一個「傳統」形成了「傳統」，後人
的闡釋竟可能發揮原來歷史事件本身未有的意義。在《大憲章》
這一傳統上，英國人在宣稱，君主不能任意奪取臣民的財產，也
不能未經法律侵害臣民的人身權利。

　　正是這樣一個簡單的訴求，遂能成為英國議會宣判英王查理
一世死刑的依據。那些革命人士，已不是過去的貴族，而是新出
現的地主與市民。他們堅持議會代表納稅人的權利與權力，自這
次革命，在英國成為民權運動長流不息的泉源。後來北美十三州
的獨立革命，其口號依舊是：「沒有代議，不納稅！」

　　英國的民權革命，長期以來，從未終止。當然，自從英國王
室由外面的皇親入主大統，皇家缺乏發揮皇權的資源，遂使議會
有機會不斷鞏固其權力基礎。另一方面，洛克主張皇權與行政權
互相制衡的理論，毋寧為英國這樣漸進式的伸張民權，奠定理論
基礎。美國是在這一模式下，再增加了憲法所列的三權（行政、
立法、司法）制衡的政府結構及憲法列序的人民權利與權力。

　　英國的漸進式民權，常常不見浪漫動聽的口號，看上去平淡
無奇，卻是穩紮穩打，至今歷時數百年，這一以民權為依據的政
體，還是歷久如新。相對而言，法國的大革命則轟轟烈烈，以象

徵自由、平等、博愛三色旗與雄壯的「馬賽曲」，在 1789 年群眾衝破巴士底監獄以後，法國殺了一個國王，又有至少兩個皇帝起來了，又下去了；有過五次共和。許多「革命之子」從革命取得權力，又為「革命」吞噬！

　　法國經歷這樣的歷史，從制度方面論，當初法國王室的權力極為集中。整個法國只有巴黎為國家唯一的中心，王室則是唯一的權力中心。路易十四「朕即國家」的名言，已足以說明，在中央集權之外，法國別無可以在平時制衡中央的力量。於是，誰掌握了權力寶劍，誰就有主宰一切的機會。於是，大革命中，巴黎公社的革命者，一波又一波送舊日的同志上斷頭臺，又在下一波輪到自己被送上斷頭臺。法國的英雄拿破崙，這一位歷史上罕見的人物，挾革命的理想，橫掃歐洲，卻也自己加冕為皇帝，封親戚功臣為王為侯。第二次世界大戰，復國的英雄戴高樂，在取回權力之後，威勢儼然有如皇帝。至今，法國第五共和的總統，仍擁有大權，而國會難以約束。法國大小政黨林立，不結盟即不易在選戰中得勝，於是政潮時起，政策也難以貫徹。──凡此，都是由於權力中心可擁有極大權力，平時無制衡的機制，一旦權力用過了頭，即是天翻地覆的劇變。

　　美國的革命，已如前述，承襲了英國納稅義務與參政代議權利之間的對等關係，是以，其革命的精神是維護公民的財產權與人身權。尤其人身權的部分，不僅開宗明義見於憲法序文，見於憲法條款，還在附加條款中再三叮嚀。另一方面，美國革命雖早於法國革命，法國革命所秉持的理念，例如自由、民主、國家是公民訂立的契約……，均在啟蒙時代，即已普遍流傳，而終於在美國獨立革命中，彰顯為這一新生共和國的立國精神，並且見於

憲法明文。美國總統代表國家，頗有類似皇帝權力的大權。——
這些特色，又顯示美制與法制之間，頗有類似之處。美國制度屬
於英法之間，難說是兼具兩者的優點？還是兼具兩者的弊病？

　　這三個國家的民權，都曾經有過不斷普及的過程，今天，幾
乎所有公民，無論男女，或早來後到，所有成年人都有投票權與
受法律保護的權利。這一民權普及的過程，卻也在弱勢者不斷爭
取後，才有今日的狀況。有形的民權普及，已經在形式上做到了；
但是弱勢者（例如女性、少數民族……）還是無形中，受到優勢
者的排擠。

　　民主政治最大隱憂，還不在如何讓人人有參政的權利，而在
於如何保持「選票」的品質。誠如美國立國之初，一位法國學者
托格維爾 (Tocqueville) 親身訪問美國後的觀察：這一新生的共和
國，終將有政治庸俗化之虞。政治庸俗化時，譁眾取寵的政客將
可奪得權力，並以小恩小惠及動聽的辭句，維持選民的支持，卻
使真正有遠見的人士沒有機會為國家尋求福祉，避免災難。不幸！
我們在今天的世界各處，都看到了托格維爾曾經預警的災難！

　　現代的國家，掌握巨大資源，已不是個別的國民能夠抵抗。
如有野心家，藉正常民主程序，取得主政的權力，此時即可為所
欲為。希特勒得到政權，步步遵循合法程式，利用當時國民情緒，
遂翻飛不復能制，終於為德國、為人類，闖下大禍！

　　邱吉爾曾說過，民主政治效率最差，卻也最少闖禍機會。此
言甚是，但是必須假定，民主政治不為一個掌握絕對權力的人所
用。英國王室無權，首相隨時可因議會倒閣而下臺，為此邱氏會
信任英制民主。法國與美國的總統，由民選產生，權力無人能加
約束，總統又有一定任期，難以中途拉他下馬。四十年前，美國

尼克森案，沒有專案立法以前，一時竟無法可以罷免他！為此，
民主體制不能有一個掌握絕對權力，而又有任期保障的元首。元
首當也如虛君，只在鼎立三權之間，有了衝突，才由元首協調，
掌實際行政權力的閣揆，則可以由議會以「不信任」拉下馬。這
樣的政制，當可不致使原為人民公僕的國家政府，竟變成人民的
主人。

　　大革命的時代，距今已經很久，當時的設計也該有所修改，
庶幾不生偏差失誤。

$28.$ 工業革命與資本主義經濟

　　今天，說到資本主義定義，大致都當作一種自由運作的市場
經濟，並且是社會主義計畫經濟的對立面。這一定義，其實是在
二十世紀方才界定的。資本主義在其早期形成的階段，應是與工
業革命的生產方式不可分割，亦即掌握了資金，以採集原料，大
規模生產，直接運銷於廣大的市場。這一種經濟，與作坊工業不
同，也不像批發而雲集的行商坐賈（傳統的商業）。工業生產提供
了龐大的產量，而巨額資金的投入，則在生產的上游掌握原料，
在生產的下游佔有市場。這種經濟型態，萌芽於十六、十七世紀，
而在十八世紀中葉成熟。

　　今天的資本主義經濟，在基本性質上，仍舊未脫離此處所說
的情形。但是，在資金的籌集與調動，較之其早期的方式更為複
雜，也更有社會的監督與制衡。

　　什麼是這種新經濟型態出現的條件？我們應從不同的方面考
慮。大家耳熟能詳的理論，當然首推社會學家韋伯的理論。他認
為，基督教新教中的喀爾文派，虔信上帝的恩寵，但神恩早已由

神決定，人不能影響神意，人只有盡其所能，盡力而為，以其成
就彰顯神恩。是以，荷蘭、英國等處的商人，以努力經營作為顯
示神恩的使命。他將基督教新教的教義，解釋資本主義在西歐企
業界發展最為成功的原因。韋伯的理論，是從工作的積極性，說
明資本主義出現於西歐。

　　單從企業積極工作的動機，解釋資本主義的萌生，其實只是
說明了一項必需的條件，還有其他的條件有待探討。經濟史的史
學家們（如內夫 John Neff）則從資源的方便（例如煤與鐵），港
口、水運與道路交通網，諸項今天所謂「配套措施」(infra-
structure) 解釋西歐能首先發展資本主義的背景。當然，經濟史的
研究，不能不將這些條件，綜合為工業革命的出現及其在西歐的
快速發展。這樣的論述，具體言之，毋寧說明了資本主義的茁長，
實與工業革命的進行，兩者之間不能分割。這兩項現象的孿生關
係，當是資本主義出現的另一必要條件。

　　工業革命本身，大家都知道導源於瓦特改良了蒸汽機，從此
生產工作不是僅由人力與獸力為能源。其實，在蒸汽機出現以前，
水力推動的梳毛機，早已在 1760 年代，即由英人哈格利夫斯發
明，後來又有卡特賴特的改進，能夠快速的紡織成千條紗。大量
採煤，從礦坑運出，早期是用人力拉動，接著以機器拉動礦車，
在軌道上行駛，終於發展為火車。進入十九世紀，火車、輪船，
加上煉鋼能力的提高，工業革命遂將人類生產方式，推進到前所
未有的大量生產與產品的一致標準。

　　至於工業革命出現的背景，一般的解釋是歸諸西歐勞力不夠
用，以致不能不尋找其他能源，以代替人力。自從歐洲黑死病大
疫之後，歐洲人口銳減，確是事實。然而，人口漸少，若不是消

費方式改變，則消費量隨人口減少，也相應的縮減。「人力不足」
還不夠全面解釋工業革命的出現。

　　十八世紀，英國還出現了農業革命。過去三圃輪耕的農業，
改變為不同作物的輪種。農莊為精耕的生產單位。過去農村共有
的林地與牧地，改變為圈地畜羊，以增加羊毛產量。凡此轉變，
說明農業不是僅為了生產食物，也已擴大為生產經濟作物。這一
變化，則是指明市場已與前不同：市場必須提供更多的生活用品，
以滿足新的消費項目與數量。

　　我以為，十八世紀時，英國、荷蘭及中歐的城市，在歐洲海
外殖民活動中，已累積了巨大數量的資金，他們從海外掠奪資源，
將美洲、非洲及亞洲各地的財富，都集中到歐洲人的掌握之中。
來自殖民地的黃金、白銀，及就地生產的各種產品，不啻是以世
界三分之二的財富，掌握於不到世界二十分之一的西歐人口手中。
這一巨大數量的財富，在兩個世紀中，不斷輸入歐洲，不論社會
上、中、下層，都會直接間接，分潤其利。西歐經濟體富有了，
生活的水準提高了，於是消費的需求也增加了。有了市場的需求，
又有蓄積了巨大數量的資金，有待消化。上游有本錢，下游有市
場，遂必須有相應的生產能力。——這一推力，即推動了工業革
命！

　　相應於工業革命，則是新的資金籌集與利潤分攤的機制。銀
行存儲與投資、合資股份公司與證券市場（股市）、大宗運輸與倉
儲、分攤風險的保險制度……，凡此均是資本主義經濟的運作方
式。中世紀的歐洲城市，與明清時代中國一樣，也有巨商大賈，
也有貨幣匯兌與儲存借貸，也有大宗貨運，但都沒有現代資本主
義的金融調度與市場機制，以吸收一般人民的儲蓄餘財。是以，

現代資本主義的運作機制，是經過市場，社會大眾都可能直接或間接參加，不像傳統的方式，只是財東私人的致富之道。

　　資本主義與工業生產相當於一體的兩面。這一全新的現代經濟型態，由西歐推廣，經過兩個世紀，今日已席捲全世界，無人能由其中脫身。這一經濟型態，衝擊到每一個人的生活。我們已不能離開「市場」。不僅生活資源來自市場，流向市場，每一個人的勞力與聰明才智，也都在市場上。「市場化」是人類生活的全面。工業革命，不僅推動了機器生產，也將每一個人都推入巨大的生產系統。我們不是在操作機器，而是在操作過程中，與機器融合，也成了機器的一部分。舉例言之，幾千年來，第一次我們必須隨時鐘的時間，安排自己的生活。牛頓曾將宇宙比喻為巨大的時鐘結構，其規律是由上帝決定的。在資本主義經濟內，人類已收納於巨大機器之中，其規律則是由亞當斯密所說「看不見的手」，掌握了我們的生活。

　　這一在十八世紀茁壯的現代經濟型態，確是現代人類必須面臨的重大課題。於本章開端所說的社會主義，其與資本主義的對比，將在另一章討論。

29. 近代帝國主義國家的擴張

　　帝國主義的擴張，應當理解為近代西方諸國（加上日本），在亞洲、非洲、美洲及大洋洲許多島嶼，各處的侵略與經營。從大洋航道開拓以來，經過四個世紀，到十九世紀末，大約人類總人口十分之一的歐洲人，已凌駕其餘十分之九的人類，佔有其土地，奴役其人民，掠奪其資源。歐洲文化，成為人類文化的主流。

　　歐洲人在不過四百年間，擴張如此迅速，兵鋒所至，所向無能抗拒，在世界史上，開啟了一個新時代。這些征服世界的歐洲國家，包括葡萄牙、西班牙、荷蘭、英國、法國、俄國、德國、奧匈帝國、比利時、義大利，及在歐洲之外，異軍突起的美國與日本。其中勢力擴張最大的國家是英、法、美、俄四國。

　　歐洲國家能有如此強大的力量，因素頗多，也極複雜。如果將各國發展過程，減去若干個別的情形，我們或可歸納為下邊幾個情況，使他們擁有競爭的優勢。最為重要之處，在歐洲大陸逐漸出現一個一個國族共同體，乃是數百年族群搏鬥中，不斷有內部族群的融合與凝聚，也不斷充實組織與制度，遂於戰鬥中，形

成了若干國族國家，以其國族的認同，使國家機器能夠高效率的
啟動與運用全國資源，以求在無情的國際鬥爭中，不僅生存，而
且壯大。這一過程早在所謂「蠻族入侵」時代發生，許多進入歐
洲的新部族，即是在戰鬥中求生存。中古以來，羅馬帝國的秩序
解體，天主教會的秩序實力有限，一部歐洲的近古歷史，其實等
於數百年的互相砍殺，大小戰爭，幾乎無一寧歲。

　　連年戰爭，歐洲人不斷在戰鬥中學習，發展了效率甚高的軍
隊組織與軍事裝備。歐洲的海陸軍，作戰能力均比東方古老帝國
的軍隊強大。中國人發明了火藥，蒙古西征時，又將火藥的知識
帶到歐洲，歐洲人卻青出於藍，發明了火槍與大砲，並且不斷改
良，以致在近代戰場上，熱武器完全取代刀劍與弓箭。工業革命
的早期，最精密的科技是製造武器，最精密的應用數理是彈道學。

　　在經濟制度方面，已在上章說過，資本主義與工業革命的大
量生產與市場控制，相對於東方古老帝國的農業與作坊工業，其
優勢也顯而易見。秉持國家、武力與經濟三項優勢，歐洲人的擴
張能量，不是東方古老國家可以抵抗，更不論非洲、美洲與亞洲
其他地區的弱小族群了。

　　歐洲人的開疆闢土，還自以為是揹負了開化其他族群的責任。
基督教的獨一尊神觀念，使他們自許為上帝的選民，有權利，也
有義務，摧毀異教信仰，以拯救異教徒的靈魂。正是由於這一觀
念，他們在擴張中，無情的摧毀當地文物，例如西班牙人，在征
服馬雅與印加帝國時，焚燒銷毀了當地典籍，以致我們至今還不
能完整的復原這些美洲文明的文字記錄。

　　他們擴張的主要動機當然是為了奪取資源，包括土地、勞力、
天然物產與地理要衝之處的控制。歐洲列國必須不斷攫取更多的

資源，防備在激烈的競爭中，實力不如對手。三百年的你爭我奪，他們實質上已瓜分了這個世界。兩次世界大戰，其實都是在競爭白熱化時，一次又一次的攤牌！

在世界各地區中，非洲受到衝擊最為慘烈。這一大陸腹地的居民，自古以來，除了埃及，再沒有發展大型的國家，也沒有發展自己的文字。非洲北部，亦即地中海的南岸，曾經是地中海世界的一部分。古代的埃及，是世界古老文明之一。迦太基亦曾是繁榮富足的國家，竟被羅馬無情的摧毀！在伊斯蘭勢力擴張時，席捲北非諸地，伊斯蘭教信仰遂傳非洲腹地。但是，大部分非洲居民集體為部落，在政治上不相隸屬，在文化上各地也各有其特色。非洲的族群，散漫而不能整合，自古以來即是受白人欺凌。

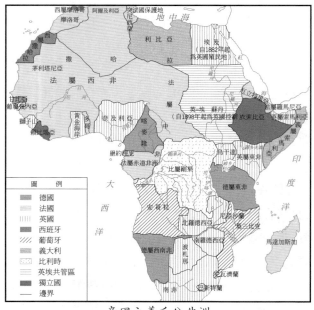

帝國主義瓜分非洲

北非的鹽、鐵⋯⋯，常為歐人掠奪。黑人被掠為奴，史不絕書，不僅是在大洋通道開拓後被白人掠賣於新大陸而已。歐人開拓時，非洲是最鄰近的犧牲者。從十六世紀到十九世紀，整個非洲被歐洲列國分割為許多殖民地。一個國家的屬地，與另一個國家的屬地比鄰，常將原來同族的人民，硬性分割隸屬兩國。同一塊殖民地，又常管轄不同族群。凡此情形，為今日非洲各地獨立成國時，釀製了不少麻煩。另一種型態，則是歐洲移民遷居非洲。荷蘭新教徒大批移居南非，建立了自己的國家，卻又為英國強奪，咸為英屬。這些白人，彼此之間鬥爭搶奪，但壓制剝削土人，則是態度一致，是以南非的種族分隔，至今仍是這一共和國的嚴重問題。

在這四百年內，非洲出現過相當規模的國家，起而反抗白人的侵略，實例如尼日河流域的廷巴克圖，幾內亞地區的曼德及阿善第人與祖魯人的大規模起義，都是十九世紀中期的大事。但是，非洲人在組織與武器各方面，都不是歐洲的對手，反抗無一成功。1884 年，歐洲列國在柏林集會，瓜分了這一大陸，於是整個非洲只有衣索比亞 (Ethiopia) 與賴比瑞亞 (Liberia) 兩個國家號為獨立而已！歐洲的「探險家」與傳教士，深入了非洲腹地，歐洲的殖民統治機構接踵而至，非洲的黃金、鑽石、礦產、木材⋯⋯，都為歐洲人運去。非洲原居民長居國窮，不能翻身。更有大批黑人，被掠賣他處為奴。不少人死於旅途，倖存者永遠流落他鄉，為人驅役。今日美國的黑人，都是當年黑奴的後人，至今仍是美國的弱勢族群。

在大洋航道開通後，大西洋、印度洋、太平洋各處航線所經，白人紛紛佔有形勝之地，建立基地。甚至在航線所不必經過的地方，例如澳洲與紐西蘭，也為白人佔領成殖民地。四百年來，世

界各地海島，一處一處淪為白人屬地，不再有獨立自主之處！這些海島的資源，例如香料、木材、食糖、石油、橡皮，都為殖民主人取去，當地居民並不獲得商利。

美洲的情形，又與非洲不同；這一大陸成為白人移居的新天地。英國、法國在北美殖民，西班牙與葡萄牙在中美及南美殖民。新到的白人，不論是政府遷來，還是移民自願遷來，鵲築鳩居，從海岸的殖民地，一步一步擴張，擠壓原來居民，強迫遷移到偏僻荒涼的「保留地」。英國移民在北美的十三處殖民地，從英國獨立為美國，南美的白人子孫也紛紛從西、葡獨立，建立了祕魯、巴西、巴拿馬……等國。但是美洲原居民並沒有獨立自主的機會。美國蘇族原居民的武裝反抗，終在白人優勢武力下，飲恨失敗，

印第安戰士的最後一搏

印第安蘇族向來以驍勇善戰聞名。十九世紀中葉，隨著白人在北美的開拓，雙方開始發生衝突。雖然他們遷徙到指定的居留地，但 1870 年代中期在其居留地發現黃金後，吸引了許多白人淘金客，激起雙方敵對。蘇族酋長瘋馬，帶領手下在黃石河河谷不時攻擊在附近屯墾或開礦的人。1876 年 6 月蘇族與美國正規軍的騎兵隊爆發小巨角河 (Little Big Horn River) 戰役，蘇族和夏安族殲滅美軍。雖然一度贏得勝利，但是最後大部分的蘇族和夏安族還是向政府投降，回到居留地。而瘋馬酋長最後遭族人出賣而投降，於 1877 年卒於獄中。1890 年 12 月，美軍大量殘殺蘇族，結束了蘇族對白人統治的抵抗。

空留其領袖「瘋馬」的英名，長在印第安人記憶之中。今天的印第安人（其名稱也是白人的誤稱）不過數十萬子民，完全已同化於白人文化了。

　　亞洲在十六世紀時，西亞與中亞是伊斯蘭信仰的地方有鄂圖曼帝國，南亞有蒙兀兒帝國，東亞有中國、日本、朝鮮、越南、泰國……，都是古老文明的後人。這些國家都有一定的國家組織及文明程度，不能與非洲、美洲的土著族群相提並論。但在白人以其優勢武力，巧取豪奪，瓦解了鄂圖曼帝國，舊日領土分割為許多小國，受白人操縱，只有土耳其保持獨立。蒙兀兒帝國為英國分解蠶食，印度次大陸的廣土眾民，淪為大英帝國的屬地。印度各處土王的後人，還是安富尊榮，百姓則為階級及宗教信仰，分崩離析，形成許多社區與社群。在十六至十九世紀，中國閉關不通外務，於 1840 年的鴉片戰爭為英國擊敗。從此英、法、德、俄、及日本，紛紛割裂中國土地，奪取特權。中國沒有步非洲後塵，為各國瓜分，只能說是幸運。十九世紀時，中國以外，日本變法維新，脫亞入歐，參加帝國主義之列，反噬亞洲鄰邦，從中國奪取臺灣，滅了朝鮮與琉球。亞洲國家大多為列強強佔，緬甸、馬來諸邦屬於英國；安南及中南半島諸小國為法國佔去；中國北方的西伯利亞為俄人取得；太平洋中的菲律賓為美國佔領。只有泰國（暹羅）倖存為獨立國，卻也長期由英國的顧問，干涉其內政。

　　總之，到十九世紀終，四百年內，白人勢力囂張，其他地區人類社會，鮮有倖存者。在幾千年的人類歷史，這是一個全新的局面，卻也因為白人文化的籠罩瀰漫，後來逐漸有全球化的趨向。

30. 衰竭前夕的中國經濟

　　中國是一個龐大的經濟共同體。由戰國秦漢以來，中國經濟體「以農為本」。中國逐漸發展的精耕細作農業，結合農作、農舍手工業，與市場交換為一體。從戰國到漢初，中國曾有過發達的城市經濟，作坊手工業與民間貿易，都在城市中進行。漢武帝時，強大的政府，為了當時巨大財政需求，也為了不容許有挑戰君權的經濟力量存在，以重徵財產稅及獎勵告發，摧毀了城市為基礎的工商業。中國的手工藝產業從此轉入農村。當時已在發展的精耕細作，需要大量勞力投入農業生產的忙季，但農閒的季節，多餘的農業勞動力，即轉移於農舍手工業。

　　這一農作與手工業相配的型態，再加上多種作物輪種、套種……，不使田地閒置，也因此農作之中多了不少可以加工的經濟作物。中國國土遼闊，資源與環境條件的分佈，各地之間差異不少。於是地區與地區之間，各有特產，互補有無，創造了民間交換的條件。因此，中國土地上，逐漸有一個多層次的經濟網絡成形。從農村生產的地方性產品，為商賈收集，運入市鎮，集中於

大小都市，再分散運銷於其他地方。各地的特產，包括農舍手工業的日用品，也經過同樣的網絡，分銷到農戶。商品集散的經濟網絡，經由轉集大路、小路，與鄉間小徑，編織為覆蓋全國的交通網。

這一巨大的網絡是多功能的，政令經這一網絡由中央下達；文化的訊息也由此周轉；當然，經濟的區域互依互賴，既促成分工的效應，也保證整合的必要。中國歷史上，分分合合，但是政治上的分裂，不能長期阻止經濟上的整合。毋寧由於有這樣一個網絡長期維繫方言風俗歧異的各區為一體，中國歷史上才有「分久必合」的現象。

在社區的層次，這一多功能的網絡底層，往往有一個中心，或是以信仰為號召的寺廟（如關帝、觀音、媽祖……），或是以共同福祉為號召（如水利組合、團練），組織社區活動，培養鄉里意識的桑梓感情。這種社區網絡，給予居民的認同，也以此為基礎，發揮一些社會福利的功能。臺灣的地方祭祀圈（如媽祖遶境、王爺祭典）、水利渠道（圳）的組合（如八堡圳、七星圳）、民間武裝聯盟（如六堆），都是大家熟悉的例證。

這樣一個經濟網絡，有其自我調節的彈性。當國家分裂時，全國的大網可能分散為若干大區域的網絡，在網絡內部，重組其互相依恃的區域整體性。但是，這樣一個網絡，整體而言，終究是封閉的，依賴內部貨源的流轉與互換，一旦封閉的大網有了外來的影響，則網絡結構即需重組。若只有資源的流入，影響可能是區間平衡改變，以及吸收新加入的資源。歷史上，中國不斷吸納各處邊陲的資源，一步一步將邊陲融入本部。新引進的資源，如近世引進了玉米和番薯，則導致了人口移入山地與乾旱地。至

於三百年來大量白銀進入中國，則使生產絲、茶、瓷器的東南與華南，發展為全國財富之藪。

但是，資源內流，而又別無自己的資源外流以求取平衡，則除了以資金抵償，導致貿易逆差，以致財富流失的失血現象。更為嚴重之虞，則是流入資源排擠了本地資源，以致局部的，最後是全面的，削弱了本地的生產能力，終於本地經濟由衰弱而致枯竭。

在嘉慶以後，中國即面臨這一困境達一百年之久。中國曾享有三百年的外貿順差，產品外銷，賺回大量白銀，已如前述。東方貨物外銷的對象是歐洲各國，在十六世紀到十八世紀，西方有掠奪各處殖民地的財富，足以償付東方貿易逆差。時間久了，西方總是尋覓經由更全面的貿易，沖銷逆差。英國在十七世紀時，已是西方列強的霸主，有強烈的意願，要打開中國的門戶。乾隆時馬戛爾尼使團來華，其使命即是建立互貿關係。後來於嘉慶道光年間，不斷以種種方式，尋求中國解除海禁，也是為了同一目的。

同時，英國逐步瓦解了蒙兀兒帝國，據有印度。他們發現印度生產的鴉片，是中國醫藥中的麻醉劑及安寧劑，於是鴉片銷華，可以沖銷一部分貿易逆差。鴉片引人上癮，這一貿易項目遂由藥品，轉變為毒品，英國的商機迅速增長。中國則在外貿中，不再賺回白銀，而是流失資金。——關於鴉片戰爭的討論，將有另章，此處不贅。

更為根本性的改變，乃是西方經過工業革命，機器生產的產品，產量大，成本低，運銷中國，有排擠中國農舍手工業的優勢。以棉布為例，中國農舍工業，男耕女織，絲綢布匹都是農戶的主

要產品，也是農戶收入的重要部分。中國外銷絲綢與棉布，賺回了不少財富，農戶受益不淺。英國機製布匹運來中國，以其價廉物美，奪取了中國市場。於是中國的紡織品外銷，一變為支付輸入紡織品的逆差。全國南北農村，都因此蒙受巨大損失。費孝通的《鄉土中國》一書，所描述的農村凋敝，並不僅在二十世紀的現象；事實上，鴉片戰爭以後，中國門戶大敞，外洋商品流入中國的數量，迅速成長，是以在十九世紀的下半期，中國農村經濟的衰敗，已是致命之傷！

　　農村衰敝，外貨傾銷，中國傳統經濟網絡破裂，各地的多層集散市場，被通商口岸取代。沿海通商口岸，陸續由水陸運貨路線，轉輸外國商品，吸取內陸財富。中國遂有沿海城市與內陸農村的異化，前者擁有人才、資源與財富，而後者則貧弱不堪，本地人才也逐步外移，不再回到農村的家鄉。同樣的現象，其實也出現於西方列強的殖民地（如印度、非洲）。中國還未亡國，卻也為城鄉異化，撕裂在兩個隔離的世界！

　　中國在十六世紀以來，累積了不少白銀，何以中國沒有本土發展的資本主義與工業革命？這是韋伯討論資本主義出現的命題。我以為，明清中國都是統一的國家，全國的豐餘經由經濟網絡，有其分擔不足的功能，財富不能像西歐英、法諸國那樣集中於有限地區。中國人數千年來以農為本，富有的人家，即使晉幫、徽幫的巨商大賈，積累了資金，也不投資製造業，而置田買宅，都以土地為最主要的資產，所謂取之以末，守之以本。江南的紡織業、四川的鹽業、佛山的冶鐵業，都有富戶，但積資也至多擴大已有事業，到一定程度，大部分還是購田置宅，以守產為要。

　　中國民間沒有長子繼承制，男性子嗣都有分家繼承的權利。

經過二代的轉移，若以一家三個男孩為準，原有的財產，已分割為九份，三代之後即是二十七份，積累的土地已成為許多小塊。於是「富不過三代」，原來置產之家，一變為出賣土地的破落戶。財產不斷在貧富的循環中流轉，卻不能累積。同時，由於農舍工業為生產主力軍，中國沒有勞力不足的問題。工業革命的誘因，也就不存在了。

　　總之，中國傳統的經濟型態，穩定有餘，但不能抵抗經濟開放的衝擊。十八世紀到十九世紀，西方經濟的侵入，打碎了中國內建的經濟網絡，中國遂一敗塗地。

31. 明夷之際的中國文化

　　清代是中國文化傳統的黃昏，卻也在清代的晚期，可能是中國文化進入另一階段的拂曉。這兩個時辰，明暗交接，可稱為明夷之際。

　　明代晚期的反省，中國文化沒有繼續發展為全盤轉變。中國沒有出現歐洲的啟蒙運動。中國文化的改弦更轍，還需在二十世紀，才有沛然不可遏止的動能。

　　十七世紀到十九世紀，中國文化的正統部分，正處於僵固的狀態。儒家學問，朱子理學的正統解釋，由於政府支持，是科舉的標準答案。三百年來，讀書人從小到老，想在科舉一途求取功名，唯有接受官方欽定的儒家思想。是以，熟讀闈墨，能寫四平八穩的制藝，即比窮研經義，更易見功。吳敬梓的《儒林外史》，假託於明代為背景，其實描述的正是清代讀書人！一個國家的讀書人，十之八九陷入科舉網羅，那一文化正統也就難有更新的可能了。

　　在科舉之外，當然還有一些學者，志在學問。清代儒學，考

據之學的成就遠遠超越辭章與義理。所謂「漢學」，相對於「宋學」，是學者重建原典的學問。清代考證之學的學者，成就非凡，確實清理了許多經學傳承過程中，出現的不少誤解與缺失。聲韻、文字、版本諸項學問，其成果不限於梳理經典，竟可謂開創了一些獨立的學問。在地理、史學方面，也以踏實的研究，累積了令人欽佩的成績。凡此努力，都為二十世紀現代大學學術研究專業，奠定了厚實的基礎。

在文學方面，廣義的詞章之學，清人詩詞，相較於唐宋與明代，相當遜色。清人小說，則大有可觀。《紅樓夢》、《儒林外史》……，都是了不起的作品。短篇作品如《聊齋誌異》，也是一代奇文。如以這幾部書為例，其作者都有一腔鬱悶，假託故事，批判正統學問與社會上層的文化。

民間作者創作的章回小說，是由說書的話本開始，將一些說唱藝術的原始材料，改寫為小說。早在明代，即已有此傳統。在清代，這一文學的作品數量大，品質亦不俗。尤以「演義小說」，頗多今日還為人喜愛的名著，例如《七俠五義》、《施公案》、《再生緣》……等等。後來文人學士也模仿這種文類，創作了不在書場歌榭流傳的章回體小說（例如《兒女英雄傳》、《老殘遊記》）。

清代民間文化的活力，也可從地方戲劇的發展觀見。最足注意者，徽班進京，以一個地方的劇種，吸納別處劇種的長處，逐漸形成後世所謂京劇。京劇不如明代盛行的崑曲典雅細緻，崑曲音樂、文詞、身段、歌唱、表情均極講究，許多讀書人（如湯顯祖、孔尚任、洪昇）投入心力，精益求精。京劇吸納了安徽、湖北、四川、陝西、江蘇各處劇種，其初無非民間娛樂，甚至只是「野臺」表演，編劇、製曲、演唱都是民間藝人的集體之作，很

少文人學士參加 （到了清末民初，才有文人投入，幫助京劇發展）。民間文學與表演藝術的互相扶持，在清代發揮的動能，是文化史上難得的現象。

在藝術方面，「四王」（王時敏、王鑑、王翬、王原祁）的山水，精密細緻，功力可觀，卻只在宋明繪畫的基礎上，原地踏步，未見開創。倒是「四僧」（朱耷〔八大山人〕、石濤、髡殘、弘仁）以亡國子餘，借筆墨寫胸臆，有其感人之處。鄭燮（板橋）、金農（冬心）等人，號為「揚州八怪」，都創立自由的畫風，大受民間喜愛，可謂別出機杼，開拓新境界。民間則發展了版畫（如楊柳青、桃花塢的出品），也頗為可觀。

清代社會上層階級使用的傢俱，精鏤細刻，卻流於繁瑣，不如明式傢俱的線條單純流暢。清代官窯燒製的瓷器，例如鬥彩，色澤鮮麗，卻不免俗豔，放在宋代汝鈞的雅致，或明代青花的清爽，不能同日而語。

清代正式場合的繡件，繁重華麗，可是入目有過分喧譁的感覺。反之，民間的繡件，不論蘇繡、杭繡，常有可喜的小品。後來沈壽的仿真繡、楊守玉的亂針繡，均是藝術家創造的手法。同樣的，不論南北，民間婦女都會剪花，母女之間傳承的這一套藝術，既可用於門窗裝飾，也是衣服鞋帽裝飾的底本。這一套藝術源遠流長，各地既有共同之處，也各有地方特色。

綜觀清代文化的演變，上層的文化已走入垂老的階段，墨守傳統，不能再有開拓的活力，所能做到的，不過踵事增華，修飾細節，遂致繁瑣。這一現象，一則是由於上層階級自囿於一套凝固僵化的價值，再則也與滿清族群本身缺少深厚的文化基礎有關。於是，上層越能鞏固的掌握優勢，文化的創造力越小。清代民間

文化的活力，在乾嘉之後，漸漸突顯，此時已是滿清統治階層不如過去康雍之世的氣勢。

道光咸豐以後，清廷統治能力，左支右絀，敗象已顯然可見。其時內亂外患，紛至沓來，有志之士，眼看聖經賢傳已不能解決問題，經世之學遂應時而興。《皇朝經世文編》即編輯了這一項目的許多文章——這是科舉所不觸及的園地。板蕩之際，不能不更做深入思考。清末維新與守舊、中學與西學，種種辯論掀動波濤，不是清代盛時人士可以想像。今文學派志在改革，其思想的資源取自中國本土的經學傳統，而借題發揮，實則已是郢書燕說。對於西學的討論，則更是有志於全盤更新，不再拘泥於中國文化的修改。最激烈者，當然是革命之論，以一舉推翻帝制，為改造中國的第一步。至於後來新文化運動，以西化為手段，則是二十世紀的事，不在這一時期之內。

民間文化的動力，其實始終存在，並不因上層社會的保守與否而存廢。不過，當社會秩序開始變動，社會開始多元化，例如新興城市中的市民人口增多，民間的動能遂有發揮的機會。

清代近三百年，舊傳統走入黃昏，已是不能挽回之勢，新文化是否真的已現微曦？卻是至今還難以斷言。

32. 滿清皇朝的興衰

　　滿洲本是東北邊陲一個小部落，明代的建州衛。努爾哈赤的父親與祖父死於非命，他身為遺孤，家業已敗壞殆盡，居然以少數部眾，重整家業，征服了滿洲諸部。經過他與皇太極父子二代的經營，已是遼東強大的地方勢力，屢次擊敗明廷的討伐，又強力壓迫朝鮮降伏。李自成入北京，崇禎自縊於煤山，吳三桂借兵滿洲，擊敗李自成，滿清遂入主中國。——這一串歷史，均為眾所周知，毋須贅述。

　　滿清漲起，三代的經營即取得中國！論其迅速，明代衰敗，不堪一擊，當是主要原因；但是，滿人能以少勝眾，以小取大，也必有其非常之處。滿清早期出征的將帥，大多是皇親貴族子弟，年歲不大，而表現都頗可觀。滿清入關，輔政大多是親王，也頗多有才幹。大約滿人是新興部族，領導階層人數不多，即使少年，也必須早早參預兵事及管理，遂多歷練的機會。部族新星，銳氣正盛，人多習苦，不會懶惰。滿人以八旗部勒戰士，旗主即是將帥，兵將相習，休戚相關，作戰時，上下呼應，不待號令法律，

自然奮勇，是以滿清開國時，八旗人數不多，卻勇猛非常。

　　滿清入關，勢如破竹，得力於降清的毛文龍舊部。這一支盤據皮島（即東江，朝鮮稱為椵島）的明軍，其實原是海上武裝集團，接受政府收編，據地自雄。中國海上集團，無論南北，與葡萄牙及日本海上集團都有接觸，其船械精良，勝於官軍。袁崇煥因為毛部尾大不掉，誅殺毛文龍，毛部降清。清人將這一支軍隊，編為獨立作戰的漢軍，號為烏金超哈，亦即「重兵器部隊」，常是亡明諸役的銳鋒。明代邊防軍，袁崇煥特別善用火器，遼東前線裝設大砲，其他明廷軍隊卻罕有火器裝備。於是孔（有德）、尚（可喜）、耿（仲明）三支皮島降軍，以其火力強大，為清軍立了大功。

　　滿清以部族人眾，取得中國政權。滿人在關外作戰，視降伏虜來的漢人為奴隸，入關以後，也視中國人口為其奴隸。滿人部族制度，旗主視旗下人眾為奴，而八旗領導或為廝養，或為子弟，服從君主的絕對權力。是以滿清一代，君臣之間，迥異於中國傳統皇朝的君臣關係。孟子所說，君臣之間的關係是相對的，若君視臣如草芥，則臣視君如寇讎。這種想法，在部族制度，是絕對不許可的。

　　清兵入關，肆其兵威，嘉定三屠，揚州十日，凡是抵抗者，均遭殺戮，降伏者淪為奴婢，以武力懾伏漢人。後來採取懷柔政策，招撫漢人，即使出仕為官，也是服從；一旦受罰，誅殺之外，家屬發出為奴隸。淫威累積之下，中國習於俯首貼耳。是以，有清二百餘年，朝中多是唯唯諾諾，苟安於榮華富貴，至於以節操自勵之士，比之其他朝代，竟如鳳毛麟角！

　　中國的文官制度，自秦漢以來，即已成形，而且與察舉、科

舉都是配套設施。士大夫都有一定的自尊心。明代專制皇權，君
威特盛，自從明太祖廢了宰相，朝臣與皇帝的距離，如有霄壤之
別。明朝的廷杖，更是侮辱人格，豈止草菅人命而已。清廷漢人
文官，也由科舉出身，但另有滿員，則是主子廝養，不由科舉，
有了這些人滲入文官系統，士大夫的尊嚴，遂蕩然無餘。清代早
期，親貴與大臣議政，「大學士」等於一個集體輔政的集團。雍正
設軍機處，掌握機密的軍機大臣，也是集體輔政，沒有具體的「相
權」，只是皇帝的內廷祕書。再則，文官獎黜，應有制度，清代權
在君主，恩威出自君心喜惡，參核磨勘形同虛設。文官無制度，
當然也就不會有氣節。如果皇帝肯做事，如康熙、雍正，政府會
有效率，若是主上無能，則行政的效率也就不彰。

　　自秦漢以來，宮內與外廷，各有內庫與國庫，兩者通常有相
當清楚的分隔。清朝則戶部掌國用，內務府掌皇室自己的用度。
然而皇家私用，如營建宮室、陵墓與大婚慶壽，常常調動國帑。
一個國家的收支，應有預算與每年的核算。清代也有年度報銷，
但是政府並沒有良好的預算制度，在康熙下詔，盛世人丁不再加
科，都併入地租。於是地方政府的地租，往往陳陳相因，年年如
此；地方官員只要能收到這一數字，即可交差。地方稅收，形同
包稅制，這一制度不啻啟發貪瀆的動機。政府開銷，則因大征伐、
大工事，或天然災害，必有不支。清代以臣民捐納為臨時收入，
以應付特別開支。政府對於捐納，又以官位為報酬，早期獎勵，
只是賜給虛銜，嘉道以後，捐官可有「候補」官員的身分。咸同
以後，國用不支，捐官還可補實缺。文官制度，遂在正常晉用管
道之外，加了這一旁門別徑；官員品質不齊，又有撈回本錢的想
法，吏治當然不良了。

　　康雍乾之世，致力開疆闢土，蒙古、回疆及西藏，均經過征伐，納入帝國版圖。西南也在改土歸流之後，大量土地、人民，納入建制。康熙滅了明鄭政權，乾隆平定林爽文起事，臺灣內屬設治。這些戰爭，為中國擴張領土。尤其蒙藏與回部（亦即今日的新疆），歸屬中國，解除了中國幾千年來的北方邊患。可是，不僅戰爭本身耗費，勞民傷財，而且中國的普世國家（天朝）體制下，中國並未從這些新添的疆土與人民，獲得資源。不像英國曾從印度與非洲，獲利無數。反之，清廷還須不斷賞賜蒙藏和眾活佛，所費不貲。甚至臺灣土地肥沃，大量移民移入，而臺灣的稅收，僅足支付當地費用，於國家財政，並無裨益。凡此種種征伐，耗盡了康雍乾全盛的國力，以致嘉道以後，中國長期財政拮据，不能支應突發事件。

　　滿清政府及士大夫，對外面事務，均甚隔膜。康熙自己對於西學，頗有興趣，但也只限於一己的知識好奇，並未反映於國家政策。他處理中國與教廷的禮儀之爭，雙方都堅持自己的立場，終於決裂，以致天主教士不得再在宮廷及欽天監之外露臉。由利瑪竇以來，稍見開通的中西文化交流管道，從此斷裂。清廷派圖理琛，攜同天主教士張誠 (Jean Francois Gerbillon) 出使俄國，圖理琛曾將其沿途見聞，記錄成書。清代早期主動了解國外事務，圖氏此行為僅見之舉。前此，哥薩克東向發展，蒙古北方部落均已知道。然而，中俄尼布楚訂約，清廷似乎並未了解俄方孤軍遠道深入的弱點，結果等於承認了俄國在西伯利亞及濱海地區的擴張。

　　乾隆一代，對外事務之隔膜，更為嚴重。馬戛爾尼使團來華，清廷並未了解英國已是西方強國，徒然大擺「天朝」架子，未與

圖理琛與《異域錄》

　　圖理琛因通曉蒙語，於康熙五十一年（1712年）奉命出使俄國，康熙五十三年（1714年）到達目的地，並在次年返回北京。圖理琛途經蒙古高原、西伯利亞、烏拉山等地，將沿途所見山川形勢、動植物分佈、河流水文、風土民情等記錄下來，於雍正元年（1723年）刊行，名為《異域錄》，是中國較早介紹俄國地理情況的著作，乾隆時將此書收入《四庫全書》。

英國磋商。傅恆以親貴重臣，率精兵良將，征伐緬甸，卻因不明地理與氣候，無功而返。其實當時暹羅（今日泰國）為了緬甸侵佔的領土，正與緬甸有戰爭。若傅恆能有足夠信息，征緬之役，與暹羅可以互相呼應，其結果必然不同。朝鮮、安南（今日越南）與中山（今日琉球）都是中國最親密的鄰邦，琉球年年來貢，中國也常有欽使往訪，然而，琉球受日本威脅，也向日本朝貢；日本知道琉球「兩屬」的實況，中國卻始終不知這一情形。

　　由於中國自大，對於西方情勢，全無所知。少數士大夫知道天主教教士介紹的西學（例如天文數學家阮元、王錫闡、梅文鼎），但於西方學術的態度，則認為「中國古已有之，西人竊其緒餘耳」，十足的自閉。鴉片戰爭以後，中國已經不支。有人主張學習西方，而倭仁之輩還是以為孔孟之學，足以治平，不必學習別人。這種心理上的「閉關」與「鎖國」，即使在清代全盛時，已見其端倪，不是衰世才出現的症候。其實，澳門由葡萄牙闢為基地，為時已久，當地外人不少；中國若有人注意收集西方現況的信息，

澳門的功能當不下於日本蘭學基地的長崎出島。而且華人經營外貿，頗有人在。這些人士已可提供信息。是以，中國不明外務，是不知，也不為，不是缺少管道。

　　清朝是中國最後一個皇朝，辛亥革命，終結了數千年的帝制。清代近三百年，實際上，在其全盛之時，清朝已是中國文化的黃昏，道光之後，則是一抹餘暉，隱入蒼茫暮色。中國文化的衰象，是在明末的反省，未能成功；清人奴役漢人，斲傷了中國文化的精神，於是文化徒存軀殼，僵化待斃，失去了活力。生機斷絕，根腐枝殘，花果飄零，徒留軀殼。中國文化不待五四，已經傾圮。將來能否貞下起元，老樹再萌生命，也只看我們這一二代的願心與努力了。

第三篇　近代世界與中國
（1840～1950 年）

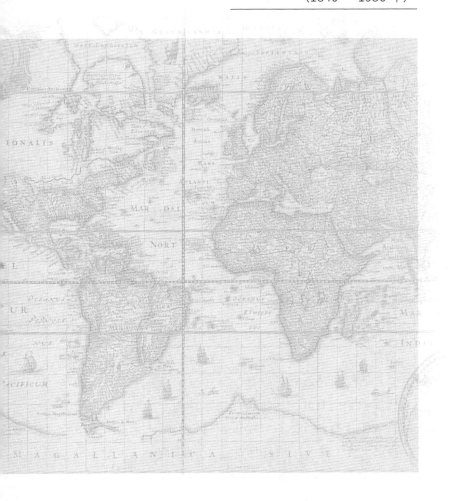

33. 鴉片戰爭的背景

　　鴉片戰爭是中國與西方的第一次對決。中國失敗，被人當頭一棒，從此在對外關係上，不知所措，一個多世紀以來，中國才逐漸知道怎樣與列國相處。鴉片戰爭帶來的衝擊是全面的，不但在軍事與外交上，中國長期無能，而且對於自己的文化及西方文化的相應之道，也長期在迷茫中摸索。

　　本章不擬贅述鴉片戰爭及其後續發生的史事，卻擬敘述一些課本上未必提到的背景。

　　鴉片一名，源於希臘字根 opium（罌粟花液），據說希臘古代神話中「食蓮之人，失智迷茫」的「蓮花」，可能是罌粟花的誤譯。阿拉伯人稱罌粟花為阿芙蓉 (afyun)，是中東醫藥傳統中的寧神劑。唐代藥典中已有此物，也是作為寧神劑，當係由當時的中亞引入中國。明代藥典《本草》中，鴉片已是藥物。當時東南亞（西洋）諸國入貢，頗有以鴉片為貢品（亦即商品），數量不大，也十分罕見。中醫用鴉片入藥，是配合其他藥物煎湯服用。自明至清，廣州稅關的入口稅，鴉片都是進口貨物，數量不大，稅率

也不過百分之二、三而已；由此可知，鴉片只是普通藥用商品。

　　大洋航道開通，荷蘭人一度佔領臺灣南部為基地。荷人的東方貿易，主要基地是巴達維亞。當時爪哇等地，用煙管吸煙的服用鴉片方法，首先傳入臺灣，然後又由臺灣傳入閩粵各地。這一吸鴉片的方法，已不再是當作藥物，而是尋求麻醉的癖好。從中東到南亞，焚燒麻醉品引人入醉的傳統，早已有之，中國卻從未有過此道。中醫的麻醉劑，是以大麻煎煮，用於外科手術時。平時日常所用，只有飲酒沉醉，以求忘憂。吸食鴉片煙，也能忘憂，卻必然上癮，其成癮的強烈程度，不是飲酒可以比擬。因此，煙民人數迅速增加。鴉片入口，也由藥品一變而為有厚利可圖的商品。數量由雍正年間一年輸入一百餘箱，增長到乾隆中期的一千餘箱；三、四十年間，入口數量增長了十倍。

　　這些鴉片，大多由英國的屬地孟加拉出產，英國遂視鴉片貿易為利藪。為此東印度公司據鴉片貿易為壟斷的事業；即使轉包私人營業，仍以拍賣許可證的方式，控制利權，不使外流。十九世紀初（1800年）清廷已明令入口船隻不許夾帶鴉片。英商則運用中國小船走私。私商進口的鴉片數量，每年迅速增加：1811～1821年，每年平均四千五百箱，1821～1825年，每年平均九千八百箱，1828～1835年，每年平均一萬八千箱，1838年，則為二萬八千箱，漲幅大約每七年增加一倍！

　　十八至十九世紀，由西商運入中國的商品，大多為棉花、棉布、毛織品、金屬製品，及南洋出產的香料。中國出口商品為生絲、絲織品、中藥材（大黃等）、瓷器等項。中國進出口的總價值，大約為二千萬元，三分之二為中國出口，三分之一為入口，中國有三分之一的順差。西方商人，以英商為主，以白銀償付貿

易差額。十九世紀中，英國推廣鴉片後，上述差額翻轉，英國享有三分之一以上的順差，其中單鴉片一項的價值，即超過了中國出口貨值。中國反而以白銀償付入口的逆差。在十九世紀中（1830年代），中國每年流失的白銀，超過一千萬兩。清廷屢次明令禁止走私鴉片入口，及走私白銀出口。但是雖有禁令，走私依然猖獗：一則煙民人數日增，二則英商利誘中國私商承運承銷。──這是鴉片戰爭前夕，鴉片貿易的情形。

此時中國朝野，也已知道鴉片之害，不僅是經濟的一大漏卮，而且也是國民健康的一大危害。清廷已認識鴉片貿易問題的嚴重性，並有放任與嚴禁兩種立場：一派從經濟利害的觀點，主張鴉片貿易化私為公，課以重稅，並以中國自種罌粟，抵制外來的鴉片。這一派以滿洲大臣為主，包括軍機大臣穆彰阿、兩江總督伊里布及直隸總督琦善。當然，他們也有廣州十三行洋商及粵海關監文祥的支持。

反對開放鴉片貿易的一派，則以漢臣為主，包括屢次上疏禁煙的鴻臚寺卿黃爵滋、湖廣總督林則徐、兩廣總督鄧廷楨等人。他們是從國民健康及國家長期利益著眼，林則徐奏摺「數十年後，中國幾無可以禦敵之兵，且無可以充餉之銀」的名句，最足以代表他們的觀點。1839年，道光任命林則徐為查禁鴉片的欽差大臣，馳赴廣州；1840年，鄧廷楨改任閩浙總督。鴉片戰爭起，廣東海面有林則徐部署的虎門砲臺，防守嚴密。英船北駛，浙江也因鄧廷楨的抵抗，英軍不得入。而在北上大沽時，直隸總督琦善不予抵抗，更以牛酒犒賞英船，求和談判也是琦善主持。這兩個不同立場的大臣，在和戰之際的作為，也是如此不同！

英國對於中國貿易早已十分注意，希望能夠打開這一東方大

國的市場。1792 年，英國派遣馬戛爾尼使團訪問中國。1793 年，英國使團駛抵大沽。當時權相和珅為了討好乾隆，認定英國使節是來華朝貢，並為乾隆祝壽。為了謁見身在熱河行宮的壽星乾隆，禮儀之爭耗時兩個月。朝見之後，英方提出通商的要求。清廷的答覆：天朝物產豐盈，無所不有，原不藉外夷貨物以通有無！馬戛爾尼的任務失敗。馬戛爾尼使團本來配屬了海陸軍官及測量繪圖人員，在離華前，花了三個多月，取陸路由北京南下，一部分人在寧波出海，一部分人在廣州出海，沿途觀察測繪中國內地形勢及各地軍事設施、水陸交通。回英之後，馬氏使團已掌握相當資料，即以中國情形報告英國政府，認為中國徒有大國的聲勢，實則國防廢弛，武備陳舊，軍隊訓練還在弓馬技擊，只可為儀仗，不堪作戰。

　　1832 年，英國已知道中國的閉關政策，實由於中國「天朝」心態，不易改變。英國為了打開中國門戶，勢必一戰。為此東印度公司派遣阿美士德號，由澳門起航，經過廈門、福州、寧波、定海、上海、威海衛，在渤海口折航朝鮮、琉球，返澳門，歷時八個月。沿途測量海道、港口，偵查海防設施及各地物產與商情。1838 年，英國廣州商館向英國外相帕馬史東 (Palmerston) 報告此行的資料，建議必須用武力，方能迫使中國開放貿易，並為英國取得利權。這一建議書還開列作戰計畫，以十二艘戰艦及二千九百名軍隊，即可封鎖廣州、廈門、上海、天津四個港口，由此完全控制中國沿海地區。

　　從馬戛爾尼使團與阿美士德號的兩次觀察報告，英國已經有了武力攻擊中國的計畫，林則徐燒煙也罷，不燒煙也罷，英國採取武裝行動，已是勢所必至。鴉片戰爭及嗣後 1842 年的英軍行

阿美士德號調查報告

　　1832 年 2 月，英國東印度公司派遣「阿美士德號」，自澳門出發，沿中國沿海北上，6 月抵達上海。英方曾與上海官方接觸，要求貿易遭拒，雙方對於禮節的爭議也僵持不下，上海官府遂要求其回到廣州。而在雙方僵持之際，阿美士德號便趁機對黃浦江水道和吳淞砲臺等處進行觀察和測繪，也積極觀察百姓生活，紀錄民情與交易行情。離開上海之後，一行人繼續北上的偵察任務，包括沿海海灣地勢與河道深淺，皆繪製成地圖。此第一手調查報告，成為日後英國侵略中國的重要參考資料。

動，都在阿美士德號調查報告中，已經訂下了軍事行動的戰略與戰術。中國沒有蹈印度覆轍，淪為英國屬地，這是因為中國的國家組織，即使鬆散無能，還是比蒙兀兒帝國稍為堅密一些。各地督撫，雖然各行其是，也比印度各地土王稍為像樣一些。英國東印度公司不能瓦解滿清治下的中國，中國經過了一次又一次外國侵略，在最後一個階段，亦即日本的全面侵華，一百多年的驚濤駭浪，終於全國奮起抵抗，才改變了中國的命運。

34. 第一波西潮的衝擊

　　鴉片戰爭之後，中國割讓香港，五口通商，准許西人在華傳教與經商。中國門戶洞開，西方勢力長驅直入，西方文化如潮湧來。

　　相對於明代下半期，大洋航道開通以後的情形，這一次中國承受的西潮，遠為強烈而普遍。明代貿易順差，中國受益，但並未根本改變中國的社會經濟狀況。耶穌會士帶來的西方文化，項目限於神學思想及一些科技知識。他們接觸的中國人，也只是宮廷人物與知識分子中的少數人士。鴉片戰爭之後，商人們在通商口岸居住營業，於是香港、上海、天津……等港口城市，忽然崛起，迅速發展為近代都市。——這一部分的討論，將留在另一專章，此處不贅。

　　這次帶來西潮的西方人士，毋寧以基督新教的傳教士為最堪注意。十九世紀時，由於西方列強已掌握了東南亞許多地區，這些地方經濟的發展，吸引了華南的勞力外移，例如，1819 年開始由英人開發為商港的新加坡，其建設的勞力，以華人為主。據說

每年由英船運去華工，即有七、八千人之多。許多華人繼續過去「下西洋」的傳統，已在東南亞新興商埠活動。這些華人實是西方傳教士最初接觸的對象。

　　英國傳教士馬禮遜（Robert Morrison，1782～1834 年）前來東方傳教的第一站，即是新加坡。馬禮遜在 1813 年即譯成基督教《聖經》的《新約》部分，並於廣州刻印二千部，流傳於中國教眾。1819 年，他與同事米憐 (William Milne) 又譯畢《舊約聖經》，即於麻六甲印刷流傳，是為中文《聖經》之始。馬氏還編了第一部華英字典（出版於 1823 年，成為英、漢雙語之間對譯津樑的第一本著作），並按月出版《察世俗每月統記傳》（1815 年創刊），乃是中文月刊，介紹西方事物及報導西人在東方的活動。後來他遷居澳門，開了中文的印刷出版單位，亦即後來在香港的「英華書院」。凡此編撰及出版的書刊，均以中文讀者為對象。當時中國官方還在查禁洋人刻書傳教（例如 1805 年，清廷還因天主教教士及其華人信徒在北京「私刻」傳教書籍，放逐了這些人），又嚴令

《察世俗每月統記傳》

　　馬禮遜與米憐於 1815 年 8 月在麻六甲創辦月刊《察世俗每月統記傳》，由米憐擔任主編。內容以介紹基督教教義為主，兼及倫理道德、科學新知、各國風土人情、時事等等。這是第一本中文近代報刊，發行範圍遍及東南亞各華僑聚集地。《察世俗每月統記傳》的編排方式，以及標點符號的使用，也為後來傳教士創辦的中文報刊沿用，影響甚大。但是後來由於米憐病重，遂於 1821 年停刊。

各地查禁這類活動。是以馬禮遜印行的書刊,當是在東南亞與澳門出版,並由華人帶回中國流傳於民間。

在這些書刊中,有一位信教的中國人,也是第一個華人牧師,梁阿發,曾撰寫了傳教的文件《勸世良言》,即是根據馬禮遜的書籍撰寫。《勸世良言》當類似今日教會傳教的「單張」與小冊子,內容簡單,無甚高論,卻觸發了太平天國歷史。當時的洪秀全是一個落第的秀才,又值大病初癒,讀了《勸世良言》大為感動,與其友人馮雲山,在廣西傳播這一新信仰,不久遂在廣西起事。太平天國(1851~1864 年)是中國歷史上武裝宗教活動之中,規模數一數二者,歷時十餘年,佔了南京,建都開國。在大亂中,死亡的人數高達數千餘萬人,「東南處處有啼痕」,反映的是實況,不是文學詞句。

太平天國的理想,毋寧是洪秀全不滿現實的儒家與皇權,讀到了梁阿發的文件,有了這樣一位無大不大的「上帝」,足以為反叛皇權與傳統思想的依據,再加上中國民間長久存在的素樸平均主義,遂觸發其組織人間天國的狂熱。洪秀全本人,其實並不懂基督教教義,是以他拒絕由牧師施洗皈依,而自己以天父之子、耶穌之弟的身分領導革命。——這一次西潮,觸發了「太平天國」革命,實在是歷史的弔詭。因為除了「天父之子」的口號外,太平天國革命的內涵,與中國歷史上明教等啟示性教派的革命,並沒有很大的差別。「平均主義」的部分,也只見於文字號召,並未付之實施。太平天國初起,西方教會人士一度大為興奮,但很快就知道,這一運動其實與基督教無關。

但是太平天國革命,卻在清朝統治者階層間引發了所謂「師夷長技以制夷」的洋務運動,而且其後續的影響極為巨大深遠。

　　林則徐當是提出這一口號的第一人。他在處理禁煙事務時,已經
了解西人船堅砲利非中國能及。因此,他在澳門購置火砲,架設
於虎門砲臺等處要塞,同時收購了數艘西方船隻,加設武裝,編
入水師,巡弋粵海。這些措置在抵禦英艦上,還是發揮了一定的
功效,是以英人在粵海不能得逞,不得不轉帆北上,侵犯江蘇。

　　林則徐還委託魏源等人,收集澳門等地可以找到的書刊,從
中整理有關西方世界的訊息。這一努力,歸結為魏源的《海國圖
志》,乃是中文有系統介紹西方地理與政情的第一本著作。魏源此
書,不但在中國近代史,是了解西方的開山之作;日本在明治維
新前,也從《海國圖志》汲取有關西方的知識。魏源以後,馮桂
芬、鄭觀應等人都在幫助中國理解西方,有其重要的貢獻!

　　更為具體的西方經驗,則是曾左胡李(曾國藩、左宗棠、胡
林翼、李鴻章)這些「中興名臣」,在與太平天國作戰中,逐漸採
用西式槍械船隻,甚至有戈登等人「常勝軍」(僱傭的洋兵)完全
用洋槍、洋砲、洋式練兵,使湘淮軍的領導者充分體會到西方軍
備的優越性。於是曾、左等人設立了江南製造局、馬尾船廠……
等單位,附帶也大量翻譯了科技知識的書籍。凡此都是由「師夷
長技以制夷」的觀念落實為「洋務」政策。

　　進一步的洋務,則是李鴻章、張之洞等人,在軍事設施外,
還致力於配套設施,例如電報、鐵路、商船,以及開礦煉鋼……
等事。這些事業鼓吹與參預籌劃之士,有洋人為顧問,更多的是
吸收西方知識的中國知識分子。至於中國人吸收新知的泉源,則
是李提摩太(Timothy Richard,1845～1919年)、林樂知(Young
John Allen,1836～1907年)……這些西方傳教士。他們在香港
與上海編譯出版的種種書刊,為中國人提供了這一波「西潮」的

洪峰巨流。在這些書刊讀物中，更堪注意者，則是他們致力於介紹西方政制、法律、歷史與文化。由於他們與其華人合作者的宏觀視角，中國有志於改革的人士，方能從「船堅砲利」的實用境界，提升到研究文化與制度方面，中國與西方有巨大而深刻的差別。

　　這一波西潮，不是僅在沿海通商口岸發生。隨著傳教活動深入內地，教會在許多內陸地區開設學校與醫院，戴德生（James Hudson Taylor，1832～1905 年）等人推動的「內地傳信差會」(China Inland Mission) 運動，響應者不下十餘個西方國家的「差會」。他們的內地傳教活動，將「西潮」推到山東、山西、湖南、湖北、四川、陝西、雲南……各處，其學校與醫院對於中國內地人口之感受西方，影響不淺。

　　因此，十九世紀，中國門戶開放，這一波西方影響，於改變中國的觀念與由此而起的前景，發揮了巨大的作用。

35. 明治維新與甲午戰爭

　　日本的明治維新是成功的改革，也可說是革命。在野的社會精英分子奪得了政權，然後從上而下，主導政治、文化、社會、經濟各方面的重組。這一劇烈的改革，卻是犧牲不大。一般百姓是被動的帶向新的狀況，而改革的對象——德川政權，則已衰敗，不能抵抗新興勢力奪取政權。然而，如此大事，參預者必須有強烈的志願，方可冒險犯難，投身其中。

　　明治天皇即位時，日本已長期由幕府執政，天皇全無權力，徒擁虛銜而已。反幕的主要人士，大多是西南諸藩的中下級武士，也沒有掌握現成的資源。明治維新能夠成功，當是許多因素湊合，竟發揮了巨大的潛力，完成了人類歷史上罕見的全面改革。

　　鴉片戰爭，偌大的大清帝國手足無措，竟為幾艘英國砲艦逼得割地開埠。這一事件震驚了東亞各國。1853年，培里率領艦隊駛來江戶（今天的東京）叩關，要求日本開放門戶，接著是英國與俄國也要求援美國之例，通商貿易。當時德川幕府執政，長期閉關鎖國，而對西方列強的壓力，正如滿清政權一樣，除了接受

列強要求外，也是束手無策。

　　日本的封建制度下，各地諸侯並不完全聽命挾天子施號令的幕府。在九州地區的西南諸藩，一向與關東的幕府政權並不十分融洽。這些「大名」（封君領主）在大洋航道開通以後，由於地處日本南端，也捲入西、葡、荷、英諸國的海上活動。中國東南的「倭寇」，即是九州諸藩人員參加。為此，長崎港內的出島，早就開放外商居住，乃是荷蘭東印度公司的據點之一。日本鎖國數百年，只與中國、朝鮮有合法的貿易。但是，長崎一港，正如中國的澳門，則是特殊的口岸，也發展為日本與西方接觸的唯一商口。在長崎，有人教授荷文及西方學問，經此引入日本，號為蘭學。因此九州西南諸藩的青年藩士，對於西方情形並不陌生（相對而言，中國廣東的外貿商賈固然經由澳門，也知道西方情形，一般儒生卻未必因為近水樓臺，了解西方事務）。值得注意者，「蘭學」的基礎是西歐新教的近代科學，相較於由澳門傳進中國的天主教系統學問，比較接近現代科學。日本學習的西洋知識，因此比明代就傳入中國的西方文明，更具現代性。

　　西方強力進入日本，九州的青年藩士，其實在憂患意識之外，還頗有心順勢迎接西潮。吉田松陰（1830～1859年）的門下，教育了不少明治志士。他自己在俄國船來日本時，即曾計畫登船，請求附舟赴歐。到達港口，船卻已離去，未能成行。在培里的美國「黑船」靠泊江戶時，吉田於夜間登船，亦求附舟赴美，甚至甘心執役如奴僕也在所不辭。因為這一行動，吉田被判入獄，其後又因為尊王攘夷的安政大獄，被判了死刑。另一個例子為福澤諭吉（1835～1901年），年輕時即入蘭學的學塾學習西方知識，後來隨日本第一次外訪的考察團訪問歐洲，對於西方文化完全折

服，遂有「脫亞論」，主張擺脫東方的文明，投入西方，學習列強的制度。這兩位日本學者，是明治維新的理論大師。他們的觀念主導了日本思想，至今未衰。

　　日本自己沒有原創的文化，借用雅斯培 (Karl Jaspers) 的說法，日本沒有經歷過樞軸時代 （Axial Age，指西元前 800〜前 200 年，西方、中國與印度等古文明，曾發生思想及文化上的突破）的突破，發展為文明。日本從中國輸入文字、儒家與華化的佛教，也學習了中國的律令制度。雖然日本是學習的好學生，但對於學來的文明，並沒有血肉相聯的歸屬感。過去學唐風，今天學西方文明，反正都是外來事物，猶如脫換衣服，沒有剔骨換心的痛苦。正因為如此，明治維新的措施及後續的發展，日本都可以選擇輸入：先學德國，再學英國，戰後又學美國，隨脫隨換，並無困難。關鍵之處在於他們必須找到自己在轉換之際，如何自我定位。有了一定的定位，即有了全力以赴的方向。明治維新正是重要的轉變關口，在此際及此後的日本，這一關口意義，在日本歷史上具有無可比擬的重要性。

　　倒幕之舉，是以「尊王攘夷」為口號，十足的中國文化價值。從日本立場言，自滿清入主中國，日本認為中國已淪於夷狄，日本則保存華夏文化命脈，中華已在日本。日本其實已自居為華夏之中心，天皇地位宛如國王，代表華夏文化秩序，「夷」則是西洋，日本已不是中國的邊緣，而是東洋的主人，相對而言，西方是新的蠻夷。幕府不足以擔任「王者」委託的「伯」，是以必須「奉還大政」，讓天皇自己主持「攘夷」的大業。

　　在進一步了解西方文化後，日本又將西方認作「文明」的境界，斥中國、朝鮮為不足為伍的劣者。這時候，日本自己的使命

是居於「文明開化」的強國之列，然後帶領東洋，抗衡「他者」的西洋。為了領有東洋，日本遂自以為有權利，也有理由，制服中國，奄有東方海洋，以完成天皇萬世一系、八紘一宇的王者大業。——這一套邏輯，日本不斷改變立場，但是由大和民族優越論的觀點，乃他們自以為是、前後一貫的目標。明治維新之士，大多是浪漫主義的「狂者」，他們為此有全心全意投入的願力，發展為驚人的動能。為了進入「文明開化」及擔負領導東亞的責任，他們又附會達爾文生物演化論的弱肉強食，唯適者能生存，於侵略掠奪，認為是天理！這一層觀念，不僅推動了明治維新，而且他們也為此發動太平洋戰爭，以求組織「大東亞共榮圈」。二次大戰結束，日本始終不肯承認侵略與殺戮的罪責，仍是因為他們堅信日本奮鬥的目標，乃是為了「東洋」，目標不曾錯，完成目標的手段都是合理的。

當然，歷史發展除了願望帶來的精神力量，還必須有若干配套的機緣。明治維新不能單憑幾十個藩士的主意，還要仰仗西南雄藩的實力，尤其長州的陸軍、薩摩的海軍，都不是德川幕府的軍力足以抗拒。外貿有關的商賈也投入人力與財力，例如「海援隊」的組織，提供金錢，支持倒幕的軍事行動。正因為有了維新的新政府，日本固有的工商界遂因為財權與政權的結合，迅速順利的轉型為現代資本主義的企業，日本著名的財閥，例如三井、三菱……，都在明治維新的過程中，支持了維新，也獲得了金權─政權密切的結合。

明治維新，一舉成功。由此日本確立了民族主義的強烈歸屬感，建立了全新的國家機器，將政府與民族，在天皇的神性中，結合為一。萬眾一心，舉國以赴，是以二十年內，即發動侵韓犯

華的甲午戰爭。那一役，日本竭盡全力，一戰擊敗中國。勝利之後，日本索取中國的巨額賠款，投入建軍的經費，又以朝鮮與臺灣的資源與人力，支持日本的經濟建設。舉例言之，臺灣糖、米為日本解決了食糧需求，又賺取不少外匯，釋放日本的農業勞動力，轉投於工業生產。是以臺灣農業化，促成了日本迅速的工業化。日本有了甲午之戰的戰果，其軍力及工業生產力突飛猛進，日本遂得以在三個世代中，崛起為新興的工業國家，並以此實力，悍然發動侵華戰爭及太平洋戰爭。

　　日本的明治維新，的確是歷史上罕見的巨大轉變，造成了一個國家，也將這一個國家帶入狂熱的侵略行為，卻為日本帶來核爆的大災難。

36. 日本統治下的臺灣

　　甲午戰爭，中國戰敗，日本勒索中國巨額賠款，更要求中國割讓臺灣。馬關議和，李鴻章請求以更多賠款代替割臺，但是日本志在以臺灣為南進東南亞的基地，堅決不肯，並以再開戰爭為要脅，中國的北洋海軍已全軍覆沒，哪有再戰能力？於是臺灣淪為日本領土。日本佔領臺灣，五十年來的發展，在歷史上留下深刻的刻痕，於臺灣本身、中日關係及東亞整個情勢，都有重大影響。

　　日本以重兵登陸，接收臺灣的人民、土地。臺灣官民不願淪為日本殖民地，成立臺灣民主國，向清廷宣告獨立，不侵不叛，長為中國東藩。然而在日本重兵攻擊之下，共和國只是曇花一現。日本攻擊，死傷不下三萬餘人，其中死於疾病者不少。臺灣損失更大，官方報告中國軍隊死亡一萬餘人，實際傷亡遠大於這一數字。單以嘉義以南，日軍攻擊掃蕩村莊，不加選擇，臺灣百姓死者不計其數。有的村莊，尤其客家聚落，往往不分老幼，全數被害！有人「走反」逃入內山，死於饑寒疾病者，更不勝計。最不

忍言者：臺灣長久存在族群之間的爭鬥，在日軍鎮壓之時，竟有閩裔人民，乘勢侵奪客莊的土地田園，也殺戮婦幼，不留活口！

　　日本以優勢兵力，確定了臺灣的統治權。臺灣人民反抗並未停息，延續逾年。在日本已經完全掌握臺灣之後，仍有反抗的行動此起彼伏，例如西來庵事件，則是規模較大之事。到了二十世紀初，臺灣人民雖不再有武裝行動，卻是希望能以選舉議會，取得參政的權利。林獻堂等人的臺灣文化協會、蔣渭水等人的臺灣民眾黨，都是爭取民權的運動；然而，不論是溫和的向日本當局請願，或是積極的組織民眾，都未有效果。

　　自從十六世紀臺灣已是華南閩粵移民開拓之地，當地原來居住的族群，經過數百年涵化，已經融入人數較多的漢人族群。臺灣民風方言，依然宛如閩南與客家的原鄉。然而，這一移民社會帶去的中國文化，民俗成分深厚豐富，而社會結構則有開拓社會的特色，樸質粗獷；大陸文化的上層部分，還未在臺紮根。

　　日本治臺，曾經允許臺胞離臺遷回大陸。當時離去的都是地方縉紳，可謂社會的領導階層。再加上，日本改變臺灣土地制度，許多墾戶失去了土地，原有的土地使用者（其實也是出租土地由佃戶耕種的二級地權所有者，小租戶）一變而為社會的上層，他們及其子孫接受日本教育，多數是醫生或律師，成為新的社會精英，臺灣的社會結構及文化趨向，遂為之丕變。

　　日本治理臺灣，遵照後藤新平的主張，是逐步同化政策，一步一步改造臺灣。他計畫之中，臺灣人接受日本教育，但教育素質不能與日本人的教育相同，重視臺灣的中學設施。在 1945 年日本退出臺灣時，日本子弟專用的中學，師資與設施都遠遠優於臺灣百姓受教的中學。1922 年曾實施日臺共學，但徒具形式而已。

後藤新平的同化政策

　　後藤新平擔任臺灣民政長官期間，曾提出「生物學原則」，認為治理臺灣應該先了解臺灣人，據此方能定出一套有效的管理辦法。因此後藤新平積極進行各項土地、人口、舊慣等調查。後藤新平避免極端的同化主義，而是採取漸進的方式，在特殊統治主義和內地延長主義的爭議之中，找到一個平衡點。他曾對一群醫校臺灣學生表示：「你們如果要求與已經三千年來對皇國盡其忠義的日本人同等待遇，則今後以八十年為期，努力同化於日本人。」

　　五十年來，臺灣百姓只是日本的二等臣民，不能選舉自己的議會，更遑論選出帝國政府的議會代議士了。

　　按照後藤新平設計的日程，完成完全同化臺灣人，當在八十年之後。為此，日本雖然有獎勵臺灣人的「皇民化」政策：全家講日語的「國語」家庭，而又願意供奉日本神社神麻，則晉升為「皇民」，地位超過一般臺灣人。然而，到1942年太平洋戰爭時，廁身「皇民」的臺灣人，不過百分之四。太平洋戰爭中，臺灣人參軍，也有人因此晉升為「皇民」，至戰爭結束，皇民比率已到百分之七。按照這一進展速度，大約需要八十年，方可將臺灣人完全消化。皇民可以擔任公職，但是職級不高。日本據臺五十年，臺灣人至多擔任街庄級的職務，在員警系統，也不過是「佐」、「補」類輔助之職；臺灣人能在州郡級任正職者，五十年內，數人而已。甚至，在工商業界，除了所謂「四大家族」（辜、林、陳、顏）擁有巨產，經營多方之外，大型企業（例如幾家製

糖株式會社）均由日本人經營。臺灣人的事業，不外地方性的運輸、製造與服務行業。於是，已如前述，臺灣的精英層，是各地的醫生、律師與中學教員們。他們均以知識專業為生，接受了日本教育，喜愛日本轉輸的西方音樂與藝術。這批新興的精英，即使有人是過去地方縉紳的後代，其文化內涵與生活價值均與其父祖不同。——凡此社會的改變，對於臺灣的發展，都有深遠的影響。

日本統治臺灣，是在帝國擴張戰略中，作為南進的基地，也以其農業生產力，支援日本本土（內地）的工業化。為此，日本治臺政策是建立秩序，安撫人心，俾能有一個穩定的臺灣，支持其「大東亞共榮圈」的擴張。從二十世紀初，日本逐步推行建設計畫，其中最有成效者，則為衛生、治安、農業生產幾個方面。

臺灣地處亞熱帶，氣候溼熱，常有傳染病。日本殖民當局，用不可抗拒的公權力，設置衛生員警，督責百姓注意公共衛生。於是為時不過十年，臺灣已能排除霍亂、瘧疾等大眾傳染病，也相當程度的控制了痲瘋病與肺結核。

治安方面，殖民當局也以員警制度，嚴密控制社區。員警的嚴刑峻罰，不容挑戰。日本法官來自日本本土，與臺灣並無個人關係的瓜葛，是以公正無私。法律嚴峻，而能無私，不是滿清統治可以同日而語。

為了發揮農業生產的潛力，日本殖民當局致力改良農作物品種，推廣施肥、防蟲，也有系統的建設水利設施。更在臺灣設立大規模製糖工業及水果加工業，使農業與工業經過一貫作業，獲得最高利潤。凡此政策，不啻進行了全方位的農業革命。臺灣竟可說是亞洲第一個進行「綠色革命」的地區。

　　日本當局也在臺灣推行普遍的國民教育，一般兒童都須接受六年義務教育。這一普及教育，全面提升了臺灣百姓的知識水準。當然，前面敘述的幾項設施，也必須有受過基本教育的人口，方能真正生效。

　　日本殖民政策，經過上述幾項設施，使臺灣百姓的生活水準及社會秩序，都遠遠超越滿清時代。當滿清末期，雖有劉銘傳著手進行的若干建設，臺灣還是在開拓社會的階段，公權力不能有效的保護人民。日治時代，於十餘年內，臺灣經歷了巨大變化。雖然臺灣人至多只是日本的二等臣民，一般百姓也已安於新生活，至於晉升為「皇民」的少數人，則完全認同於日本，感激殖民者賜予的「現代化」。這一歷史現實，中國人並不知悉；在 1945 年臺灣回歸中國，以及 1949 年中華民國政府遷臺時，大多數來自內地的中國人，也無法理解臺灣人甘於日本統治的心態，以致兩個族群間長期的誤解，至今不能融合無間。

37. 對於西潮的第二次反應

　　甲午之後，中國敗於日本。對於中國，這次戰敗的刺激，十分強烈！同樣是東方國家，日本學了西方，居然一戰擊敗中國！中國不能沒有嚴重的反省。另一方面，自從西人排闥進入中國，無論在經濟方面，還是在文化方面，中國承受的外來影響，四十年來，已由沿海深入內陸各地。西潮的衝擊，內地的鄉村也感受了刺激。在十九世紀及二十世紀交替之際，中國爆發了戊戌變法及義和團事件。這兩樁大事，分別代表兩種完全不同的心態。

　　甲午戰敗，光緒與維新諸臣都痛感不能僅以「洋務」即為自強之道，中國必須全面改革政治制度。康有為、梁啟超等人，為光緒引為股肱，希望以「維新」迅速振興中國。他們的理想遂從康有為多年鼓吹的政制，一變而以日本明治維新為其模仿的對象。戊戌變法，不過百日，即已失敗。清廷反對維新的人士，又引義和團為助，冀望以本土民間力量驅除外敵，遂惹起八國聯軍，北京失守，帝后出奔，中國離亡國，不過一步。戊戌維新不能如明治成功，反罹大禍，的確令人扼腕，也不能不尋思失敗的原因。

　　比較中日兩國的成敗，我以為牽涉許多因素。第一，中國國土遼闊，人口眾多，其中可稱為社會領導的精英，千百年來，均是志在科名的儒生縉紳。這一批人分散全國各處，如以總人口百分之二計算，當時也已將近一千萬人。他們思想保守，不願因為改革而傷及自己的功名與前程。當時有志維新的人士，以全國各種學會的人數合計，也不會超過數千人。直接、間接投入維新運動的人數，為數更少。日本的藩士人口，在總人口中，佔不了百分之二；當時幕府勢力已衰，反幕的大名們，屬下藩士總人數雖至多千餘，已足以引領風騷。兩國情形相比，中國維新志士的數字，實在不足以撼動大局。

　　第二，當時清廷文官系統陳陳相因，已是一個龐大的利益集團；維新諸臣由中級官員忽然提升，入參大政，哪能拉動這一巨大官僚機器？況且，清廷官僚常有派閥門戶。清末的南北官僚，思想行為大相逕庭。贊成維新的大臣以翁同龢為首，是南方人士；北派則有滿洲親貴及籍貫北五省的大臣（例如李鴻藻、袁世凱）。維新諸臣為年輕新進，而又以南方人為多數（六君子之中，只有楊深秀是山西人，其餘均為南方人）。南北對抗已久，維新派不能掌握官僚機器的運作。

　　第三，明治維新，有西南強藩的武裝力量為後盾，在與幕府對陣時，薩摩藩和長州藩兩藩的武力，乃是決定勝負的因素。自太平天國之亂，湘淮將領佔了地方督撫位置；但是當時直隸兵權在榮祿手中，袁世凱的新建軍，人數不足以抗衡榮祿。南方督撫，並不響應維新，甚至在帝后出奔時，南方督撫忸於君臣倫理，也只圖自保，無人敢勤王劫奪光緒。維新之舉，遂成沒有實力基礎的空談。

　　第四，慈禧在同治死後，挑選光緒繼統；光緒自幼兒即由慈禧撫育。中國的母子倫常，光緒不敢逾越，更何況多年受慈禧控制，積威之下，光緒沒有反抗的能力，也沒有反抗的勇氣。

　　由以上四個方面，戊戌維新運動的條件，完全不能與明治維新相比。可是中國志在維新的人士，對於日本的成功，十分欽佩，以致一切都以日本為範本，希望照本搬演可以獲得同樣的功效。戊戌變法頒發的一連串詔令，其項目與內容，幾乎未離明治維新六條詔令的範圍。僅以這一點看來，戊戌諸人實踐康有為理論之處不多，抄襲明治維新之處較大。

　　尤有甚者，文廷式（珍妃的老師）曾與日本漢學家內藤虎次郎（內藤湖南）討論，主張邀請日本人在中國政府任職，庶幾中國的改革可以成功。內藤認為中國自己人才濟濟，而且不應引用外人代管政治。從這一番議論推測，若文廷式執政，日本不必等候袁世凱的《二十一條要求》，中國已掉在日本掌握中了。

　　在明治維新同時，暹羅（今日的泰國）也進行變法。拉瑪四世（蒙固特）與五世（朱拉隆功）二代，相繼推行新政，完全仰仗英國顧問設計執行，結果暹羅名義上獨立，實則等於英國的保護國。再從朝鮮東學黨事件看，如果中國維新也導致新舊兩派兵戎相見，猶如朝鮮大院君與閔妃（韓劇明成皇后的主角），日本坐收漁人之利，取得朝鮮，還加上甲午戰爭的戰果。歷史不能論「如果」(If)，往事不能回頭再來一次排演，此處的議論，不過是指出歷史的複雜，成敗利鈍，種種是非，不能一概而論。

　　希臘古代，有「懼外」(xenophobia) 一詞，意指對於外人的疑懼。懼外的常態是深閉固拒，關門不理外人。然而也可以轉變為兩個方向：一是由懼而生羨，轉變為全盤學習，日本明治維新

即是由閉關鎖國，一變而為全盤西化，甚至脫亞入歐。文廷式與拉瑪五世的心態，也是如此。今日海峽兩岸的中國人，亦復如此。

　　另一轉變，則是由懼外，轉變為仇外。戊戌之後，慈禧與滿洲親貴縱容義和團，即是這一轉變的後果。義和團本身無非白蓮教的殘餘，但是完全丟失了啟示性教派的教義，剩下賣弄神通的儀式而已。至於義和拳的武功，是華北農村練武的傳統，為了健身與自衛雙重目的，原本是好事。當時中國受外人欺侮太甚，一些投機分子（二毛子）又挾教堂勢力胡作非為，惹怒了一般百姓。義和團的成員未受教育，因此不能抬出聖經賢傳，以自詡優秀傳統；他們只能在有限的精神資源中，借民間信仰與傳說中的英雄與神人當作祖靈神祇，以肯定自己的文化與族群歸屬。慈禧本人與滿洲親貴，見識也不高，於是借刀殺人，終於釀成大禍。

　　這種由懼外與厭外，轉變為排外、反外、仇外的心態，在人類學上，可以找到不少例證。近代許多西方列強的殖民地，常有本土運動。健全的發展是尋求獨立自主。也有走歪了的發展，則是以族群優越論調，轉變為本土至上論，當年甘地的紡車救印度，是無害的一例。如果轉變為伊斯蘭激烈教派的「聖戰」，即於人於己均有害無益。處於甘地與伊斯蘭聖戰戰士之間，則是高度誇張本土優越性，以自求安慰，終究也是一種阿Q式閉關的心態。

38. 辛亥革命

　　辛亥革命，成立中華民國，中國結束了數千年的帝制，走向民主共和。這是中國歷史上劃時代的創舉；在世界近代史上，與俄國革命和土耳其革命，都是二十世紀前段的大事。中國四周，都受到中國革命的鼓舞。英據的緬甸、法據的越南、日據的朝鮮和臺灣，其人民都因為中國建立共和，而有相應的獨立與民主運動。

　　民國成立，中國並沒有走上坦途。若與俄國及土耳其的革命相比，中國革命之後的發展，卻是幾十年的顛簸起伏。

　　1912 年成立民國政府，革命領袖孫中山即被逼辭去總統，讓位於創設北洋軍的袁世凱。袁氏竊奪革命成果，旋即稱帝。孫中山倡議第二次革命，響應的效果不彰，卻由蔡鍔領導西南部的偏師，興兵護國。袁氏死後，北洋將領把持政權，掌握北方與東南諸省。山西、東北與西南諸省，則由當地軍閥紛紛割據。軍閥之間還不斷攻伐。孫中山在廣州立足，實力不足，號令不行，仰仗粵、桂、滇軍的鼻息，僅僅能在名義上維持革命力量的一縷希望。

　　俄國的 1917 年革命，幾經轉折，由列寧領導的共產黨排除了
孟什維克以及其他參預革命的力量，建立蘇維埃聯邦。當時共產
國際，志向不限於在俄國建立蘇維埃，還注力於推動世界別處的
共產革命。對於中國，共產國際有濃厚的興趣。孫中山遂與共產
國際合作，聯俄容共的策略，使孫中山領導的國民黨有一外援，
卻也種下了後來國共鬥爭及國民黨失敗的因緣。

　　1925 年孫中山逝世，中國還是分裂局面，中華民國建國的理
想：亦即成立一個民治、民有、民享的共和國，還是未能實現。
中國的統一，須在蔣介石領導北伐，建都南京之後，始有形式上
統治全國的政權。然而在實質上，南京中央政府號令所及，也不
過長江流域中下游及沿海諸省而已！——這一段歷史，將在另一
章中討論。

　　1912 年到北伐之間的中國，借用孫中山遺囑中的話：「革命
尚未成功，同志仍須努力」。參加革命的人士，也大多同意這一評
價。二十世紀末，李澤厚與劉再復在討論辛亥革命的意義時，認
為那時候的中國如果不經革命的劇變，卻經由立憲運動，逐步演
化為憲政體制，即使有一虛君，也勝於經歷多少年的反覆暴力革
命。不論孫中山臨終時的認知，抑是兩個世代以後兩位身經多次
革命之苦的「革命之子」之感慨，我們都有同感，亦即辛亥革命
並未成功。

　　為此，我借土耳其於 1908 年的革命，先作分析，然後以此與
孫中山領導的革命比較，或能觀知一些成敗的契機。

　　土耳其革命前，原是中東鄂圖曼土耳其帝國的核心部分。這
中東伊斯蘭教帝國，曾經顯赫一時，卻在西方列強侵侮下，奄奄
一息，離亡國只差一步而已。滿清帝國與鄂圖曼土耳其帝國，被

當時的西方分別稱為東亞病夫與近東病夫！「青年土耳其」
(Young Turks) 運動，即是在這一背景下，由一群青年人，尤其青
年軍官，發動的革命運動。當時鄂圖曼土耳其帝國的政權已經疲
弱無能，不堪一擊。經過「青年土耳其」聯合內部各種力量，推
翻了蘇丹政權，成立土耳其。土耳其自革命以來，即是伊斯蘭世
界唯一擺脫宗教影響的共和國，也是中東地區最為安定的國家。
土耳其革命，雖由青年軍官們發動軍隊起義，卻是諸種力量的聯
合行動，包括當時工商業間的領導分子、農村的社區領袖、教育
界與文化界的新知識分子，及伊斯蘭教中主張比較溫和的教士們。
他們制定憲法的過程，並不草率，而是經過相當深入的討論，始
確立了這一國家大法。凱末爾是重要的領袖，但不是唯一的領袖，
他還是必須與「青年土耳其」以外的其他團體合作，始得有安定
的局面，一方面抵抗外力壓迫，一方面讓土耳其的新共和國逐步
演進為適合土耳其歷史與文化背景的憲政體制。

　　從土耳其的情形，回頭看孫中山領導的革命，我們立刻就能
注意到：孫中山從來就不能有平等合作的伙伴。遠在興中會與同
盟會的階段，革命黨與康有為、梁啟超等人不能合作，兩者都有
共同的敵人：滿清政權，兩者都有共同的目標：憲政體制。但是
這兩股力量彼此敵對，在辛亥革命之後，北京的議會中，宋教仁
領導的國民黨議員，也不曾與梁啟超等人代表的進步黨等力量合
作，同心對付袁世凱。

　　孫中山在不同的階段，曾經借重在美華僑工人、華南及海外
的會黨、華中的會黨，以及留日的中國學生，最後則是由華中會
黨滲透的湖北新軍打響了第一槍，在武昌舉起了革命大旗。然而，
在辛亥以後，這些力量代表人物，除了留日學生外，並沒有繼續

參加孫中山領導的民國政權，也沒有參加袁世凱竊國之後的革命運動。

他的重要伙伴黃興，曾經指揮多次武裝革命，但在孫中山改組革命黨時，黃興不願宣誓效忠於孫中山一人，從此未再參預後來的行動。又如：楊衢雲、陳炯明與他的關係，也都是凶終隙末。孫中山永遠是追隨者的「先生」，不是可以規勸的朋友。

孫中山從早期開始，即自居與人不同的領袖，是以「總理」一銜，旁人不能用；在廣州時，還曾有過「非常大總統」的名號。共產國際幫助孫中山改組國民黨時，他自然地接納了權力集中於黨魁的制度。這一作風，在國民黨形成傳統，以致後來蔣介石繼承領導時，也是唯我獨尊，將同輩的伙伴，一個一個排除於權力圈外。

土耳其革命，從頭即注意於制定憲法。孫中山領導的革命，經常是以口號代替理論，例如：早年的「驅逐韃虜」、「平均地權」，後來的「護法」……，在廣州時，他才詳盡的演繹三民主義理論及建國大綱，為中國發展描繪藍圖。在這時，他又制定了「軍政、訓政、憲政」三階段的建立民主憲政，其中「訓政」的觀念，其實與其所標榜的民主精神是相悖的。

在革命之後，國民黨即成為專業黨員的剛性政黨。如此性格的政治團體，其黨員的任務，即是以這一政團取得政權，俾在其領導下，實現民主憲政。於是，當國民黨與軍閥們鬥爭時，國民黨主要的工作，為爭取黨員入黨，卻不在意於聽取其他人士的觀念，吸納為國民黨的主張。是以，在「二次革命」時，國民黨只能在有限幾處地方，短期建立地方政權。國民黨沒有在各省鼓勵協助當地的精英，即使他們不是國民黨人，逐步取得地方政治的

發言權，及由此而得到當地的領導權。反過來，若干省份的軍閥
們，竟往往獲得地方領袖的支持，由此掌握了這些省份的資源。

　　這些討論，對於孫中山，無疑是「責備於賢者」。正因為孫中
山在推翻帝制大業，有極大功勳，正因為他是千古罕見的「賢
者」，此處方有如此嚴格的求「全」、求「備」之責。畢竟，國民
黨後來延續的個人寡頭及由此而起的集權於一人，都與此處指出
的情形有不能分割的關聯性。

　　成也蕭何，敗也蕭何！孫中山締造了領導中國革命的國民黨，
孫中山的個人作風，也為國民黨種下了痼疾的病根。

39. 十九世紀中至二十世紀初的世界大勢

　　十九世紀中葉到二十世紀初，全世界的情勢有急劇變化。第一次世界大戰，又名歐戰，結束了近代前期的國際形勢。這一次大戰，在歷史上有上述兩個名稱，正是反映世界形勢，由歐洲列強在歐洲的鬥爭，跨入列強在全世界的鬥爭。

　　假如以 1860 年左右為斷代的界線，世界各處的變化已呈現未來大勢的端倪。在這一時間點以前，歐洲列國的主要成員，奧匈帝國（神聖羅馬帝國的後身）及地跨歐亞的鄂圖曼土耳其帝國，在民族主義的浪潮下，已經逐漸衰落。第一次世界大戰後，這兩大帝國遂在歷史舞臺上隱去。相對而言，歐洲的東部，尤其是巴爾幹半島，出現了許多新興的國家，此時新秩序尚在成形，很難穩定。因此，巴爾幹半島成為歐洲大戰的爆發點，奧地利王子斐迪南被塞爾維亞民族主義者刺死，全歐各國，一個接一個，都捲入這一為時四年，死亡以千萬計的大戰。戰爭結束時，歐洲原有列國秩序，即已完全改觀。

　　十九世紀後半段，英國逐漸崛起，遂執世界列強的牛耳。在

　　大洋航道開通後，歐洲列強伸張勢力，遍及非洲、美洲、亞洲及廣大的海洋地區。那時列強在歐洲以外的勢力，還是由西葡英荷分別佔有殖民地及航線上的據點。十九世紀下半段，英國脫穎而出，搶得全球戰略的優勢。同時，美國、俄國、日本，分別發展為地區性的霸權。

　　英國取得印度、新加坡及香港之後，從英倫三島東來，穿越直布羅陀，通地中海，經過蘇伊士運河及紅海，入印度洋，以此可在印度次大陸諸港，經過麻六甲、新加坡，入太平洋，到達香港，所經之處都是英國米字旗飄揚之處。

　　在非洲，法國拿破崙時代，即已經營埃及、蘇伊士運河，也本是法國人創議的計畫；但法國於 1858 年開鑿運河，1869 年通航，英國乃於 1875 年取得運河公司股份，1882 年取代法國，遂控制了地中海出海的通道。英國於兩次布爾戰爭，奪得了荷蘭移民開拓的南非。於是，英國由北到南，實質上握有貫穿非洲的戰略地位。

　　在中東地區，鄂圖曼土耳其帝國這一伊斯蘭文化圈的大國，內部既有教派的分歧，又有不同種族的矛盾，本來就不穩定。英國與德國，都想掌握中東地區，以便經過陸路，進入東方。英國利用上述鄂圖曼土耳其帝國內部教派與種族的矛盾，分解了帝國，將帝國切割為伊朗、伊拉克、阿拉伯與地中海東岸地區，亦即廣義的巴勒斯坦，四個互相鬥爭的大地區，又在各地區內鼓動族群，成立許多小單位，爾公爾侯，互不相讓。英採取「分而治之」的策略，掌握了中東地區，將這一地區與印度次大陸、中亞腹地，甚至西藏高原，聯成一大片英國的勢力範圍。從那時開始，直到今天，這一大片土地，時時糾紛不斷！這都是英國擴張勢力大戰

略的後果。巴蛇吞象，鄂圖曼與蒙兀兒兩大帝國，竟為英國消耗無餘！

在美洲，十三州獨立，英國卻仍握有加拿大；在南方海洋，英國據有澳洲與紐西蘭，都由英國移民鵲築鳩居，取代了原來居民，成立殖民政權。環顧世界，英國的確組成了「日不沒帝國」，其疆域分佈之廣，為歷史上所僅見。

這樣一個龐大的大英帝國，歐洲已不足以限其足跡。但是，英國為了掌握霸權，不願見新興的德國與俄國也崛起為一時強權，是以英國在歐洲結好世仇法國，以制衡德國，在東方扶植日本，削俄國左臂，於日俄戰爭時，幫助日本，消滅了俄國東來增援的艦隊。

另一巨強，美國，則在十九世紀下半期，迅速升起。美國內戰之後，國體穩固，足以發揮潛力。十九世紀中，美國西岸發現黃金，淘金狂潮吸引許多移民西行。美國於 1862 年開放內陸，招徠歐洲移民，一步一步充實了內陸，增加了富源。再以建築鐵路網，將東部、內陸與西部聯絡為一個整體。美國從法國人手中，買下南部路易斯安那等廣大地區，從俄國購入阿拉斯加，斬斷俄國在新大陸發展的機緣。又以戰爭，從墨西哥奪得德克薩斯及西南諸地。——凡此開拓，有的是有所預謀，有些是機緣湊合。總之，美國擁有當時全球最大的處女地，地跨兩洋，富有資源，進可以攻，退可以守，自然成為一時新興的大國，也開啟了此後世界霸權的氣運。第一次世界大戰，交戰雙方戰得難解難分時，美國參戰，遂決定了勝負。潘興 (John Pershing) 率軍到法國，「我們來了！」一句，表示了美國報答法國幫助獨立之恩。這是美國成為世界巨強的第一次啼聲。

　　俄國的發展，是另一型態。莫斯科大公，原為蒙古金帳汗國
（欽察汗國）收稅，取得了實質上的統治權。彼得大帝時，俄國
大展鴻圖，迅速成為東歐的強國。俄國向東開拓，則在中國清初
即已開始。原在頓河地區放牧的蒙古吐爾扈特十餘萬人，不願受
俄國壓迫，舉部東移，乾隆還派大軍迎接吐部返來。但是，俄國
東向擴張的行動，似乎未為清廷注意，甚至喀爾喀蒙古也未曾有
所警惕。俄國遂沿喀爾喀蒙古（今日外蒙）的北面，布里亞特地
區，一步一步東向開拓其勢力。直到接近北滿，築城於雅克薩，
清廷方加以阻止，但也沒有攔阻俄更向東北的擴張。於是，由烏
拉嶺至堪察加半島，大片地曠人稀的北亞凍原，均屬俄有。另一
方面，俄國由烏克蘭南向發展，收中亞北部的腹地，亦即當年伊
斯蘭勢力發展時，所謂呼羅珊之地，再由此擴張，終於將黑海以
北，帕米爾以西的廣大土地，均納為其所有。若是清廷未曾努力

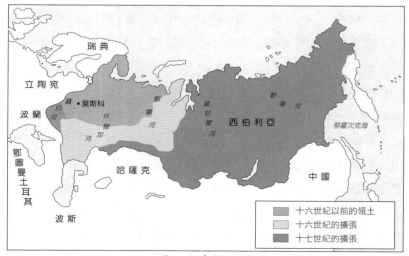

俄國向東擴張圖

經營今日的新疆，這一大片舊日「西域」的土地，也難免歸於俄國之手。

俄國擁有東方疆域之大，亙古少見。這些土地，尤其西伯利亞一帶，氣候寒冷，無論農牧，均不適宜。然而礦產、黃金、林木資源，則極為豐富。中亞內陸，富於石油及天然氣，在今日尤為重要資源。俄國疆域廣袤，本身即是大國的條件。在拿破崙侵俄時，懸軍深入，大敗而回，即是俄國以空間深度，贏得了勝利。俄國也時時冀望向西開拓，波蘭即經常被俄國侵軼。然而，中歐的德國與奧匈帝國，擋住了俄國的西向。俄人還想由西伯利亞南犯中國，而且在清末已發展東北（滿洲）為其勢力範圍。日本興起，於日俄之戰，日本得英國奧援擊敗俄國，「滿洲」遂淪為日本的勢力範圍。中華民國成立，俄國伸展勢力於外蒙，第二次世界大戰後，外蒙號為獨立，實質上是俄人據有。——俄國的崛起啟步晚於歐洲其他國家，卻因其「後院」廣大，中國又未在北方注意經營，俄國遂有隙可乘，居然蔚為大國。

日本是十九世紀後期才崛起的強權。日本地居亞洲大陸外海，中國又是大國，相形之下，日本原無崛起的條件。然而因緣際會，明清兩代的中國，已是文化僵化的古老國家，卻又自居「天朝」，全無戒慎恐懼之心，遂予日本擴張的機會。其實，日本不甘於長居附屬地位。早在豐臣秀吉侵韓之役，他已有征服中國，奄有海陸的野心。在近代，日本學者們常以日語是烏拉阿爾泰語系之一，以為征服北亞，包括滿蒙，是其權利。日本又自許為東亞文化圈中，最為優秀的一支，應可取代中國，以建立大東亞共榮圈中，新的「華夏」地位。西方勢力東侵，日本更以領導東亞，擊敗西洋為其責任。是以，當年吉田松陰、福澤諭吉諸人，都鼓吹日本

應當取得中國大陸及南洋海域。明治維新之後，日本前後擊敗中國與俄國，獲得朝鮮、臺灣，並在東北（滿洲）發展特權勢力。日本以為其大戰略已逐步實現，次一階段的併吞中國與南進太平洋諸島，則是其在二十世紀盡力達到的工作目標。若是日本沒有悍然發動太平洋戰爭，全力攻略中國，以當時中國的國力，還是難定成敗。

在上述四國中，歐洲內部，法、德都是大國。德國統一日耳曼諸邦，已經成功，威震中歐。但是海外擴張，則因為啟步稍晚，已不能與英國的強勢競爭，德國甚至不能取得有用的海外領土。德國的實力，在於其統一日耳曼諸邦的強烈意願，以此建立了強有力國家機器，是以迅速有效的動員國力。二十世紀工業化快速發展時，德國的科技與工業發展能有高度成功，於是德國儼然是歐洲大陸最強大的國家。英國懼怕德國終於統一歐陸，遂於普魯士已經強大時，放下與法國的長期敵對關係，轉而聯合法國，以制衡德國。在十九世紀至二十世紀，法德不斷衝突，不僅過去的普法戰爭，日後兩次世界大戰的戰線，均由法、德之間交鋒開始。

法國是西歐大國，自視甚高，睥睨當時的太陽王路易十四、橫掃歐陸的拿破崙，均是法國人念念不忘的盛事。十九世紀到二十世紀，法國忙於歐洲內部的鬥爭，海外的擴張所得無幾。法國在新大陸美洲的殖民敗於英國，最後剩下的，不過東部加拿大的法語族群，而且還是非與英裔合作組織國家不可。在東方，法國取得肥沃的安南、老撾與柬埔寨，但侵犯中國的福州與臺灣，都沒有具體的收穫。倒是在地中海地區，法國取得北非沿岸的阿爾及利亞與中東沿岸的黎巴嫩。這幾個地區均有豐富資源，尤其地中海東、南兩岸與法國本土里維拉海岸合起來，法國儼然是大半

個地中海的主人了。法國在海外的勢力，也與天主教教會傳教活動結合，經過天主教教會，法國以護教自居，在中國內陸各地，也有雲南等處的特殊勢力。

　　以上所述六個大國的擴張與彼此之間的縱橫捭闔，實是十九世紀下半到二十世紀初期，世界各地戰爭與和平的關鍵。另一方面，這些國家欺凌與壓迫其他國家的後果，則是各地都有強烈民族主義出現。終於在二十世紀後期，第二次世界大戰之後，許多族群實現了民族主義的訴求，激起一批又一批的獨立建國運動。十九世紀以來，六個強國，挾西潮湧入世界各地，也將全世界捲入西方文化的擴張與深化，為此後經濟與文化的「全球化」，鋪設了基礎。

40. 從五四運動論自由與民主

　　「五四」是中國近代史上的大事。此事的具體過程，教科書已有敘述，此章則是從不同層次，討論這一史事的性質及其意。「五四」當可分為三個個別的事件：一是 1919 年 5 月 4 日的學生集體抗議，一是白話文運動，一是新文化運動；後二者之間，關係密切，但也各有重點。

　　1919 年 5 月 4 日的學生運動，是由於第一次世界大戰後的和約中，中國的領土主權，為列強自行授受，中國沒有發言權，而當時的北洋政府，竟指令出席和平會議的代表簽字接受；於是學生罷課集會，抗議北洋政權喪權辱國。這一案件，由於北洋政府內部權力鬥爭，陰錯陽差，遂有簽字接受的訓令。有些當事人，如陸宗輿，則因職務關係首當其衝。學生示威，將有關諸人一概罵成漢奸，其實不無冤枉。當日行動，既打人又放火，則是群眾情緒易發難收，為群眾運動之所難免。

　　至於五四運動在當時的影響，則是經過學生們在首都投袂而起，全國各地都有響應，遂使北洋政府的威信掃地；更為重要者，

全國各地城市中的學生與一般市民，結合為抗議的群眾，呈現了所謂「市民意識」，將過去書生抗言論政（如清末「公車上書」一案），改變了群眾的性質，也採取了前所未有的方式。如以歐洲歷史上所謂「民眾社會」而言，中國至今還很難說有同樣的「公眾空間」，1919 年的五四運動，至少呈現了「公眾空間」的潛力。至於後來數十年，一個強大的公眾空間，竟始終不能順利的形成，當與中國的政權，前後由兩個集權政黨掌握，國家機器的威力，不容社會力有凝聚的機會有關。於是，由「五四」到 1989 年的「六四」中間，中國還有 1946～1948 年內戰期間的學生運動，無不是青年學生站出來，為社會發言，與國家機器衝突。只見一次又一次的動亂，卻不能出現理性對話的機制。

在白話文運動的層次，雖然也以「五四」為名稱，實則早在胡適之先生等人在美國留學時，即已發軔。這一文化運動是延續的努力，不應以某一天的事跡為其代號。在中國近代文化史上，白話文運動毋寧是成功的。至今已有三個世代使用白話，為中文的交流媒介。若沒有白話為中文的主要載具，全民識字的教育未必能夠順利開展。這一大事，胡先生及其同儕，功不可沒！然而，我們也必須體認，白話文字的出現，遠遠早於這運動。元明至清代，戲曲話本，都是以當時的口語書寫，以致文人撰寫的故事與小說，例如《紅樓夢》、《兒女英雄傳》、《七俠五義》……，哪一本流行的作品，不是白話文？這一洪流巨潮，早已有其澎湃之勢，必然會取代文言，只是時間早晚而已。

另一方面，口語與書寫文字，終究有相當的差異，無論如何通俗的文字，還是做不到「我手寫我口」的全盤反映。再者，文字傳統有一定的延續性，雅言進入文字，在所難免。是以今古文

字之間，不可能截江斷流。嚴格說來，任何書寫的語文，都是精鍊、人為的造作，不可能是十足的通俗口語。我們如果以為文字與白話為完全不相關涉的兩種語文，終究也是無謂的執拗。

「五四」的第三個層次是新文化運動，當是胡適之先生及其同儕最為關注的一環。那些對於生活態度的討論，例如胡適之先生對中國人凡事馬虎的「差不多先生」論、魯迅的批判阿 Q 精神，以至提倡女權、反對家庭與宗族權力……大大小小，項目眾多，難以一一在此討論。一言以蔽之，胡適之先生堅持的乃是「個人主義」，並且以此立場論述「自由」的定義，也期許由個人的自由，作為個人的政治權利與相對於群體的自主主體權利。當時新文化運動指涉的自由，毋寧與西方的自由主義有相同的觀念，卻因為轉譯的偏差，一般人對於「自由」的理解，遂是不受拘束，自由自在。

追溯「自由」觀念在西方的起源，歐洲啟蒙運動及法國大革命時代的「自由」，是反抗天主教會對思想的控制，也反對封建領主對人身財產的控制。在十九世紀時，「自由主義」是個人對於群體（如國家、家族……）要求自主權，而在二十世紀時，「自由主義」的定義卻又倒翻過來，成為以公平公義的原則，由公權力糾正貧富差距，扶貧救國。正是由於這一轉變，我們理解「自由」一詞，從其「不受……控制與約束」，轉變為「免於饑餓」的自由、「免於恐懼」的自由……，保障不受負面遭遇的權利。是以十九世紀社會優勢人士（例如富人、貴族）要求不受公權力約束，應讓人人自由發展，一變為二十世紀時社會公義思想要求公權力保障，使任何人有其基本權利，而不致在不公平的競爭中，強者佔盡便宜，弱者得不著機會。

　　這一轉變，意指社會作為一個整體，沒有一定的和諧與公平，也因此對於社會成員，可以有一定的約束與節制。個人是群體中的一員，個人也與別的個人同存共存；是以個人與群體，及個人與別的個人，都有相應的自由與節制，亦即有相對的權利與義務。新文化運動鼓吹的自由，因為有「個人不受拘束」的觀念，遂只是有限度的反映了十九世紀的「自由」，未能闡述二十世紀的自由觀念。如此的「自由」觀念，不僅與「平等」混淆，而且很容易被理解為自私。

　　新文化運動提出的民主與科學（德先生與賽先生）兩項訴求，影響中國知識分子的思想型態極為深遠。至今日，「民主」一詞，已是全球政治體制的共同趨向。「科學」也是人類追尋知識的共同途徑。

　　回顧這兩項訴求，我們都須再加考察。「民主」其實不能僅由全民投票選舉，少數服從多數，那樣簡單的方式。群眾以其多數、無理性的施暴，從古代雅典的排斥賢能，到法國大革命雅各賓黨的屠殺，以致近代中國累次運動造成的災難，其惡性後果，歷歷在目。美國立國之初，法國政治思想家及歷史學家托格維爾（Alex de Tocqueville，1805～1859 年）訪問這一年輕的共和國，即指出其未來會有迎合民意，受媒體操縱，而出現民主政治蛻變為民粹主義的庸俗化。胡先生及五四諸賢，似乎並沒有提起過托格維爾的意見。春秋責備賢者，我們回顧當年，不能不感慨他們的疏失。矚目數百年來民主政治發展的種種模式，我們已經知道，民主不能純仗計算選票數字，多數不應強暴少數，由各種不同意見的協商與折衷，也許更能顧及最大多數人、最合理的福祉。

　　至於引入「賽先生」（科學），這一訴求原是人類追求知識的

大勢。可是在中國,「科學主義」瀰漫於人心,將「科學」二字當作「信仰」。很多人以為「科學」呈現的知識,即是絕對的真理,竟不知「科學」是不斷在假設與求證,不斷由驗證與開拓,永無休止的求知過程。「科學」不能如巫師揮動魔杖,成為解決一切問題的千金方。這一疏忽,正與他們誤解「德先生」,乃是五四運動的盲點。後來,胡適之先生提出了「賽先生」,他也特為說明,大膽假設與小心求證,亦即闡釋研究是一個過程,不是一個結局。他對於「賽先生」的特性,終究過分簡化了。

　　然而,在新文化運動開展,介紹西方文明中這兩個項目時,正值十九世紀末至二十世紀初,西方近代文明還充滿樂觀,以為西方正在發展的制度,代表人類文明的最高境界,全世界別處,也必然由「落後」的情況,進化到西方已達到的境界。這一共識,實即當時「社會進化論」的思潮。但是,現在我們逐漸了解,達爾文的生物演化學說,其實在陳述生物種類應因環境而不斷分化衍生 (evolution);這一學說不能直接由生物學上的現象,轉化為人類社會發展的過程。每一個人類文明系統,都是該一人群,從其環境與歷史背景發展而成,各有其特色,也代表人類眾多成就中的一部分。人類並未經歷獨一無二的發展路線,也無須將每一個人群強納於同一模型之中。不同文明系統,在其個別的發展過程中,曾經有過許多次互相影響與適應的轉變。這些轉變,使人類文化多姿多采,開發了更多的可能性,俾後人採擇。「全盤西化」的口號,毋寧排除了適應與修改,使選擇的途徑狹窄了。當時,在主張「全盤西化」的聲音外,還有一些人,主張對於中國文化及西方文化,都須有嚴肅的檢查,庶幾知己知彼,選擇較為妥善的途徑。可是,這些聲音,聲勢不如「全盤西化」的論調,

遂使中國幾十年的發展，常在「邯鄲學步」。

　　今日討論五四運動，的確感慨萬千。當時的愛國活動，在外患不絕之時，終於凝聚為中國強烈的國族主義。中國在日本侵略時，藉這一國族認同，撐過了難關；卻也因此，許多人置個人於度外，為了群體，放棄了自由。五四運動的一個層面，遂與另一個層面對沖。這是歷史的弔詭！五四全盤西化之論，在臺灣又一度成為話題。那是又一次輕率的口號，不是認真謹嚴的反省。既未知己，也未知彼。沒有理解西方現代文明自身不斷的變化。大家也未注意，中國文化早已分崩離析，除了飲食中的一小部分，實在所餘無幾。但是邯鄲學步，又學到了哪些？民主在臺灣，形式已具，內涵安在？「科學主義」導致的新迷信，不僅見諸於學術界，也見諸於人人：只要可以列舉數字，即似乎保證了正確與真實。今日的世界正在走向「全球化」，我們要求存在，即須有更多的、更認真的省察，不能永遠停留在「口號」式的思考。

41. 北伐與十年建設

　　孫中山死後，在廣州的國民黨，卻已成了氣候，難以偏居南方的政權，居然舉師北上，打垮了盤據北方的北洋軍閥政權。北伐之後，至少在名義上，統一了中國；對內對外，中國有了一個大家都能接受的政府。當然，定都南京的國民政府，其實號令所及，不過東南、長江流域及沿海諸省，建國能用的資源，也全在這些地區。

　　北伐能夠成功，蔣介石的國民黨自以為是黃埔建軍的成果，共產黨自以為是蘇俄的援助及共產黨的組織與宣傳，桂軍系統自以為是該軍的戰功，馮玉祥系統自以為是在北路的牽制……，這些不同的說法，因人而異，也許眾多機緣的湊合，始奏厥功。

　　在這些因素之外，國民黨的號召，代表了中國人的盼望。雖然孫中山在廣州，依靠地方武力，仰人鼻息，也沒有可足以稱道的政績，但是他提出的理想，確實不是北洋政權的領袖能夠提出，而正是許多中國知識分子及城市居民嚮往的新境界。孫中山在廣州，有系統的演繹了他的理想：中國應有一個民治、民有、民享

的國家，而其政府機構的理念，則在行政、立法與司法，三權鼎立的模式外，還有兩個獨立的權力：繼承中國文官傳統的監督權（御史糾彈）與人事權（考試與督責）。在那個時代，資本主義的弊病，已受到社會主義挑戰，孫中山將自由經濟與公權力「節制資本」配套的觀念，頗為及時的訴求。五四新文化運動，既是中國人國族主義的表現，又強力的提出了革新的方向。這一運動，波瀾壯闊，瀰漫全中國。五四運動與國民黨的號召，二者之間，並無彼此參預的關係，卻有互相呼應的效果，為北伐鋪設了民意基礎。

　　北伐的軍力，即使蔣、桂、馮、閻四個系統合計，其實還是不及北方軍閥的實力。北軍不堪一擊，正是反映了他們已無鬥志。更須注意者，北洋政權的組織系統，繼承了滿清舊制，徒有新的官職，並沒有整合為一個現代化的政府組織。相對而言，廣州的政權，至少在財政方面，建立了一個能調動資源的中央銀行，可以動員東南及華南民間的財富。蔣介石有了豐厚資源的支援，遂能在群雄之中脫穎而出，成為國家領袖。中共對於這一段歷史，往往描述為東南財閥支持蔣介石。平心而論，當時東南地區，以上海為中心，雖在當時是中國財富集中之地，也未必有哪幾個集團具備「財閥」的實力。我們只能說，東南都市經濟聚集的財富，為中國之最，而蔣氏以中央銀行為機制，能調動財富為發展資本。

　　從北伐到七七全面抗戰，中國有大約比較安定的十年，得以為建設國家，奠定一些必要的條件。說到「安定」，也只是相對於其前此數十年的擾亂而已。這十年內，內有馮、閻聯手反蔣，及國共在江西的戰事，外有日本一次又一次製造事件，侵奪東北、冀東、內蒙各地，並在濟南、上海挑起戰爭。這些內憂外患，紛

至沓來，中國人沒有喘息的日子。甚至國民黨政權內部也時有分裂，南京的國民政府，其實並未真正穩定。

南京政府能在十年內，確立為中國合法政府，並且還能進行建國的奠基工作，其最大因素，當在於獲得當時大批優秀人才，為中國發展一個現代國家應有的配套設施。

國民政府定都南京，號令所及的地區，包括上海與東南、華南與華中的腹地。這些地區，正是清末「中興名臣」曾國藩、左宗棠、李鴻章，及稍後張之洞等人經營的兩江、湖廣、閩浙、兩廣四個總督的轄地。中國五口開埠以後，外來影響集中的都市，上海、廣州、福州、廈門、武漢，也都在這一地區。中國近代「洋務」的建設，包括江南製造局、馬尾船廠、漢冶萍鐵廠，以及與之同時興辦的各科學校，加上外國人在華興辦的學校，也都集中於這一地區。在這一地區之外，只有北京、天津與東北，也有重要的現代學校，但其現代實業單位的數量，則不及東南、華南與華中各地。再加上，上海是全國出版業最發達的城市，清末香港與廣州，還有一些外國人設立的印刷與出版事業，到了二十世紀初，上海的出版事業佔了全國最大的一部分。

凡此學校與出版事業是建設國家必要的資源，有此依據，國民政府遂能吸引當時受過現代教育的人才，為其訓練下一代的人才。在那十年內，不僅已有的大學擴大了，也充實了，全國各處也增設了許多大學與專科學校。在南京時代以前，中國各級學校散處各地，卻沒有一個完整的教育體系整合各級教育。在這十年內，雖然學校數量不足以為全中國人口所用，但在品質與制度方面，則已有了較為一致的水平與規制。北伐以前，全國接受大學教育的人數，各級年齡群合計，為數不過數萬，而在抗戰開始時，

全國在校就讀的大學生人數，已經逾萬，十年累積的大學畢業生，為數十餘萬人。受過中學教育的人數，較十倍於大學畢業生。這一大批曾接受現代教育的人力，是二十世紀此後數十年，建設中國的種籽，由他們又教育了建設中國的主力。

國民政府創設了中央研究院和資源委員會，也在幾個優良大學設立研究單位。中國遂在教學之外，還集合了當時才智之士，投入開拓知識的研究工作。在十年之內，考古、地質、經濟、數學幾個學科，都有卓越的研究成績。置之世界水準，也無遜色。在物理、化學及相應的工程科目，也有傑出的研究人才，達到世界的頂級水準。沒有這十年奠定的基礎，嗣後數十年，不會有繼長增高的條件。

還有不少受過現代教育的專業人才，投身專業工作的部門。在金融與財政方面，中國有了粗具規模的「管理系統」：由中央銀行及三家國家銀行為樞紐，配合南、北數家民營銀行，使全國財經有一彼此相通的網絡。關稅還是在不平等條約的約束下，由外國人管理；但是，由清代延續到各地割據勢力都恃為利藪的釐金（內地過關卡的稅捐），終於廢止；全國郵、電、港口及道路管理，也已納入同一規範。

最堪注意者，則是有一大批專家，在上述「資源委員會」這一單位，勘查中國的資源，設計規劃以開發這些資源，組織與管理國家設立的生產事業。當時中國並沒有蘇俄或德國那樣的「五年計畫」、「十年計畫」，卻是由這些專家，為中國組成今日所謂 technocrats（技術官僚）的隊伍。這一傳統，經過抗戰、戰後復員與嗣後臺灣建設，技術官僚們的功績，不可埋沒。而且，他們有一代又一代的傳承。到臺灣後，嚴家淦、尹仲容、李國鼎，以

及他們的部屬，還是從這一傳統延伸而來。

在民間，這十年來，也有可觀的發展。第一次世界大戰，歐洲列強忙於戰爭，他們在華投資的企業，大都為此萎縮，中國的民間企業家，秉藉上述的條件，籌集中國自己的資源與財力，發展了一些生產事業。例如，上海周邊的棉紡與麵粉業，不僅在江南發展，還由江南擴散到武漢、青島、濟南等處。天津地區的化工工業，供給中國生產各種原料……。這些工業，以今日的標準看，規模都不大，卻是中國自己由無到有，發展了日常用品的生產事業。凡事開頭難，沒有這些小小基礎，中國也不易有進一步的發展。

以上所說的情形，是中國近代史上一段值得紀念的事跡。當時中國人如此的投入其心力於國家建設，並不是由於當時國民政府有系統、有計畫的規劃，毋寧是由於中國人寄望於一個新的全國性政權，不同於北洋政府及一些地方割據勢力，大家盼望這一個新政府，能執行孫中山承諾的理想及其描述的願景。正因為有此盼望，全國上下都心甘情願的盡一己之力。

蔣介石自己，因緣時會，為眾望之所歸。這一全國的盼望，給予他全國領袖的威望，使各地地方勢力，雖不甘願，還是不得不尊南京為中國統一的中央政府。即使全力挑戰國民黨的共產政權，也不得不在七七抗戰開始時，宣稱接受中央的號令。可是，蔣介石卻有擅權的私心，發展了仿照德國納粹、蘇俄共黨及德、義法西斯等模式的集權機制，雖在短時內為他排除異己，定於一尊，但也使中國淪入集權專制的統治，終於導致其在 1949 年的崩潰。他曾是中國人希望所寄，卻又辜負了大家，終於在歷史上留下了失望。

42. 兩次世界大戰間的世界形勢

　　第一次世界大戰結束，世界並沒有和平，卻孕育了第二次世界大戰的禍根！不論勝利者還是戰敗者，歐洲已為這次戰爭民窮財盡。當時，戰敗的德國必須償付鉅額賠款，工業也大受破壞。這一全面性的災害，使歐洲經濟受創甚鉅，德國馬克的大幅貶值，尤為史無前例。1919 年《凡爾賽和約》預伏了更多的仇恨。當時創設的國際聯盟，並不具有維持世界和平的威信。列強只是稍微喘口氣，又在準備下一輪的殺戮。

　　兩次大戰之間，最顯著的現象乃是以國族生存與榮辱為號召，野心的領袖們，在許多國家藉民心的怨恨與憤怒，集中權力於集權專制的政治體制，帶領群眾，將國家帶領到奴役、戰爭與毀滅。俄國、德國、義大利、日本、西班牙……，一個一個走上這條道路。

　　俄國在大革命之後，列寧實行共產主義，走向集權控制，在西歐困難時，列寧實行新經濟政策（1921 年），俄國經濟稍得復甦。他死後，史達林奪得政權，排除異己，以高壓政策推動農業集體化，全力實行五年計畫，促成蘇俄的工業生產能力。蘇俄在

集權領導下，國力強大，卻也將全國組織為龐大的奴役之國。

　　義大利的墨索里尼，以工團主義於 1922 年取得政權，擔任內閣總理；1925 年，法西斯黨改變了憲法，墨索里尼取得「領袖」的頭銜，實行獨裁統治，以恢復古羅馬的光榮為號召。他在內專制，剝奪國民言論與集會的權利；對外侵略鄰邦。義大利國力不充，而為了他的產業，耗費大量資源於充面子的建築及世界盃足球賽，義大利沒有真正強盛。德、義結盟，號為「軸心國家」，義大利轉而成為德國的小兄弟。

　　德國在一次大戰失敗之餘，國家困窮，人民愁苦。希特勒掌握德國人的怨憤，先以合法選舉取得納粹黨在國會的多數（1933年），再進一步操弄民意，取得獨裁的權力，號為「元首」。他以日耳曼人優秀人種為號召，又以「猶太劣種」為替罪羔羊，清除殺害六十餘萬猶太人。他以此立威，也以此建立一個集權專制的政權，重建德國的工業，驅使德國發動侵略萊茵河區，併吞奧地

蘇臺德區問題

　　蘇臺德地區鄰近德國東部，在第一次世界大戰前原屬奧匈帝國，戰後帝國解體，日耳曼人居多的蘇臺德區劃歸剛成立、以斯拉夫人為主的捷克。民族問題成為該區引起國際關注的焦點，尤其是以民族情感為訴求的納粹德國。1938 年，希特勒以此為藉口，德捷衝突眼看爆發。為之召開的慕尼黑會議，在英、法等國的綏靖政策下，犧牲捷克，同意將蘇臺德區與德國合併。次年德國更進一步佔領捷克，第二次世界大戰終不能避免。

利與捷克的蘇臺德區（1938 年），終於全面侵略波蘭，歐洲戰場
的世界大戰於是爆發。

西班牙早已不是歐洲的強國。高舉民族主義旗幟的佛朗哥憑
藉軍隊，奪得政權（1936 年），得到軍人、地主與教士的支持，
長槍黨徒全力打壓工人與知識分子的左派力量 。 西班牙內戰
（1936～1939 年），蘇俄及國際共黨支持左派，德國與義大利支
持右派。美國的左派青年，組織志願軍赴西班牙助戰，西班牙內
戰竟成為嗣後第二次世界大戰的預演。

日本在明治維新之後，本有發展民主政治體制的機會,「天皇
機關說」已將天皇的神性轉變為國家元首的位置；如無後來的變
化，日本可以有機會實施英式內閣制的民主政治。但是日本軍人
有所謂「武家」專政的傳統，幕府即是實質上的政府。日本軍人
集團早就有一套侵略亞洲，以東亞稱霸世界的大戰略。文人政府
的施為，不能滿足他們擴張帝國版圖的願望。秉持日本「下克上」
的軍人干政傳統，軍人集團利用少壯軍人，於 1931、1932、1936
年發動多次暴力行動，刺殺了濱口雄幸、犬養毅兩位首相，及曾
任首相的齋藤實，與內閣大臣高橋是清、渡邊錠太郎等人。最後
的二二六事件（1936 年），更是以現役軍人公然襲殺內閣重臣。
軍人以殺立威，日本的民主政治成為泡影。從此，日本軍人專政，
全力整軍經武，積儲備戰。

日本於甲午之戰後，已取得臺灣與朝鮮，又於擊敗俄國後，
取得在中國東北的控制權。日本關東軍原是駐紮在遼東半島的軍
隊，已控制了中國東北三省。 又於 1931 年的九一八發動全面攻
擊，奪取東三省，建立偽滿政權。又在內蒙及冀東，成立親日的
地方武力，一步一步蠶食中國。中國北伐時，日本曾在濟南出兵

阻擋，嗣後不斷製造事件，借故威脅挑釁。1932 年甚至公然攻擊上海，發動大戰序幕。

　　在這一時期（1930～1937 年）之間，日本已全力發展軍火生產工業，於是於 1937 年七七事變，發動全面侵略中國的戰爭。在日本軍人完全掌握日本政府時，控制全國教育及輿論，異口同聲，全國國民為舉國的光榮使命，為建立東亞共榮，必須膺懲支那、消滅赤色勢力……，全國一片狂熱，再無其他選擇，甚至本來十分了解中國的中國研究者，也必須隨聲附和，擁護國策。

　　中國的政權，也模仿這些國家，走集權專制的路線。蔣介石學習德國與義大利，組織「力行社」、「藍衣社」，作為擴權的小圈子。軟禁異己的胡漢民、居正等人，暗殺史量才、楊永泰、鄧演達。蔣氏以軍事委員會委員長執掌政權，儼然以黨與軍領導政治。

AB 團與富田事件

　　AB 團是 1926 年江西國民黨中反共者成立的團體 ， 乃 Anti-Bolshevik（反布爾什維克）之意，因其在江西與共產黨爭奪權力，雖然存在時間不長，但是卻成為毛澤東、張國燾等人排除異己時編派的理由。1930 年年底，中共內部發動反 AB 團的肅反運動，大量殺害黨內工作人員。毛澤東將江西蘇區駐地富田的肅反工作交由李韶九負責，因其牽連甚廣，激起兵變。次年毛澤東掌權後，曾參加事件者全部被捕處決，各地的反 AB 團運動掀起高潮，共有數萬人被殺。直到 1980 年代，中共方才重新調查此事，承認遇害者大多都是無辜的。

共產黨方面，在江西地區，毛澤東虛構「AB 團」，藉口排除異
己。富田事件，殺害了不少同志。在撤離江西的「長征」途上，
舉行遵義會議，鬥爭同輩，從此攬軍權、黨權、政權於一身。

　　這些獨裁專制的集權政權，無不標榜一個「大我」，或為國
家，或為民族，或為革命……，要求群眾為了集體主義，放棄自
己，全般服從。獨裁的領袖們，運用宣傳、特務與軍隊，達到舉
國服從的功效。歷史上，有過平民揭竿而起，但在現代國家機器
的組織力量及軍隊掌握的武器之下，平民百姓已沒有可以爭辯的
餘地，更何況反抗？因此，萬馬齊暗，一國之內唯有一片擁護之
聲。

　　為了穩固自己的領導權，這些領袖們排除競爭者的手段，十
分兇殘，毫不留情。列寧清除了大革命時一同起義的帝俄軍人（尤
其海軍）及大批孟什維克黨人。史達林殺害了數萬紅軍，只為了
他們曾是政敵托洛斯基帶領過的舊部。希特勒對於參加威瑪共和
國的政治人物，排斥、監禁或殺害。日本軍人刺殺幾位首相與大
臣。蔣介石監禁了國民黨的前輩，又利用上海黑社會打手，攻擊
中共指揮的工人糾察隊。毛澤東在江西與延安，鬥爭不少軍人與
黨員……。

　　他們對於異己者，不論敵人，還是同志，一概任意殺戮。蘇
俄於革命期及農場集體化運動之時，殺了地主、富人、知識分子
及不願放棄產業的小農，為數以百萬計。希特勒殺害的猶太族群，
不分老幼達六十餘萬人。日本軍隊以大砲、毒氣滅了沒有現代武
裝的霧社原居民。……

　　為了自圓其說，他們一手遮天，蘇俄的《真理報》、德國戈貝
爾的宣傳機器、日本大戰前所有媒體……，都用動聽的詞句，美

化邪惡的罪行。

　　兩次大戰之間，這些專制集權的國家，德、日、蘇俄，都努力提高軍火與武器的生產，無論質與量，都有可觀的發展。兩次戰爭前的殺戮，只是序幕，他們迫不及待，已經準備進行更大的殺戮。

43. 世界經濟恐慌與美國崛起

　　二十世紀初，世界經濟結構與版圖開始重大變化，其形成的新格局，到今天才再起鉅變。

　　自從西方列強的殖民活動，全球均為歐洲白人主宰，各處資源為白人攫取。再加上工業革命，機器生產的產品，價廉物美，佔盡了世界的消費市場。兩項條件相合，始有「資本主義」的經濟。資本主義，按照亞當斯密的理論，乃是由「看不見的手」，亦即參預貿易交換的買主與賣主，各憑其理性的判斷，為最有利於自己交易，於是決定供銷價格及生產質量。越是開放而未經干預的市場，越有其合理性。

　　這一說法，必須假定參加市場活動的所有成員，都有同樣機會發展其交易中應有的財力。事實上，如上所述，歐洲列強相對於亞洲、非洲……市場上的原來參預者，擁有不對等的優勢。以中國為例，英國為了平衡對華貿易的逆差，以砲艦強力打開鴉片貿易；又以干預中國的關稅，保障其貿易的優勢。這一例證，即是說明資本主義的那隻「看不見的手」，其實是從佔優勢者的立

場，在為其利益運作。

　　再以生產貨品的利潤言，自從機器生產後，工人工作的操作能力，不必有前此手工業時代的技能。不具特殊技能訓練的勞工，工資必然較低，而且隨時可由別人代替。於是，出資經營生產的資方，相對於呼之即來、揮之即去的勞方，擁有絕對的優勢。資方可以盡量壓低勞方的工資，以取得最大的利潤。因此，在勞力市場上，那一隻「看不見的手」，也是為擁有優勢的資方博取厚利。

　　於是那兩隻「看不見的手」，為歐洲的企業，打開了史無前例的榮景。十八、十九世紀的歐洲列強，尤其英國，誠如天之驕子，擴大了世界經濟規模，也提高了生產能力。到第一次世界大戰時，全世界的資源與財富，大部分流入歐洲，還有一小部分流入美國。到了二十世紀初，美國更為強大了，日本崛起為東方強國，歐洲也有德國與俄國努力爭取分潤的機會。佔盡便宜的英國，不容德國挑戰，才有第一次世界大戰。一場大戰，爭城爭野，海上陸上，死者以百萬計。坦白的說，即是已經擁有優勢者，不容許真正公平的競爭。

　　大戰之後，德國被打倒了，喪失了一切，留下深切的仇恨。德國經濟全垮，貧窮與饑餓，留下強烈的民族主義，終於有希特勒乘潮而起，組織了集權體制。俄國在戰爭結束前，即因大革命而退出戰場。俄國民窮財盡，為布爾什維克的集權，留下發展的沃壤。英法這兩個最主要的勝利者，也因資源與人力消耗太巨，再加上原來佔有的國外市場，頗多為當地自己發展的產業取去，兩國經濟都因此衰敗。美國在戰前，經濟實力遠遠不如英國。大戰期間，美國未受損傷，而且又增加了不少歐洲的新移民，美國

的生產力一躍而超過法國，幾乎與英國相等了。英國的企業通過政府，運用種種手段，力求挽回經濟頹勢。採用金本位，英國貨幣增值，更無外銷市場的競爭力。降低工資以壓低成本，英國的勞工也不能忍受，引發了大規模的罷工；英國的經濟更是雪上加霜。

　　美國隔了大西洋，本有十分有利的條件和機會，超越歐洲。可是美國以其資金，流入歐洲市場，一時刺激歐洲的生產事業，生產新出現的商品（例如汽車、家用電器……）。一時之間，大西洋兩岸經濟都欣欣向榮，一片興旺跡象。只是，人類貪婪之心，不知饜足。美國經濟過度擴張，股票市場吸收了無數游資，股市的上漲，形成我們今日所謂「泡沫」現象。一旦肥皂泡破裂，繁榮的幻象也隨之消失。1929 年，華爾街股市崩盤，美國經濟淪入空前蕭條。工廠倒閉，工人失業，昨日的富翁，一夕之間淪為赤貧！這一次大不景氣，也說明了資本主義，即一隻「看不見的手」，其實由貪婪無饜的欲望揮動。

　　這一經濟大災難，在其發生之前，早有無數次勞工運動提醒資本家，不能，也不應，竭澤而漁，一味為了利潤，剝削勞工的勞力。有些資本家，也採取一些糾正的措施。例如，福特不僅發展了分割工作程序為流程的生產線制度，相對的提高了工作效率，減低了生產成本，並且將部分利潤用於改善勞工福利。不過，大多數的資方，則利用國家公權力的干預，壓制勞工運動，強力打壓罷工。我所居住的匹茲堡市，是鋼鐵生產基地。1893 年，鋼鐵工人罷工，廠主僱用平克頓保全公司的槍手，射殺罷工的工人十餘人，並由本州國防軍駐防，不許再有罷工發生。這一禁令，執行達三十年之久後才得以開放！

　　經濟大不景氣，引發有識者的反思。在英國，本來早就有韋伯夫婦的社會主義理想，希望不經過衝突，勞資可以有所協調。基督新教的人道主義者，也鼓吹基督博愛精神，改善勞工待遇（當時，童工、女工的收入都低，一週工作六天，一天工作十餘小時）。知識分子中的自由主義者，如蕭伯納、拉斯基等等，一變過去自由主義者反對國家權力干涉的立場，主張經過國家立法，保障國民生計。這一運動，與勞工運動合流，在英國國會中，新起的工黨逐漸得到國民支持，代替自由黨成為國會兩大黨之一，以與保守黨抗衡。英國在兩次世界大戰之間，遂有一連串的社會福利法案，奠定第二次世界大戰後，英國發展全面社會福利的基礎。

　　美國在大不景氣時期，也不斷有勞工組成工會聯盟與自由主義知識分子的推動，1932 年羅斯福當選總統，推行「新政」，將美國帶入經濟復甦。「新政」以國家財力，以工代賑，啟動造橋開路……種種公共建設，以解決大量失業勞工的生活問題；實施「反托拉斯法」，遏止企業兼併及獨佔；實施低利貸款，幫助一般人創業。新政最為影響久遠的法案，則是「社會安全保障法」(Social Security)，由國家代工作者儲蓄一部分薪資，雇主也繳存相對部分，累積為全民退休基金，在工作者老年有可以維持基本生活的退休年金；傷殘與失業者也有一定的救濟，使其有可以存活的機會。這一措施，至今行之已有八十年，不論貧富受益者已有全體國民的三個世代。美國從此一躍為世界最富最強的國家。

　　英美兩國的社福制度與對於企業無限擴張的一些節制措施，實質上已將這兩個老牌資本主義國家的經濟型態帶入另一境界。凡此趨向均富的修正政策，相當程度的改寫了資本主義經濟的性質與定義。全世界各地，由此有了兩個選擇：一是經過暴力革命，

以國家的權力，有計畫的規劃經濟發展的模式，也制約財富的分配，即使損害國民的個人權利，亦在所不顧。——這是蘇俄、中國等社會主義國家採取的途徑。另一選擇，則是在相對自由開放的市場經濟上，以公民參預民主政權，經過公開辯論及合法程序，制定各種節制資本與保障人民福利的社福國家。——這是英美兩國所發展的途徑。今日歐洲國家，已大多發展社福，尤以北歐斯堪的納維亞諸國執行最見功效。但是，即使北歐諸國，今日所有社福國家的國民均有耽於逸樂，工作意願一代不如一代。

　　綜合言之，兩次大戰之間，世界各國分別走向集權國家發展國力的急進方式，與民主國家推動社會福利的漸進方式兩條途徑，卻都改變了過去的資本主義經濟的性質。這兩條道路之間，又有衝突與學習，彼此糾纏，至今還在進行之中。

44. 日本侵華與八年抗戰

　　在明治維新時，日本思想家吉田松陰與福澤諭吉，都規劃日本應致力發展的宏圖大業，乃是奄有中國、滿蒙、朝鮮及東亞海洋，在東亞建立大日本帝國。是以，明治維新之後，日本即積極開展這一計畫。甲午之戰及日俄之戰，日本竭全國之力，前後擊敗中國與俄國，取得朝鮮、臺灣的土地與人民，及中國東三省的特殊利益。自此到 1937 年七七事變，日本對華不斷製造事端，引起兩國危機。在華北與上海，多次釀成局部衝突。每次事件的發生，往往夾在中國的中央政府面臨國內問題之時（例如，北伐軍北上時，日本出兵濟南阻擋；又如，國共在江西內戰時，國民政府稍得上風，在華北，便有冀東、天津……等中日間的事件）。日本取得東三省，是在奉軍不甘受日本控制時，日本先炸死張作霖；後來又因張學良掌東北三省，擁護中國統一，日本關東軍遂立即發動九一八事件（1931 年），並炮製偽「滿洲國」，實質據有中國的東北諸省。

　　凡此種種，整整一代中國人的心目中，日本帝國的侵略行為，

一次又一次刻下了深刻的傷痕。中國的民族主義，在不斷的刺激下，一次又一次的強化、深化。日本軍人，在國內以暴力打擊文人領導的合法政府，從此建立軍人主導的全面擴張，以圖實現大和民族的帝國霸業。日本軍人操縱輿論，高舉天皇神性、大和民族優秀性、日本開化東亞文明的責任……等口號，訴諸日本人的驕傲與控制心，以致大正時代短暫的思想自由，一變為軍國主義的一言堂，舉國一致，以日本的天賦使命自許，狂妄而不能自制。甚至一些優秀的學者，內藤湖南、清澤洌、加藤弘之……等人，無不拋棄他們原來的學術修養與自由主義，歌頌支持軍國主義。太平洋戰爭之前，又有所謂「近代的超克」座談會，幾乎日本所有思想界與學術界人物，都須否定自己原來的信念與立場，擁護軍國主義。戰後日本學界，對這一現象有所反省，稱之為「人格的斷裂」！

　　日本舉國若狂，投身帝國大事業，其狂熱足以損害理性的判斷。日本判斷錯誤之一，以為中國及東亞各民族不堪日本一擊，日本可在三個月內征服中國，然後又可輕易擊潰英美，攬有東亞，

「近代的超克」座談會

　　1942 年（昭和十七年）東京《文學界》雜誌舉行一次文化座談會，主題為「近代的超克」。此次會議有許多知識分子參與，但座談會的目的並非在於文化學術上的討論，而是欲建構支持軍國主義對外侵略的輿論，主張日本要超越、克服西方的影響，重新建立東方的現代化。此一論述其實就是為了日本侵略亞洲各國尋求一光明正大的理由。

以完成東亞共存共榮。日本判斷錯誤之二，以為不斷威嚇，步步進迫，中國人全懾服於日本的威力，步步退讓，以此割裂中國。日本判斷錯誤之三，以為日本領導亞洲，驅逐白人，亞洲人都應當感激日本解放大恩，心甘情願的接受日本「提攜」。這些自我期許，在自大心情下，轉變為一廂情願。日本侵華於七七事變之後，中日兩國不宣而戰八年之久，日本無法於「支那事件」自拔，卻又發動太平洋戰爭，遂致有亡國的大災難。

中國奮起抵抗，是憑藉日本人一次又一次刺激而加強的國族主義。明知國力還未充實，軍械裝備更差，軍隊分屬各省，中央指揮不動，更缺乏一個軍令統一的參謀本部；雖然一切都不如日本，只為了去此一步便是亡國為奴。在一連串事件後，全國民情輿論，再也不許國民政府再次妥協。蘆溝橋事變，日本軍人還是以為中國會像過去多次的忍耐，日本又得一次便宜。日本軍人沒有想到，中國居然起而抵抗。爾後，日本全力攻擊上海，中國極力抵抗，精兵良械，耗損逾半，卻不再談和。日本進攻南京，中國在淞滬一戰，實力大虧，南京淪陷，日本又以為，大舉屠殺，殺戮姦淫，便可以懾服中國，失去繼續抵抗的決心。但是南京大屠殺，使中國人更加同仇敵愾，日本卻從此揹了千秋罪名。

抗戰第二年，中國沿海地區全部淪陷。此後七年，中國戰區有正面戰爭及游擊戰兩個戰略。正面的主戰場，以平漢—粵漢鐵路線西側，為雙方拉鋸戰的地區。每年春秋，日軍必然大舉西犯，打了一陣，中國反抗，遂回原來對峙線。年年如此，以致河南、湖北、湖南的產糧地區，誤了春耕，也沒有秋收。前線後方，軍糧民食大半靠四川一省供應，全國常在饑餓之中。1941年太平洋戰爭起，次年緬甸一線通外道路，也因日本侵緬而斷絕，中國內

地因此再無現代藥品。日本轟炸內地，重慶屢次炸平，我家曾居住萬縣，是內地中型城市，並無軍事設備，也在一次空襲中夷為瓦礫。作戰的傷兵、逃難及轟炸受傷的百姓，因為缺乏藥品，死者以千萬計。在淪陷區，城市及交通線已為日本佔領，並在各地組織傀儡政權，為日本壓榨掠奪的工具。敵後農村，有留下的國軍分支部隊、中共派遣的組織人員及地方自衛武力，處處發動游擊戰。日軍在華北掃蕩，採取三光（殺光、燒光、搶光）的威嚇戰略，但游擊區並未因此降服。總計八年抗戰的死亡人數，兵員死亡七百萬，平民直接死亡於戰火及轟炸與因傷病死亡者三千萬。中國與歐洲戰場的俄國，在第二次世界大戰中，損失的人口，均為數千萬，堪為人類歷史上的浩劫。

　　中國付出如此巨大的代價！在死亡與毀滅中，以鮮血與淚水，中國人鑄鍊了中國國族的認同——中國的國格！自從秦漢以來，中國的認同，是華夏文化，顧亭林所謂「天下」，至於「國家」，實指朝廷，亦即政權。中國歷史上，中國人沒有近代的「國族」觀念 (Nationalism of Nation-State)。日本侵華，中國方才憬然了解：日本人打的是中國人，不是哪一省人！日本炸彈與機槍掃射，不是只在前線殺人，也在內地不設防的城鎮鄉村殺人。人有人格，國有國格，這一國格，使中國人在糧盡援絕、民窮兵疲時，還是不屈不撓，撐住一口氣，不肯投降。這一個犧牲數千萬生命凝成的血疙瘩，正如龍頷逆鱗，誰也碰不得！日本人不應輕易觸動這一血疙瘩，今天臺灣的政治人物更不可觸動中國人的這一情結！

　　大戰開始，沿海一帶剛開始的建設，不是被毀，即是淪於敵手。只有江南地區的一些工廠，拆遷內地，撐持了八年的基本民生需求。這些工廠，在內地不僅重新組裝投入生產，還複製了幾

套,分設於可以建廠之地。抗戰結束,這些工業設備及工作人員,大多留在內地;中國內地始有了後來工業化的種籽。

人才培育,亦復如此。沿海大學及一些優秀的中學與技職學校,大半遷徙到內地,於空襲警報聲,弦歌不斷。國民政府,在一切艱困之下,設立學生求學的公費制度,中國遂得在八年之中,培育了數十萬大學生。今天,這一代大學生都在八十餘歲以上,十之八九已經離開人間。這幾十萬大學生,常在半饑餓狀態。內地的教育設施不足,然而在這樣苦況下,中國還是培育不少優秀人才,擔起了日後數十年,中國與臺灣兩地的文化、學術與經濟建設的工作。

抗戰期間,中國忍苦含辛,撐過了空前的災難,後世的中國人會為此哀慟,也永遠不忘!1948年,日本在海陸兩面作戰,已難以為繼。兩枚核爆,日本投降。中國慘勝!這八年苦戰,中國已經精疲力竭。中國竟是經歷了一場沒有凱旋的大戰!傷者未起,死者未葬,軍人不能解甲復員,中國又捲入國共內戰,自相殘殺,達五年之久!臺灣從日本殖民地,回歸中國,本應是大家歡欣鼓舞的事,卻又因為內戰,海峽兩岸,對立數十年,而且還有臺灣內部的獨立要求,使甲午以來的分隔,可能還要繼續,這一場史無前例的日本侵華巨災,其後遺症,還方興未艾!

今日撰寫本章,強壓悲慟,在二千餘字的短文,交代抗戰輪廓。然而少年所經歷種種,不斷重現,喚回血光淚痕,心如錘擊椎刺,不能自己!盼望今天此書讀者,長記在心,任何戰爭,都是災難,願我子孫,永遠不經戰禍!

45. 第二次世界大戰

　　第二次世界大戰，涵蓋了三個戰爭：中國戰場、歐洲戰場與太平洋戰場。中國戰場的戰爭開始日期，應從日本奪取中國東北的九一八事件開始（1931 年），但是通常是認為從蘆溝橋七七事變開始（1937 年）。歐洲戰場的開始日期可以是 1936 年德國重新佔領萊茵地區，可以是 1938 年德國強佔捷克蘇臺德區及德奧合併，通常是 1939 年 9 月 1 日，德國侵入波蘭，與蘇俄瓜分波蘭，兩天後，英法對德宣戰。太平洋戰爭的開始日期，是日本於 1941 年 12 月 7 日突襲珍珠港算起。歐洲戰場戰爭，於 1945 年 5 月 8 日結束。中國與太平洋地區的戰爭，於同年 8 月 14 日結束。三個戰爭彼此牽連，卻又各別進行。全球捲入戰爭十餘年，死亡人數幾乎近一億人。實是人類有史以來最為巨大的戰禍！

　　中國戰場部分，已於前章敘述，此處不贅言。太平洋的戰爭，其實是與中國戰場一樣，都是因日本擴張帝國的野心而起。歐洲戰場的戰爭，可說是第一次世界大戰（歐戰）的延續，都由於英法抵制德國的崛起。同時，這一次戰爭以後，歐洲不再是世界權

力結構的核心地區，國際列強的互動，從此進入全球性的格局，竟可說是「全球化現象」的具體呈現。最堪注意者，美國再度介入歐洲戰場，也因美國的加入，決定了同盟國的勝利。從此以後，美國一躍而為世界超級強權，甚至漫漫然有獨霸全球之勢。蘇聯的崛起，成為可與美國分庭抗禮的強權，則是歐洲邊陲，以其擁有巨大發展的腹地，遂改變了歐洲地緣政治的佈局，舊日歐洲核心（英法德義）的整合，以致有後來西歐與東歐的對峙，卻又預伏了日後歐洲聯盟的逐漸形成。

這一場大戰，主要的參戰者，英、法、德、義、日本、美國，都是擁有殖民地的帝國主義列強。戰爭期間，他們的殖民地也牽入戰爭。尤其太平洋戰場，日本攻略之處，除了中國之外，都是歐美列強的屬地。戰爭的死亡與毀滅，殖民地的小民百姓首當其衝。例如，日本山下奉文的軍隊在馬來半島與新加坡，殺戮當地平民數十萬人，均為馬來與華人族群。日本自稱為東亞的解放而戰，其實只是從歐美手中奪為己有。東亞族群，無非是在虎狼爭食時，再一次蒙受荼毒而已。又如，北非戰場上，英德坦克大量會戰，分別以數百輛坦克，縱橫數百哩，決戰於非洲的土地上，也不是非洲族群的選擇。臺灣與琉球的百姓，為了日本帝國主義的擴張，在戰場上擔任軍伕，家園遭受轟炸，一般人普遍因為糧食被徵，長期食不充饑。……這些事情，都是無辜百姓為了別人的霸業，面臨死亡饑餓，而不能自己決定自己的命運。

大戰之後，列強精疲力竭，難以遏止殖民地人民要求自由的運動，於是舊日殖民帝國主義的屬地，紛紛獨立。尋求獨立的過程，往往是一次又一次的戰爭。法國屬地北非（阿爾及利亞）與越南的獨立戰爭，幾乎拖垮了法國；英國比較務實，採取妥協與

談判，非洲與亞洲的許多英屬地區，除了香港之外，都獲得自治權，由此逐漸獨立成國。戰敗國的屬地，有的獨立建國（如韓國），有的地方則是主權轉移到勝利者手中，成為託管地（如太平洋的許多島嶼），這些地區日後也終於各自建國獨立。第二次世界大戰，毋寧使列強割據的世界重組為全球性的列國體制。國族主權國家，在第二次世界大戰結束後的一個世代內，成為人類生活群體的主要型態。

人類互相廝殺，在使用火器後，由冷武器轉變為熱武器的戰爭。第二次世界大戰，戰爭由平面轉為立體。雙方大量使用空中攻擊，飛機助戰，飛機轟炸將死亡從天空投下。三個戰場上，空戰優勢常是決定勝負的重要因素，空中襲擊改變了戰爭的方式。德國的閃電戰，必先由空軍炸射，取得制空權，大量機械的部隊接著潮湧而至。第一次世界大戰的壕溝與碉堡，都不能再用。日本偷襲珍珠港，轟炸機群從航空母艦起飛，遠程奔襲。美國的太平洋艦隊，損失慘重。戰爭之中，不再有前方與後方的分別，中國的重慶及其他內地城市，英國的倫敦……都為敵人的空襲轟炸，數度成為瓦礫場，軍民百姓死者無數。1942年以後，美國參戰，盟國空軍也大舉轟炸德國與日本的軍事要地（如軍火工業所在地、電廠、機場、港口），也造成城鎮全毀，數以萬計軍民的死亡。如1945年8月，美國在日本投了兩枚原子彈，整個城市，二十餘萬人，一瞬間灰飛煙滅，更是致命一擊，開始了戰爭恐怖的新頁。

這次大戰，德國以報仇雪恨之心，致力發展重工業，為其第一階段；卻又以美國發揮巨大生產潛力，投入戰爭，為其第二階段。戰爭不再是沙場上人對人的對決，也不再是武器與武器的較量。戰爭遂是敵我生產能力的對比，誰擁有強大的再生力量，誰

就能壓倒敵人，取得全盤勝利。大戰初起時，德國養精蓄銳，發展重工業，以此能力生產了大量戰機、戰車、巨砲、戰艦與機動車輛，德軍一出，鋒不可當，英法無招架之力。德軍侵俄，三百萬大軍，排在數千里長的戰線上，迅速推進，蘇俄也有數百萬大軍，還是擋不住凌厲攻勢。直到兵臨列寧格勒，蘇俄堅守不退，方有後來的轉機。中國戰場上，日本軍隊的勝利，主要還是由於日本生產能力，裝備了一支擁有強大火力及機動性的侵略軍。美國參戰，以美國的工業基礎及資源，遂能在參戰時，立刻編組強大武力，在歐洲扭轉了盟國的頹勢。珍珠港的重大損失，美國只花了半年時間，即有更多的飛機與戰艦投入戰爭。大戰晚期，以生產海軍運輸船的能力而言，大型船隻（如自由級與勝利級，均為載重數萬噸），美國可以一天有一艘出塢投入服役！

　　除了生產能力，科技創新能力也是戰爭勝敗的因素。傳統的造艦、造機、造槍械的技術，固然在戰時不斷改進。創新的部分，有不少轉化為平時生活中的重要項目。舉例言之，雷達與聲納，是以光線或聲波反應的遙測工具，第二次世界大戰發明這兩項工具後，現在已廣泛的使用於交通、醫學……等方面。噴射機在戰後轉為民用航空器，完全取代了過去的螺旋槳民機。原子彈在日本廣島與長崎，是史無前例的毀滅性武器，但在戰後，核能發電已是許多能源之中，頗為重要的一種。在日常生活中，電訊、醫療均能見到其放射性同位素的用途。其他在戰爭中發展的東西，不限於此，不必一一敘述。戰爭之中，人類自相殘殺，本是不祥之事。這些為了殺人而發展的事物，竟有和平時的用途，本非初料所及，我們也不應因此而歌頌戰爭。

　　總之，這是一次人類空前的浩劫，人類彼此毀滅，其規模之

大、方式之多，均已臻極點。第一次大戰終止時，大家曾以為那是一場終止戰爭的戰爭 (The war to end war)，但是，只旋踵間，人類又掀起更大的第二次世界大戰！世上還有沒有第三次世界大戰？我們向眾神祈求，不要再有戰爭！如果再有一次大戰，則將是終止人類生存的戰爭 (A war that ends human world)！

46. 國共內戰

　　國民政府與中國共產黨之間，曾有廣州時期的短暫合作。北伐軍起，蔣介石系統的國民黨在南京定都，左派的國民黨則與共產國際的中國共產黨在武漢另立中央，是謂寧漢分裂。國府清共，在上海打擊親共的勞工組織；那時，國共實際已經展開武裝對抗。1931 年，中共調集分散各處的力量集中於江西，建立了中國的蘇維埃政權，國軍多次圍攻。1934 年，中共撤離江西，遠赴陝北。這次「長征」，中共出發時，大約有十萬之眾，在江西與湖南，散去不少，到達延安時，僅剩二萬餘人。「長征」由江西西行，經過湘、桂、黔、滇，轉向西北，入川邊，穿越少數民族居住的山區與草地。國軍尾追，上述各省的地方軍奉命攔截。但是，地方軍畏懼中央力量乘勢進入自己的駐地，因此不認真攔阻共軍。那些少數民族的領袖，也同樣寧可讓共軍過境，不想有中央軍進入自己的領地。

　　中共在 1922 年即已建黨，黨員大多為知識分子，多年努力在城市的勞工中發展，成果有限。江西時期，中共在農村展開工作，

卻又中途不得不撤離江西，組織農民的工作，也中途而廢。

　　長征是中共的轉機。1935 至 1937 年，日本圖謀侵略中國日亟。駐陝的東北軍，為了九一八事件失去了家鄉十分憤恨日本，希望中國人團結，一致全力抗日，反對執行「剿共」的任務。中共在延安，因此有了喘息的機會。

　　1937 年抗戰開始，中共宣言放棄蘇維埃，受中央政府編制，改編為國軍第八路軍（又曾號為第十八集團軍）。並且宣稱，配合全面抗戰，全軍開赴華北，加入作戰序列。而此時，北方諸省已為日本佔領，中共派遣組織人員，在華北各地組織游擊隊，也併吞國軍流失於敵後的零星單位，得以趁機在正面戰場的敵軍後方，建立自己的基地。在抗戰時期，據日本軍方資料，七成力量用於正面戰場與國軍周旋，三成力量用於控制已佔領的領土，其中大約一半力量，對付中共的游擊基地。日本在華北的「清鄉」，以「三光」（殺光、搶光、燒光）企圖消滅抗日力量，卻引發了敵後中國人更多的抵抗。中共控制的地區，日益擴大，在敵後的山西、河北、河南、山東四省的「邊區」及江蘇北部，都有中共新四軍建立的基地。

　　抗戰八年，在「抗日」的民族主義號召下，中共建立了農村中的政權。中共能夠成功的組織農村，當由於敵後農村，為了保家衛鄉，接受愛國抗敵的號召。也由於十九世紀以來，北方農村經濟衰敗，地方菁英離鄉外流，地方層次的權力結構，又因國府撤退，縣級行政癱瘓廢弛，中共組織力量得以填補留下的空白，趁機發動鬥爭，改變農村權力結構，從此控制廣大農村。

　　中共在敵後基地，獲取了組織農村的經驗，不僅因此在抗戰期間發展了大片疆域，控制了千萬人口，而且也使中共在 1949 年

以後，能夠編組中國廣大的農村，撐起以農民為基礎的黨國力量。因此，黃仁宇曾說過：國府重組了中國的上層結構，中共則整合了以農村為主的下層結構。

1945 年，日本投降，中共立即指令敵後軍隊，挑戰還在重慶的國民政府，國共內戰於焉再度開始。內戰四年，國府失敗，遷往臺灣！國府失敗的原因，不只一端。抗戰八年，後方饑餓貧窮，已經精疲力盡。數百萬國軍，打了八年仗，都想早早復員回家，誰也不願再為蔣介石打中國人。士無鬥志，力量枯竭，國府雖有美式裝備，怎能再打？相對而言，幾次大戰役，國軍都須由遠處調來，《孫子兵法》：百里而趨利，必蹶上將。反之，中共軍隊在自己家鄉附近作戰，地利人和，都不是國軍能夠相比。因此，在軍心思歸，士氣不振之外，純從軍事因素看，國軍也難不敗。

國府在後方苦了八年，物資不足，通貨膨脹，東下接收淪陷區，將敵後地區貨幣兌換已經貶值的內地貨幣，兌換比率，十分不利淪陷區居民。原來等待王師，等來的竟是國家用兌換率劫奪每一個人的財產。這一錯誤政策，使國府失去淪陷區的人心！再加上國府接收「敵偽產業」時，執法過當，許多窮了八年的官員，貪污腐敗，無所不至，也使百姓寒心，人心思變，不願再支持國府。

蔣介石在定都南京時，已經建立專制集權的統治體制。抗戰期間，為了集中力量，抵抗敵人，大家可以忍受這一獨裁政權。抗戰結束，全國希望政府和平建國，能夠實踐三民主義、五權憲法的民主憲政。然而，蔣氏及其部屬，以「反共」的口號，更加強了集權統治。知識分子推動民主化，遭蔣氏特務的迫害，學生運動更遭武力壓制。因為人心已失，蔣氏並不悔悟，反而強化其

獨裁，懷疑一切諫諍，偏信自己的部屬。於是在政治、經濟及軍事諸項決策，十有九錯，終於走上敗亡的命運。

　　蔣氏如果在制定憲法時，能夠認真實踐還政於民的承諾，國府未必不能因為行憲而獲得不少人的支持。然而，蔣氏主導的大選，其實是為了繼續掌握權力。大選之事，使國府體制的各派各系，分崩離析，為內鬥耗盡人力及時間，遂使國府政令不振。前線戰事又因蔣氏指揮失當，節節敗退，終於幾次大戰中，國軍不斷潰敗。

　　最後一根壓死駱駝的稻草，則是「金圓券」的幣制改革。由1946年開始，中國出現嚴重的通貨膨脹。為了挽回幣信，政府改革幣制於1948年發行金本位的「金圓券」，並且收繳民間的黃金與外幣。然而，金圓儲備不足，再加上貨幣集中於上海，為人操作投機。大量貨幣集中一地，形成「腦溢血」症狀的惡性貶值。一年不到，金圓券已成廢紙。全國中產階級，全為此破產。此時，國府的心臟地區，民心大失，前線作戰的軍隊，士氣不振。

　　蘇聯在二戰末期，日本敗象已經顯著時，忽然揮軍佔領中國東北各省，直接將各地區日本軍械和軍中日本技術人員，交付中共。中國政府接收工作受蘇聯阻擋。國共在東北交鋒，國軍不能抵擋日式裝備的原滿洲國軍隊，失守東北。徐蚌（中共稱為淮海）一戰，數十萬大軍為中共圍困，不能突圍，以至全面崩潰。中共大軍，涉長江，蔣介石辭職，李宗仁及國府殘餘，不能在廣州立足。中國大陸，遂為中國共產黨的政權取得統治權。蔣氏退居臺灣，那些事跡當在另章討論。

　　國共內戰，其實從1931年算起，到1949年，打了十八年。蔣介石本來有機會建立一個現代中國，卻因外有日本侵略，內受

自己集權專制的私心所害，遂將 1930 年代的建國基礎，付之東
流。國共兩黨對抗，都曾以民主自由為口號。許多人，尤其知識
分子，徒然盼望民主政治，而不見其實現。大敵當前時，民族主
義與愛國熱忱，無疑使大家願意在「抗日禦侮」的大帽子下，容
忍兩個政黨同樣的集權體制，以為在消除外患後，中國的命運可
以走上坦途。不幸，歷史並不如此！數十年了，中國還在掙扎！
蔣介石專制，剛愎自用，掌握大權，身邊遂多阿諛之輩，天天奉
承，日久之後，蔣氏真以為自己總是對的，於決策用人，犯了錯
還不自知，結果是：不到失敗，不會覺悟。蔣氏誤國，也自誤，
堪為「權力腐蝕人」一語的明證。

$47.$ 光復後的臺灣

　　1945 年，日本向盟國投降。基於盟國間協議，日本放棄侵略他國佔有的領土，臺灣回到中國。此時，中國內戰已經開始，美國駐臺外交人員，有人計畫由美國佔領臺灣，不交給當時無力東顧的中華民國政府。美國政府卻不以為然，中國政府也派遣陳儀來臺接收臺灣的統治權。在舊金山和平會議上，海峽兩岸的兩個中國政府都沒有出席，日本則在和約中，完全放棄甲午割臺以後的對臺主權。1952 年，中華民國政府與日本政府簽訂和約，終止敵對狀態，並承認臺灣回歸中華民國政府。雖然 1945 年以後，在法理上，中華民國對臺灣的主權，未有正式和約為依據；但是中華民國在臺已實質擁有領土主權，而且國際間也無人提出疑問，是以 1945 年以後，臺灣是中華民國領土，已是具體的事實。

　　在抗戰後期，重慶的中華民國政府已籌備戰後接收失去的故土臺灣及歡迎流離的同胞臺灣人民回歸中國。中國政府招集了一批早就回到大陸的臺灣人士，組織成班，研討臺灣於光復後的種種措施，包括成立特區，以逐步融合於中國。陳儀是第一任臺灣

軍政長官，則是因為陳儀早年留學日本，乃是日本軍界的前輩，不僅日語流暢，也熟諳日本事務。

在 1945 年接收臺灣時，陳儀調來臺灣的國軍，是他在福建收編的游擊隊及地方武力。其時內戰已起，國軍諸部分赴各地，陳儀不調來國軍正式部隊，一則他以為收回中國失去的故土，應是和平的好事。再者，陳儀自己服膺社會主義，頗有在臺灣付諸實現的意願。是以他羅致了民社黨（即原來的國社黨）人員為幕僚謀士。他其實不願有國軍正式部隊駐臺，以致不能有控制臺灣的全權。可是，這一批改編的地方武力，並未經過正式訓練，不知軍紀為何物，他們的裝備也是拼拼湊湊，陳舊不全。這樣一支部隊，在基隆下船，立刻讓臺灣人民失望：盼望的國軍，竟不能與日本皇軍相比！他們行為失檢，任意取用民物，當然更引起百姓的鄙夷與仇視。

來臺工作人員，有一批素質優秀的公務員，例如嚴家淦、孫運璿等人，有專業能力，個人品行也屬上乘。可是也有一些敗類，操守能力俱劣，呼朋引類，盤據一個單位，視同私產（我所目睹，有一所中學從校長到工友，多數是福建永安同鄉，非親即故，別人不能滲入）。

國民黨內部，早有黨、團（三青團）兩個系統。國民黨來臺建立分支黨部，這兩個系統由競爭而至對立。於是陳儀的政權集團，與國民黨的黨團，儼然三國相爭。重慶時代參預接收臺灣計畫的臺胞，青春結伴好還鄉，此時在臺各人都有一片天地，為當地人稱為「半山」。這些人士中，頗有後來位據要津的顯貴。另一批從大陸返臺的臺灣人士，有的是日本在華事業的職員及在華工作的專業人士（例如東北的醫生、工程師），也有些是淪陷區內日

本委任的官員（如翻譯通事，也有偽政府的高官）。上述之類人士，第一類大致都是心懷故鄉，要回臺灣（例如連震東）；第二類是沒有政治立場的專業人士，第三類則多多少少與日本有些瓜葛。這三類人士，又往往與臺灣「在地」的社會精英，有切不斷的社會關係。1945 年以後，返鄉「半山」與在地親友，主客易位，恩怨糾纏，情緣複雜。是以臺灣社會，於日本人離去後，留下的政治與社會空間，填空的本地精英及政治勢力，卻是複雜無比。陳儀主政，其實不能掌握如此複雜的情況。他在二二八前後，對於臺灣情況的理解程度，似乎極不完整，也不準確。南京當局接到的資訊，又不在一線，彼此頗多矛盾。是以陳儀與南京，對於臺灣動亂，基於混亂的資訊，其對策也因之錯誤。

　　1945 年，臺灣本島，已在太平洋戰爭中，屢受美軍空襲，交通設施（鐵道、港口……）、工業（廠房、電路……）都大受損傷。為了支援前線，在數十年「工業日本，農業臺灣」的政策下，臺灣糧食大量輸往日本，本島食糧反而不足。戰爭期間，糧食配給，本島百姓的配額，只有日本人的一半，也少於「國語家庭」的配額。本島居民大多須以雜糧（例如番薯簽）補足不夠的飯食。大戰結束，日本生產的日常用品，來路斷絕，引發物價飛漲。臺灣產糖因為廠房受損，日本技師又已離去，產量還未復原。臺灣茶葉一向銷往日本，大戰結束，銷日路線一時斷絕。糖業外銷市場未及打開，臺灣的經濟大受影響。是以 1945 年以後，頗有幾年，臺灣百姓的生計極為艱困。幸而有嚴家淦、孫運璿等人盡力改善經濟，修復電廠及道路，臺灣始得逐漸恢復元氣。

　　臺灣百姓，民風樸實，在日本統治的初期動亂以後，社會相當安定，養成奉公守法的習慣。普及的日本教育及異口同聲的集

體資訊，臺灣同胞已習慣的認為優秀的日本民族應有其優越的地位。相對於日本，中國人的「清國奴劣根性」已無可救藥。尤其太平洋戰爭時期，大量臺灣青年參加日軍，或為軍伕，或為兵士。數萬臺灣同胞，因為參軍，得以成為「皇民」，地位不如日本軍人，卻是高於本地人。這一提升地位的機會，使許多臺胞認同於日本。他們對於來臺中國軍隊的惡劣印象，更加強了日本國族優於中國的觀念。一時之間，不少臺灣人對於中國及中國人，繼承了日本長期灌輸的歧視，而且於生活條件惡化時，又於輕蔑之上，加了一層仇怨。

　　二二八事件，本身起於細故，但因為對於中國認知的落差，擺脫日本殖民回歸中華原本可有的喜悅，遂因為仇怨，一發為暴力的排斥。陳儀資訊錯誤，誤導了南京當局的判斷，遂未能及早與臺灣社會領袖協商。而且臺胞提出的「自治」要求，又被南京理解為尋求獨立。於是，陳儀請求援軍，南京派遣國軍一師來臺，動亂雖平，卻因數百臺灣精英被害，造成了難以平復的傷痕。

　　二二八事件本身，被攻擊傷害的對象是外省人，因此傷亡的人數，無法統計；卻也有不少外省人得到本省友人保護，躲過了劫難。本省人士被害，可分為二大類：一類是在戰鬥中死傷，尤以高雄有要塞司令部與據守高雄中學的數百本省青年的對抗，及謝雪紅率領臺共組織數百武裝人員與嘉義空軍機場守備部隊之間的戰鬥；凡此二役，臺灣人士死者各有數百人。另一類受害的臺灣人，則是在政府追究動亂，以民間組織的「處理委員會」定位為「叛亂」組織。這些受害人，大多是民間有聲望人士，於一片動亂之中，出頭維持地方秩序，卻因此罹害！這批精英，有醫生、律師、教員、作家……，均是日治時代數十年積累的人才。臺灣

社會受此斲傷，其損失不能以人數計算！

　　二二八事件，犧牲的人數，有不同的說法。臺灣的黨外人士及民進黨，在列次選舉中，曾提出的犧牲人數，由一萬八千人到十二萬人，種種不同的數字。民進黨取得政權後，成立二二八事件賠償的基金會，接受當事人及家屬的申報，由國家賠償。到2005 年時，據這一基金會統計，二二八事件死亡的人數為八百餘人，加上失蹤與「其他」（例如死於牢獄），被害人數為二千餘人。核對行政院委託本省籍歷史學家調查報告敘述的當時各地動亂狀態與規模，與上述基金會所列各縣市受害人數相當一致。不過陳水扁總統在公開發言時，仍主張受害人數達十二萬人。他特別解釋：「因為許多原因」，受害人的家屬沒有向基金會提報。陳先生為國家元首，為了公道，他實在應當明白列舉，是哪些「原因」？使十餘萬人遺屬不願提出國賠要求。

　　二二八事件後，陳儀即被撤職，當時蔣氏政府卻未因此查辦陳儀失職釀亂，殺害百姓的罪行。過去半個世紀，不少人曾建議政府向人民致歉，並賠償受害者。我即曾四度籲請政府公開致歉。但蔣氏政府從未採納這樣建議！於是臺灣族群間的裂痕，始終不能有所療治。

　　二二八事件的痛傷外，臺灣光復後，一群「半山」人士，努力推行國語運動，雷厲風行。臺灣鄉音為閩南、客家及原住民方言。日本佔領臺灣，執行國語（日語）政策，要求臺灣認同於「內地」（日本本土）。光復後，又一次推行「內地」北方官話為「國語」，遂使臺胞又一次「有口難言」。這一否定百姓母語的心理傷害，也使族群隔膜更形嚴重。

　　總之，甲午割臺，臺灣淪為日本殖民地，臺灣同胞地位，長

為日本的二等國民。經過五十年的屈辱，臺灣重歸故國，本應是
令中國歡欣鼓舞的盛事，卻因為五十年的隔離，臺灣人民經歷了
不同的歷史，又已有不同的集體記憶，及由此而起的自我定位。
如果沒有中國的內戰，臺灣與大陸之間，經過一段磨合與調適，
終究會漸漸和平融合。可惜，1945 年時，中國內戰已起，政府未
能妥善的處理臺灣回歸。終因大陸官方與臺灣民間，彼此認知有
嚴重落差，遂因二二八事件，釀成巨變。政府又未能妥為「善
後」，在混亂之中，臺灣精英蒙受災害，死亡千百計，還不知道哪
一個單位是殺害平民的兇手！如此歷史悲劇，即使今日盡力撫平，
也已造成難以彌補的深刻巨痛。

48. 二次大戰後的世界情勢

　　大戰結束，曾是戰場的各國，遍地瓦礫，瘡痍滿目。在廢墟上，世界的新形勢正在形成。其中有戰爭的後遺症，也有前所未見的新興事物。

　　勝利者瓜分了戰果，英法美蘇分割德國領土，三個西方國家佔領了西部，蘇俄佔領了東德。德國首都柏林市，也一分為二，由西方列強與蘇俄分管。亞洲地區，越南分為南北越，朝鮮分為朝鮮與韓國。中國的東北，曾由蘇軍佔領，中國努力交涉，蘇軍始撤退，但也將日本在東北建設的工業，凡是能夠拆卸的，全拆運回國。蘇俄原本也有四國（蘇美英中）瓜分日本的建議。蔣介石極力反對，美英也不願讓蘇俄取得太多；於是，除了蘇俄佔了庫頁島及北方四島，日本的本部由美國太平洋統帥麥克阿瑟佔領，監督日本改變國家體制，除去天皇的「神性」，仍為國家元首，實行虛君立憲、日本新憲法、廢除日本武裝。這樣一個新編組的世界格局，影響至今。到今天，德、越都已統一，韓朝仍舊分割為兩國。「慘勝」的中國，則內戰尚未終結，國土分屬國共兩個不同

的政權統治。

　　1945 年，盟國根據大戰期間，羅斯福總統在《大西洋憲章》宣佈的原則，邀請世界各國，成立聯合國組織，代替第一次大戰後成立的國際聯盟，作為維持世界和平與國際合作的機構。這一新的國際組織，由於美國與主要盟國的支持，其功能超過過去的國際聯盟。聯合國的安全理事會，由美英法中蘇五國為常任，再加若干輪流的理事，執行聯合國事務，另有聯合國的大會則由世界所有國家派遣常駐代表組織。上述五國，擁有對於重大事務的否決權，於是，五個大國聯合執掌了世界事務。如果他們無人反對，則聯合國的決議大致可以付諸實現。這一機制，有其缺陷，在涉及五個大國本身利益時，聯合國不能有任何作為。在聯合國的大傘下，還有許多各有職掌的國際組織（例如教科文組織、世界衛生組織、糧農組織、國際法庭……），世界各國的「主權」，在新的結構下，實際上已不是完整的，也不再是至高的，世界的共同福祉，取得高於國家主權的位階。

　　在紐倫堡與東京，盟國的法官組織國際法庭，審判德國、義大利與日本的戰犯，控訴他們危害人類福祉及破壞世界和平的罪責。這些規劃侵略戰爭的人物，分別論罪處罰（日本的天皇，則未列為戰犯）。這是人類有史以來，第一次以人類的福祉與世界和平，作為不可侵犯的價值。

　　聯合國的設計與執行，至今仍多不足之處。戰犯法庭的審判，已有人提出「勝利者的公義」，不足以服人之心（尤其日本至今仍不願承認在中國戰場及太平洋戰場上的屠殺罪行）。但是，世界人類的位階，至今在理論上，已置於國家主權之上。這是人類歷史上的一樁大事！沒有這一步，人類社會不能超越國族為終極單位

的狹窄境界！

　　在還沒有正式參戰前，美國已以「租借法案」援助盟國作戰。美國參戰，更是以其強大生產力，扭轉戰局，擊敗德義日軸心之國。戰爭結束，不論勝利者，抑是戰敗者，各國都是百廢待舉。美國對於歐洲諸國，以「馬歇爾計畫」全力幫助西歐各國重建家園。在不到十年間，歐洲的工業已大致復甦。受戰爭創傷最嚴重的西德，等於從頭開始，西德遂擁有最為新穎的產業結構與生產設備。在亞洲，中國等國家，也在聯合國的救濟及重建計畫，獲得美國的援助。中國內戰方終，未能有復甦之效。日本則在麥克阿瑟主導下，尤其 1950 年韓戰爆發後，得到美國全力支持，重建工業，擔起韓戰美軍後勤支援任務；日本也因此擁有嶄新的現代工業設備。德日兩戰敗國，竟成為美國之外，戰後最有競爭力的工業國家。

　　美國在大戰期間，全力支援盟國，國內動員人力物力，已至極點。美國組織了人類歷史上最強大的生產力。戰後支援各國重建，乃是消化已經建構的巨大生產機能。美國遂成為全世界的主要工廠，由 1940 至 1980 年，達四十年之久。美國國家及個人的富足，遂為舉世之冠，至今美國的國力，他國仍不能比擬，只是富裕日久，不免驕惰，現在已呈現頹象了。

　　蘇俄在戰爭期間，以共產黨集權，迅速的組織了強大的生產力，全力投入補充軍備，遂能在戰爭後期，以強大武力反攻，席捲東歐。戰後，蘇俄毋寧是東歐主人，在東歐各國全面成立共黨政權，自東德以東，諸國無不奉莫斯科號令。在亞洲，蘇俄參戰不過十日，日本即因原子彈投降了，卻以勝利者的身分，在朝鮮（北韓）建立聽命蘇俄的政權。中國內戰中，蘇俄以東北繳獲的

日本武器，裝備中共第四野戰軍，扭轉國共力量的對比。中共建國之初，毛澤東全力秉持「一面倒」的原則，接受蘇俄領導。於是，一時之間，蘇俄據有東歐、東亞的共產國家，與美國分庭抗禮。過去共產國際以世界革命為目標，成就遠遠不及史達林在第二次世界大戰的成果。

　　大戰結束，聯合國標榜的人類福祉、民族自由、國家平等，及戰爭期間美國《大西洋憲章》所說「四大自由」（「言論自由、宗教信仰自由、免於匱乏的自由和免於恐懼的自由」）諸項觀念，揭櫫一個引人憧憬的理想。這些理想鼓舞了許多殖民地、人民，致力尋求自己的獨立。此時英法兩國正在休養生息，一時沒有鎮壓殖民地的獨立運動。於是在非洲，加納、利比亞、奈及利亞、阿爾及利亞、肯亞……各國紛紛獨立，埃及也從英國「保護國」

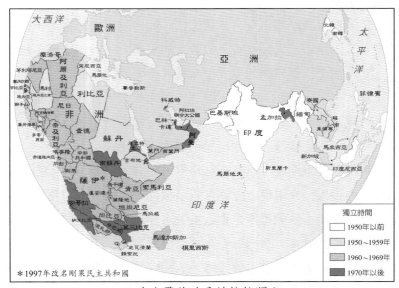

二次大戰後殖民地紛紛獨立

的身分，取回主權，並且爭回控制蘇伊士運河的權力。在東方，印度取得完全獨立，但是英國操弄印度次大陸的宗教紛歧，竟將印度分割為印度、巴基斯坦與錫蘭三個國家；馬來半島成立聯邦；新加坡又從馬來西亞獨立建國。英國的幾個重要自治領，加拿大、澳洲與紐西蘭，在戰後取得幾乎完全獨立的地位，只是由大英國協維持一個舊日帝國的框架。菲律賓在戰後，也獨立建國。越南與阿爾及利亞的獨立運動，遭逢法國的壓制。法國投入資源及火力，卻不能阻止這些殖民地的獨立。奠邊府一戰，法國大敗，黯然退出越南。阿爾及利亞的戰爭，幾乎拖垮了法國，戴高樂終於只有放棄阿爾及利亞，以保全法國。中東則因為以色列建國，而伊斯蘭教世界又因為英美控制油源，不願放手，情勢複雜，至今不能穩定，也不能自主。

　　戰後一連串的殖民地獨立建國，終結了十八世紀後西方帝國主義列強奴役全世界的局面，亞洲與非洲的許多民族從此能自立於國際社會。另一方面，歐洲列強在過去殖民時期留下的影響，依舊決定了這些殖民地自己發展的模式。例如，印度模仿英國的國會與內閣制，菲律賓模仿美國的總統制，兩者均為照本全抄。然而印度、菲律賓兩國的政局，卻完全與英美的型態不同。橘踰淮為枳，全盤抄襲，終究不能成事。許多從殖民地獨立的國家，還是應當從自己的文化背景及地理、資源……種種條件，各自摸索最合適的制度。

　　在美洲，自從十九世紀美國標榜「門羅主義」以來，中南美諸國，一向唯美國馬首是瞻。戰後情勢則大有改變，中南美興起革命的浪潮。左傾知識分子與窮苦工人、農人聯合，在多處發動社會主義革命運動。他們革命的對象，是富有的資本家與地主，

及保守的天主教教會。中南美國家，長久以來，常由軍人專政；美國政府也庇護這些政權，以維持美洲大陸的霸權。各國軍人政權，頗有淵源，彼此支援，天主教會內部卻是分裂的：上層高級人員與執政的政權合作，基層教區的教區教士則與革命分子通聲氣。各國革命分子也是互相支援，卻又有民族主義的情緒（例如：切‧格瓦拉）。是以由 1940 年後期至今日，中南美洲的「香蕉共和國」政潮起伏，革命不斷。古巴卡斯楚的成功，與中美桑定斯組織的活動，已明白顯示，美國獨霸的局面，終究不會永遠不倒。

> 香蕉共和國
>
> 　「香蕉共和國」最初指的是宏都拉斯、瓜地馬拉、哥斯大黎加等中美洲國家。其出產單一經濟作物（如香蕉、可可、咖啡），經濟命脈被美國大公司所操控，進而使其政治也遭受大國左右。

　　大戰之後的世界，的確在不斷動盪之中。從長程的人類歷史看，歐洲列強與美國代表的西方優勢，挾工業革命、資本主義，與現代武器的強大力量，霸據世界達三、四百年之久，壓制了非洲、亞洲與美洲的許多人類族群，掠奪了各地的資源，以成就白人的霸業，卻也由他們主導發展了人類的現代文明。經過兩次大戰，白人（及自以為脫亞入歐的日本人）自相殘殺，將全世界捲入戰禍，然而戰爭終結，他們也必須開始退出獨佔世界的霸業了。

第四篇　現代世界與東亞
（1950 年～今日）

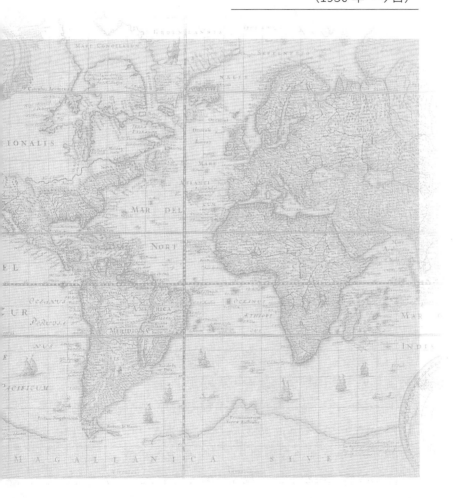

49. 國府遷臺

　　中國內戰，在 1948 年已經勝負分明。國民政府各路大軍，紛紛潰敗，蔣介石下野，副總統李宗仁接任。桂系在華中還有實力，原以為可以劃江而守，與中共南北對峙。但是，桂系部隊由武漢南移，越接近家鄉，士兵脫隊離軍的人數越多。大軍回到廣西，兵散不成部伍。於是，已由南京遷往廣州的政府，不能執行政務，李代總統飛美求援，一去不返。在臺灣的蔣介石，復行視事，廣州的政府單位，也遷往臺灣。1949 年，中華民國的「法統」，遂在臺灣繼續存在。

　　蔣介石下野後，不久即來臺灣。其時蔣氏倚重的助手陳誠已擔任臺灣省主席，為中華民國政府預先安排了退路。由此至今，已經將近七十年，臺澎金馬還是以「中華民國」為名號，與建都北京的中華人民共和國，共同構成「一中」觀念的「中國」；到李登輝主政時，「一中」卻已受臺灣「本土」觀念的挑戰。

　　國府遷臺之時，還有九十萬軍隊及數十萬平民，分別由各處遷來臺灣，使臺灣人口激增為六百餘萬。臺灣一島忽然增加了不

下二百萬的人口，以一島的資源，臺灣幾乎難以負荷！臺灣的經濟，已在別章約略說過，在日治時代，原是臺灣農業與日本工業互補的局面。大戰結束，臺灣與日本聯繫中斷，臺灣與中國大陸之間，又因為國府失敗，兩者互補關係未及開始，即已斷絕。再加上太平洋戰爭時，臺灣蒙受損失不少。於是臺灣經濟瀕臨衰竭。

我於 1948 年底來臺，曾經目睹當時的窘困。鐵路橋樑大多在轟炸中受損，原有橋墩常以枕木疊架為支撐，火車過橋必須減速慢行，乘客還須下車，從便橋步行，到了對岸，才可登車。臺北到臺南，車行須十餘小時。糧食供應不足，往往須以蕃薯補充米糧。兒童的餅乾，摻了不少雜糧粉，顏色黑黃疲軟。一般百姓，衣服不過幾件棉布單夾衫褲；天寒時，一層加上一層而已。大多數一般平民，至多一雙皮鞋；農村兒童經常赤足，在上學時才可穿鞋。臺灣房屋，鄉間是華南農居；城內房屋大半為日式，八疊「榻榻米」（蓆）的房間，往往睡上五、六人。我們曾有十七人擠在十八蓆的房屋，我與舍弟下半身躺在父母竹床下，上半身則在通道上！大陸來臺人士，固然如此，本地居民居住空間稍佳，但是貧富之間的差距，卻十分懸殊！

臺灣物資不足，於是物價飛漲。臺幣本來與大陸貨幣分隔，是以未受金圓券惡性貶值的拖累，幣信也已嚴重受損。政府第一樁事，即是改革幣制，以「新臺幣」兌換已經迅速貶值的臺幣。這一措施，仍是以臺灣省的臺灣銀行為主，為了間隔大陸幣信不良，新臺幣的發行量不大，有十足準備，每週公佈其發行數字，務求取信於民。歷史弔詭之處：金圓券改革時，政府收兌民間黃金外幣，是以大陸指責蔣介石，常謂蔣氏帶走了大陸的財富，並以此為臺灣日後經濟發展的本錢云云。其實，收兌的黃金及外幣，

在金圓券狂跌時，中央銀行每天在上海市場拋售黃金，希望能挽回狂瀾，終於無效。是以那次收兌的黃金外幣，轉眼間，大部分回到市場，徒然肥了投機客。國府運來臺灣的黃金外幣，為數並不多，僅夠作為新臺幣準備金，以及維持一個短暫時期的支出，購買全省生活所需、藥品、設備、器械等等。

政府在一切窘迫時，集合了一批能辦事的人士，爭取原已承諾，尚未運到中國的聯合國善後救濟物資及已承諾美援的未支部分，也購買太平洋戰爭期間的剩餘，儲存各處海島的武器與民間物品；於是將這些物資轉運臺灣，以濟軍民需要。同時，政府帶來的技術人員，填滿了日本技師離去後的空白，努力修復糖廠、肥料廠、交通設施及輸電系統。另一批幹才則致力開拓外銷，例如將臺灣糖推入世界糖市場，為臺灣爭取外匯。上述這些工作，大都是由大陸時結集於金融、實業⋯⋯等行業的專家負責。他們在資源委員會、美援會、經濟部、交通部、中央銀行、中信局⋯⋯等單位，累積了不少實務經驗，遂能於臺灣窘迫之際，發揮了「人才」的效用。這些人物的名單，包括嚴家淦、尹仲容、俞鴻鈞、吳鐵城、俞國華、孫運璿，以至後來稱為「科技教父」的李國鼎等人，外交方面的事務，則王世杰、葉公超等人，也有貢獻。

本省的人才，也發展民間工業，由日治時代的小型企業，與政府配合，努力成長為重要的生產業。例如，臺灣水泥，與國內建設同步成長，並將其盈餘開拓其他領域的企業。大同與國際，都從生產日用電器成長為足以供應國內需求，更進一步從內銷轉型為外銷於世界。他們為臺灣後來的經濟起飛，跨出了第一步。凡此發展的個例甚多，此處不須列舉。正是這種朝野內外的密切合作，使臺灣一步一步走出最為窘迫的經濟困境。

　　除經濟的困境外，臺灣在軍事方面，也十分危險。大陸新敗之餘，國軍能夠全身而退的部隊不多。一時之間，只有退到金門的胡璉部，在金門擊退來犯的中共軍隊。西北大軍，只有司令官胡宗南來臺，奉命據守定海諸島。青島撤軍，山東的國軍來臺人數不少，到臺後整編；一部分改隸其他部隊，一部分退役，解甲就業。孫立人奉命訓練新軍，成為政府重整部伍的重要部分。海軍損失了一部分實力，大部船艦來了臺灣，空軍全軍來臺，海空兩軍遂為防守海峽的主力。當時人心惶惶，有颱風消息，則鄰里相慶，以為共軍不能在大風中來襲了！

　　此時人心浮動，草木皆兵。中共善於滲透潛伏，蔣氏組織的特務人員，談虎色變，時時防範，常常抓人。他們破獲的潛伏分子及間諜，其中有些是真的，也有不少是冤枉的。今日我們稱為「白色恐怖」，錯殺了不少無辜。本省同胞剛經過二二八事件，及後遺的許多冤獄，如果將內心不滿與恐懼形之言辭，即有可能為特務捕捉入獄。大陸來臺人士，本來就是成分複雜，而且經過大陸易手的巨變，對於官吏貪污無能，自然有所批評；這些人更是當時「白色恐怖」的主要受害者。究竟多少人是真的中共潛伏分子？多少人是蒙冤的無辜？今日已難計算。總之，這是一個悲劇的時代，一個錯誤會衍生一串暴行！又是歷史的弔詭：在此悲劇時代的臺灣，潛伏分子竟未能發生作用！

　　國民黨本身，於來臺之後，在蔣介石自己主導下，重新編組為權力集中於黨部中常會的建構。中常會不啻是蔣氏的小內閣，由行政院及其他重要單位的主管組成。中常會通過的大原則，在政府各單位經過法律程序執行。這是一個以蔣氏本人的威權，經過政黨，指揮政府，既不是一般所謂內閣制，也不是總統制。在

此威權體制下，蔣氏真正定於一尊，其權力之穩定，為他一生所
未有。

　　國民政府遷臺，將「中華民國」的名號，以及其「法統」，帶
來臺灣。這一剛從日本殖民地回到中國的島嶼，從此任重道遠，
半個多世紀，背負了沉重的「中國」！在 1949 年以下數年，臺灣
於千辛萬苦之中，還經歷這一蛻變，其困難可知。另一方面，臺
灣經此蛻變，未淪入中共之手，竟免去了此後數十年的許多「革
命」大劫。在蛻變過程中，臺灣背負了一個「全國政府」，卻也因
此有一大批來自九州四海，各方的幹才，配合本地人才，盡了全
力，為臺灣拔出困境。歷史的弔詭，在這一段故事中，最為難以
評估其對錯得失。

50. 冷戰的世界

　　俄國的共產革命，對於資本主義國家，當然是應予關注的警訊：資本主義必須面臨嚴重的挑戰了。第一次世界大戰將要結束時，西方各國鞭長莫及，難以直接干預俄國的革命。在遠東方面，美國、日本等國卻派軍進入俄國的濱海地區，援助「白軍」，與紅軍抗爭。這一舉動，卻未成功；蘇俄則記恨在心。第二次世界大戰，蘇俄與英、美共同抵抗德國，暫時將敵意放在一邊。德軍深入俄境，蘇俄急盼盟國早日打開西線戰場，但是英軍自顧不暇，不能強力牽制德軍，蘇俄為之氣憤不平。反之，在遠東戰場，美國希望蘇俄早日參戰，牽制日本；蘇俄又觀望不動，直到戰爭最後十天，蘇俄忽然揮軍直入北韓與中國的東北地區，不勞而獲，取得東北亞的優勢。這些事故，新仇舊恨，美、英與蘇俄互相猜忌防範。四國共佔德國，美英法三國與蘇平分柏林，都是對抗的姿態。

　　第二次大戰結束，蘇俄加上已經建立政權的中共，與英、美為首的西方諸國，儼然已是劍拔弩張的形勢。如果不是有了核彈蕈狀雲的陰影，彼此都投鼠忌器，第三次世界大戰早就開打了！

蘇俄很快也握有核彈在手，東西雙方更是彼此牽制，誰也不敢進入全面戰爭。於是世界史上有了所謂的「冷戰」。

西方與東方的冷戰，處處有抗爭。非洲各處，舊日西方殖民地尋求獨立，也常有因為國內不同勢力的競爭而有內戰。於是，美蘇雙方各自選擇一邊，給予武器，也幫助組織。非洲各處，幾乎都有西方「自由民主」與社會主義兩方的代理戰爭。在中南美洲，美國的「後院」，長期在「門羅主義」下，唯美國馬首是瞻。可是，這些西班牙語系的共和國，常是軍人掌握政權，與地主富商結合，把持國家資源，平民百姓長期不滿，遂為社會主義革命的溫床。這些國家內部，因為革命引發的內戰，也是東方與西方的代理戰爭。

亞洲太平洋地區，也與中南美洲情況相似，不過還加上民族主義的訴求，各處均有動亂，竟可說是合併了非洲與中南美洲兩種型態的鬥爭。又因中共建國的新形勢，激動了馬來西亞、菲律賓、中南半島各處的鬥爭。在太平洋戰爭中抗日的游擊隊，大都轉變為獨立運動的左派武裝力量。亞洲地區，可謂烽煙四起！這些戰爭，後面也有東方與西方大國的支持，同樣也是代理戰爭。

兩方對峙，用中國演義小說的套語，兩陣對圓，總會有直接的衝突，甚至雙方主將，也不免出面。第一個回合是柏林的封鎖戰。柏林市座落在蘇俄佔領區內，但是由四國分別佔領一部分市區，西方三國的佔領區，合為西柏林，蘇俄的佔領區，則是東柏林：一個完整的都市，硬生生被切割為兩半！西柏林的日用必需品，必須經過蘇俄佔領的東德，方得輸入。蘇俄封鎖柏林四周的公路與鐵道，斷絕西柏林的生活資源。美國不甘示弱，動用了大量飛機，連續由空中輸送補給，幾乎一年之久（1948～1949 年）。

蘇俄終於允許西方以鐵路專用列車輸送西柏林的日常維生資源。這一次較量，美國是依仗雄厚的經濟實力及空運量，遂能佔了上風。

在遠東的直接交手，則是韓戰（1950～1953年）與越戰（1961～1975年）兩役。這兩次戰爭，都是在第二次世界大戰後分裂的國家，兩個分裂的一半與另一半的戰爭，後面則都有民主國家陣營與社會主義國家陣營參預。韓戰中，蘇俄裝備的中共「志願軍」直接投入戰場，以數十萬眾，與麥克阿瑟指揮，以聯合國軍隊為名的正規美國軍隊，拉鋸作戰達三年之久。終於還是沿北緯三十八度線休戰。這一次大戰對於中共的影響，另章再予敘述。

越戰則是越南獨立戰爭的延長。第二次大戰結束時，中華民國軍隊接受北越地區日本佔領軍的投降。越南獨立運動（越盟）領袖胡志明，在北越組織，向法國爭取獨立。1954年，經過八年奮戰，武元甲指揮的越盟，大敗法軍於奠邊府，法國承認老撾與柬埔寨獨立，越南則一分為二。南北兩個越南對峙，北越是由蘇俄與中共援助，南越則由美國援助，雙方持續衝突。1965年，美軍正規軍投入戰爭，打了十年，美軍傷亡累累，而不能取勝，終於因為美國百姓反對繼續在越作戰，美軍退出，北越取得越南全部國土。

在中東地區，英、美支持猶太人重建以色列。四周阿拉伯人伊斯蘭教諸國環伺，以阿多次衝突，阿拉伯國家由蘇俄獲得武器，卻還是贏不了以色列。中東石油資源為世界主要能源，為了爭奪控制中東油源，不僅東方與西方在這一地帶明爭暗鬥，中東各國之間，也是縱橫捭闔，分分合合。不過，中東地區的動亂，美蘇冷戰並非主因。幾個有豐富石油儲量的國家，國內也有民族主義者反抗英、美操縱，及不同教派之間的爭奪政權。由1948年以色

列建國至今，已經七十年，則是英美勢力在中東的據點。中東擾攘紛爭，從未安定。

美蘇冷戰的主要戰場，毋寧還是在歐洲。美國盡其全力，以馬歇爾計畫幫助西歐民主國家重建家園。西歐諸國經濟復甦，人民生活大為改善，西歐自由民主體制的國家，對於市場經濟重獲信心。美國是西歐集團的龍頭，以北大西洋公約組織為名，集合力量抵制蘇俄。蘇俄則組織了華沙公約的集團，集結東歐諸國的力量抗衡。兩個公約組織都有常設的武力，駐屯於歐洲的重要基地。這一民主國家與共產國家嚴陣相對的形勢，乃是美蘇冷戰的最主要型態。

雙方對峙，各自致力於整軍經武，美蘇核子武器的比賽是軍備競爭的一個重要項目。與此密切相關的競爭，則是發展各種飛彈，由近程至跨洲越洋，雙方不斷改進其投射性能。這一項目的登峰造極，則是發射載具、探測太空的科技。蘇俄於 1957 年發射第一個人造衛星，震驚全球。美國立即傾全力追趕，於 1969 年發射太空船登上月球。中間還有 1962 年蘇俄在古巴部署飛彈，直接威脅美國。美國擺出強硬姿態，不惜一戰，要求蘇俄撤除飛彈，一度情勢緊張，似乎大戰一觸即發！

凡此軍備競爭，雙方都投下巨大資源。美國與西方諸國財力雄厚，還可支撐；蘇俄終究力量不足。為了競爭，蘇俄榨取掠奪自己集團中的國家，中國即因為蘇俄壓榨資金，兩國關係由熱而冷，終於反目成仇。東歐諸國，更為直接受害者。而蘇俄在這些國家借《華沙公約》的名義，其高壓手段激起尋求自由民主及尋求國家獨立自主的雙重反抗，在匈牙利、捷克、波蘭……處處有大規模的抗爭運動。蘇俄終究在長期競爭中難以繼續，經濟難以

支撐。1985 年戈巴契夫進行蘇聯的改革，1991 年蘇維埃聯邦解體！冷戰四十年，美國勝利了！

四十年的抗爭，不僅雙方較量經濟實力，雙方內部也有制度上的變化。列寧、史達林，以至毛澤東諸人，以集權推行計畫經濟，指望實現社會主義的平均社會。經過數十年的嘗試，這一方式剝奪個人意志，竭澤而漁，終於證明其不可克服的缺失與錯誤。另一方面，民主國家集團，在競爭之中，實力日日增強，說明了自由社會與開放經濟足以啟動人人自發的積極性，遂贏得了「冷戰」。然而，也正在這一世代，西方各國，民權運動及勞工運動不斷，也必須調整其社會體制。西方諸國在四十年中，幾乎都發展了相當程度的社會福利制度，也在人權與民權兩個層面，都有了一定程度的改進。在熱核子戰爭的陰影下，雙方居然都能自行調整，避免了人類毀滅的厄運。

蘇聯解體

戈巴契夫執政後，著手蘇聯的改革，相對於過去較為開放，也開始鬆動了蘇聯及東歐共產國家。1989 年後，東歐各共產國家相繼放棄共產主義。1991 年 8 月，蘇聯保守派發動政變，軟禁戈巴契夫，政變雖告失敗，但是蘇聯即將改變已是勢在必行。從 1990 年至 1991 年，蘇聯其下的共和國已陸續宣佈收復主權，蘇聯開始解體。到 1991 年 12 月，俄羅斯總統葉爾欽與白俄羅斯及烏克蘭總統宣佈成立獨立國協，蘇聯其他加盟國紛紛響應，12 月 25 日戈巴契夫辭總統職，將權力移交俄羅斯總統，正式結束「蘇聯時代」。

51. 中共建國初期（1950 年代）

　　中共贏了內戰。1950 年 10 月，毛澤東在天安門廣場，宣告成立中華人民共和國。他的口號是「中國人站起來了」。顯然，他是訴諸中國人的國族情操，而不是社會主義革命的勝利。正如中共在抗戰期間，組織敵後游擊區，抵抗日本侵略，保家衛鄉的號召，能夠獲得普遍的支持。中共建國典禮上，社會主義革命的號召，其實並不突出。

　　中共建國之初，至少有兩年，全中國百姓在大亂之後，有了休養生息的時光。社會秩序很快就恢復了，金圓券的噩夢也已成過去。各地交通設施還未完全修復，至少各地物資已可有一定程度的流通。百姓的生活遂有顯著的改善。相對於當時臺灣的困窘，大陸的中國人曾有過大亂之後的休息。

　　此時，人心望治！百姓的盼望並不過分：有一段安定的日子，逐步改善生活。知識分子及城市中產階層，則盼望國家脫離獨裁集權，走向民主與自由。中共曾在與國民政府鬥爭時提出民主訴求，這些知識分子及城市中產階層以為那就是中共真誠的承諾。

1947 年，政治協商會議上，周恩來領銜提出了中國「和平建國草案」，開列了對於生命、言論、思想、居住等項目，人民應有自由，也主張政黨退出軍隊與學校。凡此主張，人民記憶猶新，熱切的指望新的政權真的會落實這些承諾。

　　兩年過去，南北韓交戰，蘇俄不直接參戰，卻支持中國的志願軍「抗美援朝」，大舉進入朝鮮半島。中國與美國，打了一個平手。這一次考驗，對於中國人民而言，毋寧證實了中國不必再屈服於西方列強；是以韓戰對中共政權，幾乎是確認了其合法性。

　　中共政權站穩了，中國的真正改變也就開始了。正面的建設，是第一次五年計畫。中國仿照俄國模式，全力建設以重工業為主的工業基礎。修復許多原有的工業，甚至加以擴充，也建設了一些新的工廠；日本在東北建立的煤、鐵、水電等工業，逐漸恢復運作。凡此建設，對中國戰後的重建，毋寧有重大的意義。但在世界水平而言，中國第一次五年計畫，至多是在恢復戰前的生產能力之外，稍微在生產數量上有一些增長，卻還不能認為是突破性的成就。——然而，饑者易為食，渴者易為飲，中國人還是頗為如此成績感到鼓舞，以為中國可以從此漸入佳境。

　　第一次五年計畫進行時，中共更努力於改造中國的社會與經濟結構。一般人常以為「三反、五反」是中共第一次全國性的運動，許多人為之犧牲。但是，真正的舉動，卻是三項「改造」：改造中國的農業、工業及資本主義的工商企業。中國工業遂以國有為主要型態，私營的大廠及商店，其所有權都轉移於國家。那些原主，有的掃地出門，有的徒有空銜。這些工商業的員工，其實並沒有獲得經營與管理的權力。「黨」卻是真正取得了實權。於是，城市中小工商企業與大型工業構成的經濟力，完全歸於中共

掌握，中國的工商經濟，遂定於一尊。

更為重大的改造，乃是改造中國的農業結構。到了 1950 年代，中國的農業人口還佔全國百分之八十以上。中國農業，各地雖有地方性的差異，基本上是勞力密集的精耕細作，以達到單位面積的生產力。農舍手工作業，於近代不能抵抗工業生產的產品，相對於過去而言，已經相當萎縮。農村為了求生存，更將投入勞力，換取農產。農家即使已有「報酬遞減」之窘，也不敢鬆懈。在這種情況下，工作意願的積極性，遂為生產力的重要因素。中國農村雖有地主，大多是由佃戶承租；佃戶在定租之外，所有收成都歸己有，於是佃戶有一定的意願，改善耕地生產肥力，也日夜辛苦，求取好收成。各地情況因土地資源及作物性質不同，各自有其土地所有與土地經營的型態。至於全國的情形，傳統中國，很少擁田千頃的大地主；佃農基本上都擁有承佃權，自己決定生產的項目與工作時間。

中共改造農村，早在抗戰期間，於山西等地的游擊區（「老解放區」），即已開始。他們將居住城市的地主當作漢奸，發動群眾，分田分產，攬取地主土地、住宅與家具。這種處分方式，當然使農村生產關係對立化，也改變了農村社會的內在權力結構。1950年代，改造中國的農村，即是將抗戰期間「老區」的分田分產，普遍的在全國進行。

這一運動中，農村家戶，分級為地主、富農、中農、下農與貧農五級。中共指令，每村都有至少百分之五的地主與富農，由群眾分田分產。於是，中共讓貧下中農（中農之中，有一些可能歸入富農）從打擊地主與富農取得田產財物，也由貧下農取得農村權力。——這一運動，無疑為中共政權奠定廣大農村的絕對控

制社會的權力，也取得了支配農產資源的權力。

　　另一項措施則是反「會、道、門」運動。傳統中國的城市與集鎮，有不少宗教團體（例如白蓮教、羅祖教），也有不少專業職工的組織（例如漕幫、馬幫），更多兩者混合的社團（例如洪門）。這些會、道、門與幫派，人數眾多，形成國家權力以外的民間社會。中共建國後，由於長江三角洲（尤其上海周邊）有國民黨的地下組織，寄託於幫會，中共必須全力剷除民間組織。反會道門運動的結果，中國民間的傳統勢力，一掃而空。

　　在知識分子及城市中產階層，中共則以「反右」運動抓了五十餘萬人，壓制有批評政府與黨、批評社會主義、批評「革命」思想……這些反右運動的受害者，幾乎一網打盡了在抗戰期間與內戰期間曾經對中共有所盼的人士；其中不少人在內戰期間，還曾盡力幫助中共，希望「新中國」能給予眾人憧憬的自由與民主。這些教授、學者、教師、作家、新聞與文化行業的從業人員，是中國積累了數十年的文化資產。菁英數十萬人犧牲了，中國從此是萬馬齊暗的局面，中共再無反對與批評的聲音。

　　以上所述諸項改造，中國的經濟、社會與思想，均由中共收攬於一尊。1957 年，中共又開始執行第二次五年計畫。工業建設的成果，在紙面上，也頗為可觀。但是，正因政權已掌握了絕對的權力，這一政權不再有可以覆核的機制，許多建設成果的數字，其中誰知有多少虛假。

　　最大的災害則是在農村大辦公社。政府以為農村分產，還是小農意識的結果；於是政府在農村合作社……等的基礎，強力推動成立公社，俾徹底實現農村所有制與工作制的集體化。政府使用各種「槓桿」，在全國普遍成立「公社」。在公社體制下，農民

不再積極工作，卻無忌憚的集體消費公社的財產，包括放開肚子吃，吃光了存糧。絕對權力集中於中央，幹部為了表功，又虛報了農作產量。政府正在為了償付蘇俄討索債款，按照地方上報的生產數字收繳稅款及產品。農村剛才有幾天大吃大喝，又必須繳付大額糧稅，接下去即是全國性的饑荒（對外號稱是「三年自然災害」）！這一大禍，餓死者為數以千萬計；然而在絕對權力的掌握下，一手遮天，真正的數字至今不為人知。

　　凡此舉措，都在毛澤東個人強力主導下進行。他在中共建國初期，已擁有絕對權力。毛澤東在離開西柏坡基地「進城」北京時，曾與中共許多領導分子約定：不搞個人崇拜、不要腐化……。但是權力會腐蝕人，絕對權力絕對的腐蝕人。西柏坡留下紀念房屋門口的銘刻誓約還在，中共已為自己的權力腐化了！毛澤東在三年災害時，不能不讓出權力，由劉少奇調整政策，以緩和已造成的災難——幾乎全國停產的災難。劉少奇時代短暫的調整，正如列寧在蘇俄曾有過的 「新經濟政策」，很快就有經濟復甦的效應。毛澤東卻忍不下這口氣，終發動了 1960 年代的文化大革命，消滅了劉少奇，將中國帶進另一波的驚濤駭浪。

　　中共最初十年，如果遵循與民休息的原則，不搞那些運動，中國可能不必等待鄧小平的改革，即已走上經濟發展的方向了。毛澤東個人的行事風格及中共革命政黨改造社會的企圖，改造了中國內在的結構，卻也因此將中國從安定休息，急劇的轉變為災難困窮。黃仁宇認為中共改造了中國社會的基層結構，政府力量從此可以下達農村。這一改變，卻使中國人付出了巨大而且深刻的代價。

52. 韓戰及東亞形勢

　　第二次大戰後，朝鮮半島沿著北緯三十八度線，分割為二。北半邊由蘇俄佔領後，扶植金日成建立共產國家。蘇俄在二戰末期最後十天參戰，大軍東出，席捲中國的東北與朝鮮，其實是揀了便宜。南部由美國扶植流亡在美的李承晚，建立親美的大韓民國。長久與中國並肩抗日，由金九領導的韓國復國軍，卻是完全落空。當時，以盟軍總司令名義佔領日本的麥克阿瑟則統率美國在遠東的海陸空三軍，統籌全局。在第二次世界大戰晚期，盟國曾有四分日本的構想，如同四分德國一樣，由美英中蘇各佔一區。中國內戰，國府情勢不佳，這一構想遂成空談。

　　1950 年，北朝侵犯三十八度線，南韓大敗。麥帥命令駐韓美軍，援助新建的韓軍反抗，將北朝軍逐回。此時，美國在聯合國通過以聯合國軍的名義，制止北朝南犯，聯合國軍到達鴨綠江邊。蘇俄是聯合國一員，不能出面參戰，遂支援中國，以「志願軍」名義，大舉進入朝鮮戰場。美國未曾料到此事，面對中國數十萬大軍，連連敗退。從此雙方進退南北，互相攻伐，勝負難分，達

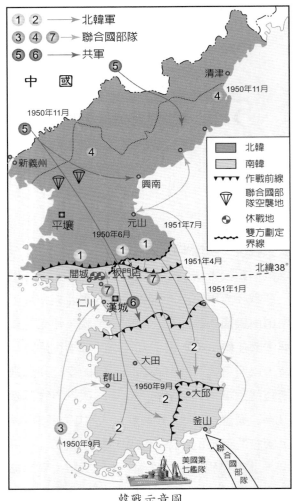

韓戰示意圖

三年之久,方有休戰談判,於板門店達成停戰協議,南北對峙,
至今依然。

　　韓戰之役,對於東亞形勢,有決定性的意義!1948 年中國內

戰，國府方面，敗象已十分顯著。美國權衡得失，一時不能決定如何處理中美關係。眼看中共即將建國，美國的興論偏於接受中國的新政權，在適當時機與中共建交。另一方面，美蘇冷戰方起，自由民主陣營的美國，已經防範共產政權在中國立足。這一矛盾心情，在當時美國呈現為相當尖銳的意見紛歧，甚至左右派對立。當時杜魯門政府的國務卿艾契生，遂有不支持國民黨政府的白皮書，卻又並不承認中共政權。韓戰一起，中共參戰，美國遂別無選擇，以中共為敵，回頭支持已退居臺灣的國民政府，並且派遣第七艦隊巡弋西太平洋及臺灣海峽。

這一新形勢，在美國的全球戰略，有其一定的影響。歐洲以《北大西洋公約》，凝聚西歐，發展經濟，也逐漸組織為區域性的共同安全體制。相對而言，在遠東的陣營，美國在韓戰中，自己挑起大樑。第七艦隊與陸空兩軍的駐防基地，將日本、琉球、臺灣、菲律賓，連接為弧形島嶼鏈，以南韓與臺灣海峽為其主要鋒面，而以日本為後勤基地，夏威夷為第二線。法國在越南挫敗，美國又將中南半島列入防線，同時也以新加坡、馬來聯邦與澳洲、紐西蘭的英國防線，互相支援。美國這一東方大戰略，至今仍可見其格局。

日本是美國的遠東主要後勤基地，美國在日本投下人力與資源重建日本的工業，以維修與供應部署於東亞的軍事設施與裝備。為此，麥帥總部全力扶助日本原來的企業，更新其設備，提升其技術，也將美國在大戰中開發的大量生產模式，移轉給日本的工業。日本戰前及戰時的軍國主義，是由軍人、財閥共同建構的。日本的政治人物，在軍方勢力籠罩下，也早已聽命於軍方。這一軍方、財閥與保守主義政客之結合，正是麥克阿瑟最為中意的力

量。是以，雖有遠東國際法庭的判決懲治了一些戰犯，日本的自
民黨，代表上述之結合，在麥帥總部的庇護下，連續執政數十年，
其勢力至今未衰！另一方面，日本在戰後曾經一度十分活躍的勞
工運動與學生運動，被美國認為過分偏左，經過美國與日本政府
的抵制，日本社會的保守主義也復活了。日本工業復甦，經濟繁
榮，人民生活富裕，工潮與學潮也不再有活動空間。

　　經過這一轉變，日本從戰前已有的經濟基礎，繼長增高，一
躍而為世界級的經濟大國。太平洋戰爭時期日本坦克軍打不下的
地方，都為豐田汽車、八百伴商場、日立電機……打下了日本東
方經濟霸權的天下。日本的工業設施，在第二次大戰中，大受空
襲的摧毀，韓戰之後，日本經美國支援建立的工業，其科技條件
最為新穎；因此日本的新建工業，是當時嶄新的。相對而言，美
國本土的設備已經老舊。戰後德國與日本的新建工業，其生產能
力一時超越美國水平。世界經濟實力的分配版圖，為此改變，以
至於今。

　　韓戰一起，中共投入戰爭，從此與西方各國長期成為仇敵。
至於中共是否因此孤立？則尚不能成為定論。在那一時期內，中
共其實還與歐洲各國保持相當接觸，並未閉關在「竹幕」之後，
中國自己的閉關心態，與其歸因於美國的圍堵，毋寧是毛澤東自
己的心態，投射於國家政策。中共與蘇俄之間，本來相當密切。
蘇俄以中共為韓戰馬前卒，中共兵員的損失不小，死傷不下數十
萬；相對於美國陣亡三萬八千人，失蹤者數萬，中共的損失不啻
五、六倍。蘇俄在韓戰中支援中共的費用，當蘇俄經濟拮据時，
竟強力討回欠債，中蘇為之反目，也引發了中共奪取民間資源，
在 1950 年代末的「三年災害」時期，使中國雪上加霜，民力大受

竹　幕

　　類似於鐵幕，竹幕是鐵幕在亞洲的擴展。冷戰期間，美蘇兩大陣營壁壘分明，雙方彼此較勁，不相往來，西方國家對東方的共產國家並不了解，共產國家也以隔絕封閉的態度應對，因此西方國家便以此稱呼中華人民共和國政權的勢力範圍。

損傷。另一方面，中共與美國在戰場上打成平手，對於中國人重建信心，具有劃時代的意義。在中共強壓之下，許多人雖百死而無悔，這一股國族主義的力量，實不可忽視。

　　在韓戰以前，國府實在已山窮水盡，內缺糧草，外無救兵。從上海帶出來的黃金與外幣，支撐了兩年的軍需民用，所餘已經無幾。韓戰一起，中共沒有足夠的海軍，臺灣海峽遂成天險。美國援助，對臺灣軍備與經濟，都及時的紓解了困難。從 1951 年以後，臺灣遂有時機重建經濟。另一方面，臺海對峙的中國分裂局面，經此轉變，發展為難以解決的死結。

　　韓戰對於美國，竟可說是第二次世界大戰後，另一次相當全面的戰爭。打了兩年多，死傷及失蹤人數不下十萬。在美國歷史上，當是僅次於南北內戰及兩次世界大戰的戰爭。美國國內反戰情緒高張，導致共和黨在選戰中擊敗了民主黨。可是新當選為總統的艾森豪，也只能將韓戰以長期休戰的方式保持對立而不能完全終結戰爭。

　　這一戰爭之後，美國投入越南內戰，又是以失敗結束。於是，從十八世紀以來，西方在東亞的節節勝利，轉變為一次又一次的

失敗。西方力量的優勢,在韓戰後,竟由巔峰走下坡了。

　　韓戰的實際戰爭,不過兩年,但是朝鮮半島的內戰,卻牽動許多有關的國家;東亞,甚至太平洋地區,各國之間的起伏興衰,都在這一戰爭後,發展為前所未有的變化,而其效應,至今還在進行之中。

53. 重整時期的臺灣

　　韓戰以後，東亞情勢成為美國對中共的圍堵。以臺海為界，中華民國與中華人民共和國從此隔海對峙，中國統一？還是臺灣獨立？至今仍是無解的難題。本章所論則是國府遷臺後，臺灣初期的發展。

　　國府於 1949 年遷來臺灣。二二八的慘劇還在，國府卻必須在這一海島上尋求安定。韓戰起後，有了美國的援助，臺灣一時安全無虞，重整經濟遂是急迫的課題。當時臺灣的經濟基礎還是農業；一部分是供應食糧的稻米與水果，一部分是農產加工業的經濟作物，尤其甘蔗、煙葉與茶，都是日治時代的臺灣農業支援「工業日本」政策下發展的情況。

　　臺灣在開拓時期，墾戶佔有大片耕地，再一級一級分別由地主、佃戶……耕作。另一型態的農業，則是農產加工業，工廠或商戶必須掌握原料來源，遂與農戶約定收購，農戶依約生產作物。因此不論生產食糧、作為大量外銷商品，或是提供工業加工之需，臺灣的農戶都有所有權與經營權的區別。這種情況下，臺灣農田

往往為較大面積的地主擁有所有權，放租給佃戶耕作：地主收取
地租，農戶以其收穫出售工廠或商家，博取繳租後的餘款。臺灣
農業經營，南部為稻米與甘蔗，中部到北部之間的山地，種植煙
葉、茶，北部則有稻米，也有茶。全島各處都有溫帶、亞熱帶與
熱帶的各種水果。

　　日本佔領臺灣時，殖民政權不願臺灣有強大的地方勢力，登
記土地所有權時，奪去當年擁有大片土地墾戶的支配權，是以原
來分領的租戶，成為實質上的地主。這些地主，擁有千甲的大地
主不多，大多是數百甲到數十甲的中小地主。耕戶之中，佃農與
自耕農的比率，大致是二成與三成之間。一個耕作戶能夠耕作的
土地，山地平地、旱田水田，及土地肥瘠分別，各有不同，大多
可以耕種數甲至十餘甲田地。地主家庭承襲祖業，不勞而獲，子
弟不願在農田中勞作，遂接受教育，成為醫生、律師，或從事工
商業。他們生活優渥，在鄉里有社會地位，也有地方事務的發言
權。佃戶終年勞苦，但求滿足衣食，不能奢望更進一步。自耕農
則差堪溫飽，也不能有整足的積儲。

　　國府在臺的土地改革，改變了農業人口的社會結構。三七五
減租與耕者有其田，兩個階段的土地政策，提高了佃農的生活水
平及社會地位，卻結怨地主階層，積為反對國府的潛因！

　　從事土地改革，是孫中山先生念茲在茲的大事。革命之初，
「平均地權」即與「驅逐韃虜」並列為主要的主張。後來在民生
主義中，為了杜絕地主不勞而獲大利，而有照價徵稅，漲價歸公
的土地政策。國府在 1930 年以後，也制定過土地法案，但是因為
內外戰爭，也因為國家財力不足以負擔償付地主的經費，這一政
策從未落實。中共在大陸的土地改革，全由革命暴力促成，付出

代價不少。相對而言，臺灣的土地改革，還是比較成功的。

　　臺灣土改政府能夠有一定的成果，一則政府握有日本留臺產業，可以用作償付地主的經費；二則當時政府與地主階層沒有人情瓜葛，可以徹底執行；三則配合土地制度的改革，當時農復會負有推動農業專責，全力提升農業技術，也有農業貸款等資源，經由農會、水利會，支持農業發展。農戶既能掌握有用的資訊，也有可以與內外經濟掛勾的機制，遂在很短時間，農戶即能提高其收入，也使農業總收益，有了大幅度的增加。

　　國府這一措施，平心而論，是為了社會公平公義的理念。在大陸時代，政府無暇執行，同樣的政策，別的國家，例如菲律賓，即未能成功，其原因則在於菲律賓地主階層的勢力強大，土改政策遭遇極大的反抗。

　　當時臺灣土改成功的效益，也不全在佃戶得益而已。這些正面與負面的效應可分幾面：第一，大約有三分之一的人口收入增加；他們新獲得的額外收入，轉向為國內市場的購買力。於是一些工商產品，因有了國內市場，得以穩定擴展，例如家用電器、紡織、建築器材……均一時而有蓬勃氣象。滿足國內市場後，這些產業有了餘力，則轉向開拓外銷市場，為臺灣後來經濟發展，奠定基礎。

　　第二，政府以日本人留下產業的股權，補償地主的土地價值。許多地主從此轉入工商業，農業資本遂轉化為工業資本，對於臺灣經濟轉型，具有發軔的作用。但是，也有不少地主習慣於不勞而獲，得了股票，折現為消費，坐吃山空，遂由富裕淪為貧窮。這些人怨恨政府奪人財產。他們原是臺灣的中產階級，有社會地位，也左右社會輿論。奪產之恨，轉化為怨恨國府，再轉為仇視

外省人，三轉為自外於中國及中國文化。今日臺灣的勢力，頗多由這一條線索發展的成分。當年土改損傷了地主階層的既得利益。今日臺獨主張，以及海峽兩岸關係的難題，頗與此怨懟引發。

　　第三，許多佃戶及自耕農，恰巧有土地在後日的都市地區。臺灣經濟發展，導致迅速的都市化。市區內的土地，寸土寸金。於是當年能分到若干甲耕地的農戶，竟忽然暴富。國府當初土地改革，本是有耕地與都市用地兩個階段的計畫。都市發展太快，還未有時間執行都市土地改革，都市地價已如脫韁野馬，一發不能收拾，徒貽今日惡性都市化的痼疾。而且，這一份財富有自我滋長的動能。新興的暴發戶，更與經濟發展同步，攫取更多的財富，釀成社會極度的貧富不均！

　　第四，在日治時代，臺灣農村即有農會、水利組合……等等組織，發揮了農業社會的服務功能。土地改革後，農業貸款、產銷合作、民間存兌……等機能，使這些機構成為地方鄉鎮的權力中心。國民黨既推動了土地改革，掌握這些機構的地方人士，遂與國民黨有了共生關係。在土改以前，地方的權力階層是地主、地方工商業者，與「小鎮醫生」們。土改以後，原有地方精英失勢，代之而起的即是地方政府與國民黨培植的新貴。他們後來成為地方選舉的得益者，既是「樁腳、角頭」，頗有人因此上升為民意代表及地方行政幹部。這一新起的地方權力階層，論其文化素質，往往不如過去的地方精英，後者因此更覺不平。臺灣地方政治的惡質化，也是土地改革的負面效應。

　　若從經濟效果看，臺灣的土地改革，不但在平均財富有一時可見的效應；而且，臺灣農業為此日益精緻，土地單位面積的農業收益，也一時位列前茅。然而，農業的繁榮，很快即被外銷工

業的興旺超越了，農業又被擠入次要的產業。

　　當然，當時更為可見的效應，則是由生活改善取得的社會安定。國府流離之餘，稍得喘息，可以立足臺灣，一時之間，教育、文化及生活所需的設施，均得以逐步取得發展的機會。

　　政府以土地改革，穩定臺灣經濟，其原來意圖，已如上述，原有構想是為了落實社會公平公義的理念。歷史發展，卻並不常如人意。前述諸種效應，頗有出當事人預料之外者！

　　總之，1950 年以後，因為土地改革成功，臺灣安定了。許多後來的建設與發展，遂能有次第展開的機會。土地改革，這一本意不惡的措施，對臺灣安定有階段性的正面意義。然而，歷史本是複雜的，在正面價值的底下，卻伏下許多負面的效應！我常用「弔詭」一詞形容歷史的複雜變化。讓我再用一次：這一時期，以土地改革為中心的臺灣歷史，也是充滿了弔詭！

54. 臺灣的經濟起飛

　　臺灣在 1960 年代後期，得到了喘息的機會，從 1970 年代開始，一步一步踏上經濟發展的征程。這一轉折的起點，竟是在中華民國失去聯合國的會籍時，上下都有背水一戰的旺盛鬥志。發生轉變的基本條件，一則是內部安定了，土地改革後，百姓有了較強的購買力，撐起國內市場，也鋪設了工業化的基礎。這一部分已在前章討論過，此處不贅。另一個條件，則是執政的國府，也結合了內在性質的蛻變：國府實質上放棄了回到大陸的指望，全心全力發展托身的臺灣。

　　國府的執政團隊，在 1960 年代後半，已逐漸改變。蔣介石執掌的大權，漸漸交給蔣經國。蔣經國是在蘇俄經驗長大的政治人物，耳濡目染，他在早年政治生涯中，脫不開「政工」，亦即以組織掌握部屬的思想與忠誠。在臺灣，他也重建了同樣的系統，為他的父親牢牢掌握軍權。蔣介石自己以軍權起家，但在國民黨的老黨員中，大陸時代的蔣介石從未能全盤抓住國民黨組織。來臺之後，國民黨經過改造，蔣氏方能運用黨機器，完全操縱以黨領

政的威權體制。

　　蔣經國接過權力，也是從政工掌握軍權，以「太子」身分，接過黨機器。他的接班過程，卻由擔任政工首長及救國團領袖開始，第一個任務，即是安頓數十萬退役的軍人「榮民」。在這一任務上，他從安頓榮民，規劃他們入學、就業、成家、醫療、養老……許多繁雜事務中，體會到政工的教條口號及個人的忠誠，不足以解決實際問題。他從工程、金融、管理……這些實務中，接觸到農復會、經建會、經濟部等單位的許多有專業能力的「技術官僚」(technocrats)。他從技術官僚的工作中，體會到所謂「工具性的理性」：為了達成一項任務，工作人員必須從實際的數據，掌握問題，憑藉已有資源，取得最合理的效果。因此，他從政工首長，接掌行政院的經建會，乃是他一生事業的轉振點，也是國民黨政權擺脫教條，轉而追求實際效果的轉振點。

　　臺灣經濟的發展，第一階段是十大建設，努力建立全面發展所需的基本配套設施，亦即建設交通（機場、港口、高速公路）、能源（各種發電與輸電設備）。在軟體方面，則設立各種服務性機構，包括掌握經濟發展理論的研究所、蒐集數據的資料庫、收發貨幣及外幣的國際貿易單位、建立免稅口岸、規劃科研與工業園區……等等。政府的執政重點，遂由軍事、政治與安全，轉向為發展若干特定的工業。執掌政府實際權力的高層，也由黨方與軍方，轉變為工程師、經濟學家與銀行家出身的技術官僚群。前章曾提到的嚴家淦、孫運璿、李國鼎、俞國華、蔣夢麟、沈宗瀚、蔣碩傑、劉大中……遂在臺灣的經濟發展史上，留下了不能湮沒的名字。

　　臺灣的發展模式，既不是完全開放，也不是完全由政府執行

計畫，卻是由政府研擬了發展的項目及發展的次序，政府以貸款與免稅等條件，誘導民間的企業家，投入其人力物力，開展一些特定的工業。一波工業的發展高潮過去，即須開始發動另一項工業，延續發展的動力。一波又一波，臺灣的產業結構的重心，由農產品（水果、茶）及農產加工（製糖、煙、酒），轉變為日用品的生產（如紡織、家用電器），再轉變為工業用品及交通工具（如精密機械、造船、機車、汽車），再轉為石化塑膠，再轉為資訊工業。到 1980 年代下半，再下一步的發展，應是光電、生物科技及奈米工業。但是 1987 年蔣經國故世，接班人李登輝領導臺灣，致力爭取政權本土化；於是臺灣淪入無窮內爭，數十年內，無一寧日，再也沒有進一步開展那些具有潛力的產業，以致今日的臺灣經濟停滯在資訊工業的「代工」，竟不能再繼長增高。

當時政府組織了推動某一專門產業的機構（例如資策會），集合公私官民的人力，引進這一行業的知識，組織研究團隊，將可行的技術轉讓給民間投資的廠商（例如石化工業的王永慶、趙廷箴）或者由政府自己投資配合（例如台積電），在政府籌建的工業園區，預置能源輸送、材料與成品運輸、安全與環境保護等配套設施，集中有關工廠，投入生產，再以加工免稅條件，促使成品外銷。凡此成套的設計，從研究到外銷，都是官民協作，方能在短期內即迅速建立一定工業的生產業績。

臺灣的經濟，從 1960 年代後期發軔，到 1980 年代已成績斐然可觀。為了配合經建所需的人才，教育制度也有改變。教育體系中，增設許多技術與職業學校，為臺灣培養了一個世代的優質技工；大學中的工學院、管理學院及商學院，也為社會訓練了夠用的專業人員。那二十年內，臺灣經濟實力大幅度成長，國民所

得也翻了好幾倍。一個不大的島嶼，自己沒有資源，卻能創造這樣的成績，不是憑藉口號，也不是借力於情緒，只是在有計畫的安排下，由公權力創造以支持發展的條件，集合民間的才智與財力，每一個人即會自動自發積極努力，求取個人的成就。許多個人的成就，累積為國家經濟體，在這時，即是大家的共同成績了。臺灣得到了東亞經濟「四小龍」之首的名號，在香港、新加坡、馬來西亞等以華人為經濟主流的社會中，儼然執其牛耳。「臺灣錢淹腳目」是外人的印象，也是臺灣自己傲人的自詡。

　　經濟是臺灣社會最重要的一個領域時，蔣介石威權時代的黨政、軍隊與情治體系，相對而言，都必須退避三舍。國民黨的中常會，本是蔣氏權力結構的核心，開始容納一些「紅頂商人」，亦即有力的財團東家。軍隊因為裝備、訓練及組織，都採用美國方式：軍人必須具備一定的專業水準。軍隊專業化，也逐漸擺脫了「政工」不夠專業的影響。情治系統在蔣經國手上，已由多元合併為單一系統；又因為情治工作不是僅在打報告，而必須以專業蒐集與分析有關資訊，也趨於專業化。於是在蔣經國時代，他自己雖有無比的威望，足以駕馭軍隊與情治系統，他實質上已將這兩個專業化的系統，轉變為國家機器的一部分。

　　凡此演變，隨著金錢至上的觀念，國民黨威權體制遂已改變，有了若干專業工作的團隊為國家服務。蔣經國的繼承人李登輝已不再能繼承十足的個人威權，只是落日還有餘暉，李登輝卻延續了威權的一些習慣。國民黨內，無人再可利用軍隊、情治及黨機器，打造另一個威權領袖。民進黨輪替執政，陳水扁也想建樹以上三者的控制權，但是未能如願。

　　經濟發展，使絕大多數人的生活改善了。好事的另一面，終

究難免伴隨而至的負面效應。臺灣快速的工業化與都市化，許多負郭良田，變成市區工廠及道路，都市生活的方便與舒適，付出的代價是綠地迅速消失，導致環境的改變。都市排污，也污染了水資源。人口增加以及活動空間的擴張，都因過度開發，山林田野日益消失。

都市發展，為擁有土地者創造不勞而獲的財富。這些財富又投資於工商業，博取豐厚利潤。擁有土地與資本的富人，在人口比例上，終究是少數，然而他們卻擁有大部分的財富；相對而言，領取薪資的工作人員及勞工，人數佔全人口的絕大部，他們的個人收入，較之富人微不足道，他們收入的總和，也遠遠不如人數不多的富人們財產總數。經濟學家稱為自由競爭的市場規律，若沒有其他力量干預，貧富差距只會不斷拉大，不會自動調節為縮短其間的差距。

在社會倫理及文化價值方面，富有的社會，其實也未必會因「富而有禮」。人人志在發財時，若沒有以公義為尚的教育，也缺少防範以財壓人的法律，則行為不再會有規範；只要能發財，將放僻邪侈，無所不為！臺灣富足以來，僅僅一個世代，社會倫理已非常澆薄。暴發戶的庸俗粗魯，已是普遍可見的現象。《論語》：在人口眾多之時，必須使他們生活富裕；富裕之後，則必須使他們有教養。但是，富人以為財富即可驕人時，誰還想到教養？誰還想到公義與公平？

臺灣由貧困一變為富裕，文化卻並沒相應的提升。劇院的設備講究，卻不見有夠格的劇本，也不見優良的演技。媒體、印刷與畫面多姿多采，卻逐漸空洞庸俗，在思想、文學、藝術、音樂各領域，四十年來，只見其退，而不見其進！

　　總之，臺灣四十年來，經濟發展，的確大有成就。正面的效應，一般人的生活改善了，威權體制因為經濟掛帥，失去了其寄託的權力來源。那一批技術官僚的專業團隊，原本是有用的人力資源，於社會缺少公義的情況下，無復再有工作熱忱。負面的效應，則是社會貧富懸殊，公平與公義的社會倫理，喪失殆盡，自然環境也因為都市化而大受斲傷。

55. 中國大陸的大躍進與文革

　　第一次五年計畫完成，中共政權務實了，中國也從八年抗戰與五年內戰，逐漸回到正常。第一次五年計畫的成績，固然已顯難得，但卻也只能說從負到正，中國的經濟水平，還是相當窮困。基本工業與能源工業，以中國地方幅員與人口數字看，還是不夠的。從負到正，比從零到有，是更為艱難的工作。中共為此自傲其成績，也是可以理解的。不過毛澤東好大喜功的行事作風，使他不務實際。他主導的第二次五年計畫，標榜「超英趕美」的大躍進，卻為中國帶來了災害。

　　「大躍進」的基本問題，乃是獨裁專制政權下，工作人員及管理人員，為了向上提供好看的報告，則是以假數據取悅上司，許多數字並不真實，浮誇之極。不同的單位，爭相造作假成績；向上申報，又是逐級灌入更多的虛假。全國一片假話、空話與大話，誰也不能從數據中，了解經濟實況，「土高爐」煉鋼，「煉」出許多一無用處的鐵渣，卻既費盡了所有鐵材，也因砍伐樹木，充作燃料，毀傷了環境。為了增產糧食，擴大耕作面積，開山伐

林，更造成水土流失的生態災害。為了提高單位面積的作物產量，毛澤東提倡「深耕、密植」，傷害了有肥力的表土結構，而且竟有搬移成熟作物，擠入樣板地，造作虛假高產量的笑話。──凡此作為，不勝枚舉！

「假、大、空」的作風，導致收支失衡；尤其糧產實際數字與需求量之間的嚴重落差，終於引發了 1958～1960 年之間的食糧不足，全國饑餓，死者以百萬計。中共掩飾，號稱為「天然災害」，實則是人為錯失，造成了饑饉！毛澤東不得不讓出權力，交給劉少奇，收拾這一困境。正如蘇俄建國之初，因為集體化，引發了經濟衰退，列寧不得不實行「新經濟政策」，回到較為自由的市場經濟；劉少奇在 1960 年代初期，也以稍微自由的政策，矯治毛澤東的過於左傾。

從 1950 年代以來，中共的改造農工商經濟，基本上消滅了私有制；政府掌握了一切經濟資源。又以反「會、道、門」，消滅了民間的社會力量，「反右」鎮壓了文化與學術界的精英；中共已攬有一切資源，其權力之絕對與集中，為二千年來的皇權所不能。「大躍進」的失敗，正因為在絕對權力之前，沒有人敢於說真話，沒有人敢於指斥權力中心的失誤！

劉少奇時代的作風，一改中共的傳統，由嚴而寬。驟然鬆弛，難免有泄沓之弊。一方面紀律鬆了，另一方面又設有其他力量制衡約束政治權力，政風遂趨懶散，又有人仗勢自肥。青年之中，有人不甘坐視，發而為文，批評政府，毛澤東藉青年們的不滿，鼓動紅衛兵，藉機奪回權力。於是青年人的正義敢言，竟被毛澤東轉變為政治鬥爭的工具。全國各處均有「紅衛兵」的組織，從文鬥發展為武鬥，劉少奇的一派，在這一狂瀾之中，失去了權力，

全國竟陷入「無政府」的紛亂。毛澤東於利用「紅衛兵」之後，轉而以軍隊進入各處學校及政府單位，重新掌握了絕對的權力。

毛澤東在這一鬥爭中，揭起「文化大革命」的口號，以破「四舊」，全面的批鬥中國傳統文化及其持守的價值觀念，也全面的批鬥西洋文化帶來的「資產階級」思想與其價值觀念。於是中外古今一切思想，只剩毛澤東思想。即使馬列的社會主義，也只有毛澤東的闡釋，排除了社會主義思想體系的其他學說。套用大陸常用的詞彙，這是一個「萬馬齊喑」的時代！全國只有《毛語錄》的小紅書是當代的聖經，只有江青督導編寫的樣板戲為一切藝術的典範！

文化大革命的時代，一切都顛倒了！每一個單位，從政府單位到工廠學校，處處都有殘酷的批鬥。任何行業的既有法制與紀律，在打倒「權威」的鬥爭中，都隨著成就與典範的否定，全部蕩然無存！「文化大革命」帶來的，實際上是抹去幾千年文明的積累，人類的行為，不再有理想的啟示，也不有理性的規範。整個中國，只見暴力與虛偽。這一思想枯竭的時代，要在毛澤東死後，才有撥亂反正的機會。

這一時代，中國人才的消耗與折損，十分嚴重，有成就的知識分子及各行各業的精英，輕則遭逢羞辱，重則失去自由，甚至捐軀隕生。那些倖存者，也都噤若寒蟬，不能再有活潑的生機。中共自己的各級官員，也有不少遭逢折磨。彭德懷、劉少奇、林彪這些人都死得不明不白。每一單位都有老幹部被批被判。全國各級精英無不受到衝擊。紅衛兵之中，那些領袖曾經趾高氣揚，但在軍隊進入學校後，大批紅衛兵也被「下放」到邊疆或農村，其中能夠回到學校的，只是少數而已！

　　回顧中國歷史，專制帝皇，漢初曾經殺功臣韓信、彭越、黥布，漢武帝曾經削奪功臣列侯的爵位；人數不過數百。明太祖則曾經藉胡惟庸、藍玉案殺戮數萬人，其規模都不能與毛澤東的鬥爭相比。秦始皇阬儒生數百人，較之毛澤東的虐殺知識分子以十萬計，也是瞠乎其後。

　　在世界史上，類似的情況：英國克倫威爾專權，在其清教徒精神的獨斷之下，全國不見笑顏。法國大革命雅各賓黨的恐怖時代，反革命與革命人士，一批一批上斷頭臺。昨日判人死刑者，今日被人判死刑。俄國大革命，孟什維克黨人為布爾什維克黨人誅戮。革命軍人被列寧殺害，紅軍軍官及托派被史達林殺害者，為數都以萬計——這些罪行，均以「革命」的名字行之，因此，我曾借老子「天地不仁，以萬物為芻狗」，改為「革命不仁，以人民為芻狗」！

　　中國在毛澤東統治下，他以「社會主義革命」為名，排除一切不同的思想及經濟制度，實行專制獨裁的極權統治，藉「革命」為口號，行「個人崇拜」之實，一步一步，消滅所有可能制衡政權的社會力量。排除「毛思想」之外的一切思想，殺戮所有可能挑戰其威權的黨外黨內人士。自從中共建國，僅有最初三、四年的安定，嗣後即由其操弄權力，定天下於一尊。他發動的文化大革命，更是將中國的文化積累，一旦掃盡。當時中國，不啻重返沒有文明的原始野蠻與暴力。若沒有鄧小平的匡救，中國將不知淪落到何等地步。

56. 臺灣的民主化與大陸的改革開放

　　這一章論述的歷史，正在我們眼前展開。許多項目，還仍在發展之中，不能有定論。因此，本章只陳述幾條主要的發展軸線，不贅述細節。

　　臺灣的民主化是與蔣經國時代的經濟起飛相伴而至。蔣經國在 1960 年代的晚期即已掌握實權，但是許多政治與經濟的發展主軸，還是在他接任總統之後，方得次第開展。1987 年蔣經國去世，李登輝繼任，卻將蔣經國留下的工作，推向另一方向。

　　蔣經國時代初期，臺灣經濟建設已見眉目。蔣氏與嚴家淦合作，由孫運璿、李國鼎、蔣彥士等人輔佐，蔣經國於臺灣退出聯合國之後，全心全力，發展臺灣。孫運璿等人致力將建設的事業，放在公眾論壇，既可尋覓發展方向，又可藉輿論塑造社會共識。政府與民間，尤其與兩大報業集團，不斷邀請海內外人士，集議國家發展的方向，並以大篇幅的論文，在公眾媒體討論各項問題。於是，言論大展，大為開放，打破了一切過去威權統治的禁忌。

　　這些討論奠定了臺灣光復二、三十年改革的藍圖。在經濟方

面，以高科技業及金融服務業為主軸，因此臺灣經濟從外銷高附加價值的產品，提升產業水平，融入全球經濟網絡。國內的硬體支援工程（如港口、道路）及服務項目（如科技園區、技職教育），都是與此相關的配套設施。

在政治方面，以民主化與本土化為發展主軸，政府逐漸開放言禁，約束過去的情治系統（例如外放王昇，由沈之岳改造調查局），及落實各級民選行政首長及民意代表，尤其準備政黨競爭時的選舉制度，最後則是解除戒嚴，回歸憲政。政府也致力羅致本土的青年人才，培養新血以接替大陸來臺的前輩。

在民間方面，經濟發展的結果，職業多元化，許多青年人就業機會多了，大家的收入也增加了。民間的社會力量為此漸漸茁長。另一方面，主張本土主體性的民間人士，與海外持臺獨主張的力量，承繼日治時期的努力，結合為「黨外」力量，以群眾運動，向政府抗爭，這一股「黨外」力量，發動了大規模的群眾活動，在街頭與軍警衝突（例如中壢事件、高雄美麗島事件），凝聚了本土民間的反對力量，黨外力量終於結合，組織了以建立本土政權為宗旨的民進黨，奠定了政黨活動的基礎，終於在 2000 年，民進黨執政，完成了民主程序的政權轉移。

蔣經國在任時，一步一步減少政府對民間活動的干預，是以臺灣的民主化發展過程，相對於其他國家威權體制的轉型，還是比較和平與漸進的。李登輝繼任總統後，致力推動蔣經國時代已啟動的民主化進程，他不惜削弱國民黨的力量（包括削價出售該黨擁有的財產），並且幫助民進黨發展，引用他的話：「餵一些奶水」，使新興政黨有成長的機會。

以上這些發展的結果，臺灣富足，有「錢淹腳目」的口頭語，

本土政治力量逐漸取得民間資源的支持。在李登輝與民進黨的聯
手運作下，臺灣本土化漸漸抬頭。本土主體論的終極目標是臺灣
獨立建國。於是「統獨」之爭，成為臺灣政治的重要課題，而且
因為民進黨以此為唯一訴求，「統獨」之爭，甚至相對延緩處理與
人民生活有關的民生議題。臺灣的民主化，遂成為單一議題的爭
論，也牽入族群情緒，相對而言，排斥了理性，忽略了社會安寧、
民生福利等等公眾議題。

　　在大陸方面，文化大革命的惡性效應，引發了全面的反彈。
在鄧小平領導下，毛澤東殘留的「四人幫」，失去了政治權力。中
國大陸在鄧小平的務實政策下，逐漸走向開放的市場經濟；與經
濟開放同步出現的，則是教條主義的政治，也開始逐漸走向務實
的方向。

　　經過五十年的持續高壓，中國人在相對的鬆綁之後，釋放了
巨大的潛能。中國遂由封閉與僵化的社會，迅速的發展了新型態
的經濟。鄧小平以南方沿海地區（尤其深圳）的發展經驗，施之
於全國其他地區。在他退休以前，中國經濟發展，已擺脫了毛澤
東時代的社會主義教條。他的繼任者，已有三次接班，也延續了
以發展經濟為主軸的國家政策。

　　經過二十年的累積，中國大陸已是一個龐大而有活力的經濟
體。在世界經濟網絡中，據有旁人不能忽視的地位。中國一般百
姓的生產能力提高了，生活水平也提高了。整體言之，二十世紀
末，中國的經濟實力，已比較壯大。但是中國人口眾多，人均收
入，相對於已發展國家，還是相當不足。

　　經濟發展了，中國的學術與文化，也有了相應的復甦。最可
注目的學術發展，是在科學工藝方面，中國在有關國防的科技，

即使在經濟困苦時，仍投下不少人力物力，發展核武器、導航飛彈及飛機戰艦的設計與製造能力。近來則在太空探測、生物科技、資訊科學……均有長足進步。中國已是擁有現代科技研究與應用能力的大國。總體言之，中國的實力是在理工實用方面，至於人文社會學科的水平，還有待提升。

中國大陸的政治結構，還是一黨獨大的集權體制。經濟發展之下，中國孕育的新興中產階級，還不夠強大，未能在民主化與自由人權方面，督促政府有所改革開放。1989 年，六四民運，雖有許多學生及市民投入，還是被政府以武力壓制。鄧小平的開放政策只在經濟領域；他終究還是一個緊抓政治權力的中共黨員。至今，他的三代接班人，也仍以強大的政黨，緊握國家利益，並未有放鬆政治控制的跡象。中國經濟及國力的提升，並未有相應的民主化與自由化的政治改革。

中國的經濟結構，雖然迅速擴大，其隱藏的問題，一在貧富差距太大，一在區域之間的發展程度有巨大落差，一在自然生態大受損害，資源的浪費也十分的嚴重。一個集權的政府，沒有足以監督而制衡的社會力，政策的錯失，無人能予匡正；官員的貪瀆與浪費也無人能予督責。這一方面，將是中國未來最大的隱憂！

臺海兩岸，在最近三、四十年來，彼此關係並不和洽。蔣經國時代，美國在正式承認中共的中華人民共和國為中國之後，以《臺灣關係法》維持了中華民國在臺灣的實質統治權。這「一個中國」的原則，兩岸有空間各自解釋其涵義。「一中原則」遂在刻意的模糊之中，繼續維持兩岸之間的對立，僅僅暫時保住臺海和平而已。蔣經國在 1980 年代，開放老兵回籍探親，開啟了兩岸民間接觸與交流的管道。三十餘年來，雙方政府也容許雙方經濟交

流（包括投資與貿易）及文化、宗教……等雙方的來往。但是，已如前述，在李登輝與民進黨主政下，臺灣的本土主體論述，已經提升到臺灣獨立建國的層級。同時，中國大陸國力漸強。中國民族主義曾經渡過八年抗戰及數十年西方防堵；在中國已是一個大國的今天，中國大陸的政府，不會坐視臺灣脫離。中國在法理上堅持國家主權的完整，堅持臺灣是中國的一部分。在國防安全的觀點，中國更不容許一個有敵意的臺灣扼東海的門戶。於是，臺海兩岸之間，彼此疑忌，互不相讓。到今日，臺海危機十分嚴峻，如何能在互利的前提下，雙方和平的找到互存的方案，已非易事！

最近三十年來，臺灣與中國大陸都經歷了深刻的變化，臺灣的民主化歷程，即使存在許多問題，還是值得肯定的。中國大陸正在崛起為世界大國；這一歷程，確有不少隱憂存在，整體說來，也是值得肯定的。兩岸之間，如何和平共存，攜手合作，而不是兩敗俱傷，全看兩岸人民與政府能否以智慧約束情緒，找出解決的方案。

57. 亞洲太平洋地區的情勢

　　亞太地區的任何變動，都會直接間接影響臺灣與中國大陸。最近一個世代，亞太地區確有許多重大的變化。

　　在上一個世代，亦即二次世界大戰以後的三十多年，許多西方列強的殖民地紛紛獨立建國。英、法、荷蘭的勢力都離開了亞洲，而大英國協的澳洲與紐西蘭，遲遲疑疑，剛才開始自認為亞太地區的一部分。美國在韓戰之後，卻以反共領袖的聲勢，沿著太平洋西岸，佈置了一條防堵中國的防線，從朝鮮半島的三十八度線，經過琉球、臺灣，到中南半島的北越南越分割線，處處有美國的勢力。在太平洋地區，南韓、琉球、臺灣、菲律賓都有美軍駐守，第七艦隊南北巡弋，金蘭灣、清泉崗、蘇比克、關島是前哨基地，日本是支援各地的後勤基地，夏威夷則是太平洋美國軍事力量的總部。許多國家仰美國鼻息，美國的經濟力量與軍事力量，面對蘇聯與中共的假想敵，維持了太平洋的安全而存。浩瀚的太平洋，不啻美國在冷戰時期的內海。

　　經過一個世代的對峙，美蘇冷戰逐漸消退，尤其中國與蘇聯

交惡,社會主義陣營不再是鐵板一塊;以美國為首的西方國家(也有變化)則因為歐洲由戰亂中復甦,漸漸發展了歐盟的共同體,其經濟實力不下於美國。於是以自由民主與市場經濟為號召的西方世界,亦不復唯美國馬首是瞻。這一形勢,同樣的,對亞太地區的國際社會,也有相當影響。

1962～1975 年之間,中南半島風雲變化,牽動了美國在世界棋局中的地位。北越以中國為大後方,以南越為前線,與美國周旋。十餘年的越戰,越南死傷以百萬計,美國也損失慘重。終於在 1975 年,以兩越統一,結束了這一比韓戰更長久、更殘酷的戰爭。美國退出越南,實是其立國後,第一次在戰場上的挫敗。美國在亞太地區的霸權,陡然失去顏色。

美國逐漸減少在亞太地區的直接干預。美國放棄了金蘭灣與蘇比克兩大基地。中華人民共和國取代了中華民國在聯合國的席位。尼克森訪華及中美建交,美國也結束了在臺灣的基地。美國削減在南韓駐軍,也將在琉球的基地轉移到日本本土,於是美國只以航艦群及遠程飛彈,作為太平洋防務的主力,不再直接駐防於亞太地區。美國除了關島以外,唯有在日本以橫須賀作為艦隊駐泊港口與軍機維修基地。

在此同時,中國從文革浩劫脫胎換骨,經過鄧小平務實政策的改革開放,中國逐漸發展為經濟大國,中國在冷戰時期,曾是亞太左派革命勢力心儀的對象。在這一世代,中國卻又成為亞太地區發展經濟的模式,而且中國龐大的市場及生產能力,也牽動了亞太地區的國際經濟佈局。

亞太地區各國,在 1960 年代晚期即開始籌劃建立地區性的新秩序。1967 年新加坡、馬來西亞、泰國、印尼、菲律賓五國組成

東南亞國協（東協，ASEAN），後來又陸續有汶萊、越南、柬埔寨、寮國加盟。這一國際組織的最初作用，是互相合作協調，共同發展經濟，後又加入區域安全、文化學術教育、自然生態保護等共同合作的項目，並組成祕書處，設在雅加達為東協的常設機構。1994 年，東協又增加了中國、日本及韓國為額外會員（所謂9+3）。2004 年，這一組織又為了亞洲區域論壇，邀請澳洲、紐西蘭、印度等國家參加，然後論壇的參加者越來越多，實際上涵蓋了環太平洋區及亞洲的眾多國家，儼然有發展為亞太區域組織的趨勢。假以時日，東協未嘗不可能發展為類似歐盟的區域共同體。

　　美國對於東協並不十分熱心，也不很重視，當是因為東南亞國家自己組成了這樣一個區域合作組織，竟跳過了以亞太盟主自居的美國。美國旋即於 1993 年聯合澳洲等國，組成亞太經濟合作組織 (APEC) 會員國及觀察員，一網打盡，包括所有亞太地區的大小國家。亞太經濟合作組織的功能，也是協調國際經濟合作，及討論國際性的共同議題。亞太經濟合作組織的特點，是在會員國元首定期集會時，各國有關部會的首長，也個別有雙邊或多邊的協商會議，為實質議題安排國際合作的論壇。亞太經濟合作組織在聲勢上，似乎超過了東協，但亞太經濟合作組織只是熱熱鬧鬧的論壇而已，其未來提升與充實的可能性並不很大。臺灣未加入東協，卻是亞太經濟合作組織的「地區性實體」會員，可以與香港等地區一樣參加該組織。

　　中國大陸的國力漸強，國際地位提高，對於亞洲事務遂有了發言權。蘇聯解體，原為其聯邦加盟國的哈薩克斯坦等五個中亞國家，毗鄰中國西北，彼此接壤，遂與中國有上海論壇的組織，現在也有不少亞洲國家參加這一論壇。不過上海論壇規模不大，

還未成氣候。

　　由上述情形，可以觀見，亞太地區的國際新秩序正在形成，多方面勢力，縱橫捭闔，都在尋覓施展的場合。美國還想維持其領袖地位，中國大陸十分活躍，他國也不敢輕忽中國的潛力。臺灣由於情況特殊，則寂寞憔悴，十分無奈。

　　日本以其經濟力量之雄厚，在亞洲太平洋地區事務，本應有發言權，卻有處處插不上手的窘態。此中原因，當然是由於日本曾經侵略中國，吞滅朝鮮，又在太平洋戰爭中，侵害東南亞各國。日本侵略戰爭中，殺戮劫掠，罪行斑斑，卻又至今拒絕認罪，更別說向受害各國道歉。亞太地區諸國，對日本疑懼，哪能再讓日本插手亞太區域的共同組織？

　　日本自以為國力強大富足，可是受制於麥帥加諸日本的憲法，至今仍不能具有「正常國家」的身分。多年來託庇美國的保護，節省了軍費，遂得迅速發展經濟。但是，美國視日本為放在東亞的棋子，亦如英國是美國放在歐洲的棋子，美國也不會輕易放任日本自作主張。日本的地位尷尬，一時還未必有解。

　　二次大戰期間，亞太諸國仰仗美國出錢出力，擊敗了橫行一時的日本。美國因此在戰後可據有盟主的地位。二戰結束，已逾半個世紀，東方諸國，成敗枯榮，各有其發展過程。今天亞太區域的新秩序，正在漸漸成形，也正是世界「全球化」過程中必有的階段。美國不甘於從盟主地位滑落，在歐洲與亞洲，都努力撐住長期保有的領袖身分，為此對於區域性秩序的形成，不願放任當地諸國接下這一工作。亞太新形勢，其實已經明白可見其趨向。美國處處干預，反而為自己招惹麻煩。人類歷史上許多複雜問題，往往由於功成者不能自知抽身所致。

58. 今日世界大勢

　　前面兩次大戰之間，只有不到二十年的喘息。第二次大戰結束，至今居然沒有第三次大戰！這是由於核彈的毀滅性太大，誰也不敢發動一次玉石俱焚的大戰。於是數十年來，只有美蘇之間的冷戰與局部地區的衝突，例如韓戰、越戰、巴爾幹戰、車臣戰……以及中東地區不斷的戰史。美國以霸主身分，自許為反抗共產主義，捍衛民主人權的國際領袖。從 1950 年以來，世界各地的大小衝突，很少沒有美國的介入。這一段相對穩定的時代，歷史的記載，可能是「美利堅和平」(Pax Americana)，堪與過去羅馬和平 (Pax Romana)、華夏和平 (Pax Sinica)、英吉利和平 (Pax Britannica) 相提並論，而且這一霸權涵蓋地域及人口，幾乎是遍及全球。遙遙超越前幾次歷史上的國際秩序。

　　冷戰期間，西方（美、英、法）與東方（蘇、中）都擁有熱核子武器，也都有長程飛彈，足以將毀滅擲向敵方本土。為了維持這一均勢，列強都致力於發展高科技，也都集結了一批盟國，壯大自己的聲勢，也擴大自己的影響力。在歐洲，西方的北大西

洋公約集團，集結了歐洲本土的國家，與東歐為主的華沙公約集團，對峙了數十年。在亞太地區，美國劃下了防線，兩次直接投下美國的軍隊，先後在朝鮮半島、中南半島與共產集團搏鬥。在美國的大門口，蘇俄也曾在古巴部署了飛彈，甘迺迪以不惜發動大戰為威脅，赫魯雪夫才撤除已運去的飛彈。——以上是二十世紀中期的情勢。

最近二、三十年來，世界情勢已有丕變。不僅冷戰結束，蘇聯解體，而且歐洲諸國的歐盟，逐漸茁壯。歐洲已是可以與美國分庭抗禮的國際力量。歐盟原由西歐為了戰後重建，1952 年成立了煤鐵聯盟，共享資源。經過數十年演變，歐盟幾乎已是一個政治實體。歐盟諸國邊界不設防，貨物也沒有關稅，各國文化學術交流完全暢通。最重要的一步，則是 2002 年歐洲共同體發行的歐元，流通各處，幣值也已超過美金。

歐洲諸國，本來分分合合，頗多恩怨。尤其法德之間，自從普魯士建國以來，這兩個不同族群的大國，戰爭不斷，勝負迭見。兩國接壤的地區，強佔割讓，反覆易手，每次都留下仇恨的記憶。建組歐盟，卻是法德攜手的大事業。這兩個國家的合作，使歐洲大陸，除了孤懸海隅的英倫三島，陸國凝聚為一個集團，其堅實程度，為法蘭克王國以來所僅見。最堪我們借鏡者，最近法德兩國歷史學界，共同撰寫兩國間的幾次戰爭，排除了許多積澱的偏見與扭曲，務必求得真相，結束了過去，開啟了未來。

歐盟發展的趨勢，早晚會成歐羅巴合眾國。在歐洲孕育開展的列國制度及國族主義 (Nationalism)，數百年來，已為世人認作人類政治組織的終極型態。經過歐盟的演變，我們已不須堅持國族國家 (nation-state) 的必然性，更毋須為了這一特殊型態，尋覓

甚至編造理由，作為建構某國家存在的合理性！

　　從歐盟發展的過程看，所謂「國族國家」的主權，並不必然是絕對的。在歐盟的框架下，許多主權項目可以讓渡給區域組織，同盟諸國之間可享有更多的共同福祉與利益。這一發展模式，其實與「聯合國」的理想是吻合的。聯合的存在，是為了全球人類社會的和平共存，互濟與合作。這一個國際共同組織，若要求其更進一步的茁壯，參加的會員國，必須將主權中若干項目，讓渡給位階高於「合眾國」的「聯合國」。舉一些實例，世界衛生組織、國際法庭，以及世界共同參加的護持地球生態，無不要求各國放棄若干項目的主權，以成全人類共同的社會。

　　當然，理想與現實之間，會有落差，歐盟是為了「合」而出現；可是，小地區之間，仍有人在鼓吹「分」。捷克本是捷克與斯洛伐克兩個族群合組的國家，二十年前，斯洛伐克人堅持從捷克獨立建國。昔日的捷克分裂為兩個國家了。可是，以農業為主的斯洛伐克，終究不能不放任其國民紛紛移往捷克就業。最近比利時的荷語系統族群與法語系統族群，也在鬧分裂。一所古老的大學，為了族群分裂，分了兩個校區，以致圖書設備也割裂為二，確實驗證了「合則雙美，分則兩傷」一語的智慧。

　　在歐盟以外，「分」的要求，也處處導致災難。巴爾幹地區，族群成分複雜，國族國家已將這一地區，分割為許多小塊，小塊之內，還有更細的分類，以致有科索伏戰爭……等等爭城爭地的衝突。中東伊斯蘭教，在族群之外，又有教派的分裂。什葉派與素尼派的鬥爭，一千餘年，從未終止。最近伊拉克戰爭，除了美軍與當地人之間，還有這兩個教派之間的游擊戰。在非洲，過去西方列強的殖民地，獨立建國，其中有些國家包含若干不同的族

群；同時，同一族群又分別居住在不同的國家。今天的非洲，國際衝突與國內的族群內戰，雖然都用了過時的武器廝殺，但又何嘗不是以百姓為芻狗，犧牲了許多生命，只為了一個「分」字！

　　今日全人類的總數增加了不少。生活水平，各處差異很大，總體說來，也比五十年前，有相當程度的提升。於是，人類消耗的資源及能源，都比過去多，消耗的速度也更快。這一現象，一方面，造成資源的爭奪更激烈，另一方面，也使生產與市場的版圖更不斷在變化。資源的爭奪之中，尤以石油為最嚴重。因為這一種能源，至今用途最多，也已是大家習慣的能源，今天中東地區最為多事，雖然伊斯蘭教教旨的強烈排他性招致不少紛擾，然而匹夫無罪，懷璧其罪，若該地沒有大量油儲，英美列強也不至於強力干涉，不願放手。世界資源日漸不足，未來為了爭奪資源而起的糾紛，看來方興未艾。

　　但從有效使用有限的資源，以及有效的保護人類生存空間的角度言，人類除了合作之外，別無他途！於是今日我們既有了「歐盟」，趨於「合」的努力，也有上述族群意識孕育了「分」的問題。歐盟與東協這一類型態的發展，是人類發展的合理趨勢。美國霸權，或其他大國可能發展的區域霸權，若以北大西洋公約、亞太經濟合作組織，甚至世界貿易組織 (WTO)，也並非順應「合」的時代意義。大氣候的「合」之同時，小氣候的「分」，還是會不斷出現。今日世界終究是紛紛擾擾，事故不斷，卻也在孕育了未來人類共同社會合作共濟的希望。

59. 後現代論述

　　二十世紀中期以後，從歐洲與美國開始的後現代論述，逐漸擴散，至今瀰漫各處，儼然形成全球性的文化反思運動，甚至竟可能引發了全球文化發展的大轉折。

　　「後現代」，是指對現代的反思。二、三百年來，自從歐洲的啟蒙運動，定下了「現代」的基調，西方文明遂以理性、科學（包括科學主義），及民主為其主要的訴求。國族國家、資本主義市場經濟、自由競爭、個人主義，西方列強都以這幾個觀念，確認西方文明的擴張與成長。甚至西方殖民主義也借用生物演化論，衍繹為人世間弱肉強食的合理性。

　　西方的優勢，迫使亞洲、非洲，與大洋洲各處文化俯首稱臣。於是，弱勢文化族群，為了奮起直追，也以西方的「現代」，作為自己學習的對象。五四運動提出的「德先生」與「賽先生」，即是一個例證。對於日本治臺時，在臺灣的種種措施，今日臺灣有人即稱之謂日本將「現代」帶進了臺灣，二、三十年前，有些臺灣學者不斷鼓吹現代化；今日大陸有不少人，也以模仿西方為「現

代化」的同義詞。

可是，在西方，由歐洲的知識分子開始，卻已在認真的思考「現代性」的本質，也在尋找「現代」以後，可能如何？另一方面，文化的創造者、藝術家、音樂家與文學家，各別以其敏銳的直觀，探索上述「現代」以外的其他可能性。

早就有人指出，西方啟蒙運動的本質，是擺脫天主教普世教會的思想教條與相應的控制機制。自由、平等、博愛，法國大革命的三色象徵，原是反教會與反貴族社會，其中並不必然具備普世的意義。啟蒙運動的理性思維，固然追溯到希臘文明，然而科學與自然律之間的關聯，卻又與基督教上帝的神聖律 (divine law) 難以分割。韋伯論述資本主義的起源問題，又指稱基督教「神恩」鼓勵個人積極工作的意願。

由此可知，啟蒙運動實是西方文明自己獨有條件，在那一特定時空出現的現象。近來社會學家與歷史學家以為「現代性」是一個「多數」的名詞，世上應有，也正在開展若干不同內涵的「現代」。

對於「現代」的質疑，基克嘉德 (Søren Kierkegaard) 的神學，

基克嘉德的神學思想

基克嘉德（或譯祁克果，1813～1855 年）是丹麥的哲學家與神學家。他的神學思想強調「主觀的真理」，認為宇宙萬物都是為了人而存在，因此每個人對所處的環境都有很大的責任。雖然每個人所面對的未來，充滿著不確定與憂慮，但是每個人作為「存在的主體」還是必須要自己做抉擇。

已將上帝的理性，拉到人自己的主觀觀點，黑格爾對於「現代」依據的理性，提出了「變」的辯證論。馬克思的經濟學，則對於「現代」所依據的生產方式與生產關係，不僅嚴厲批判，還提出社會主義為其對策。

從西方以外的角度，薩伊德的「東方主義」論述，則指出所謂東方實際上是以「西方」觀點強加於「東方」的標準，而不少「東方」人士，卻以西方的觀點，回頭衡量與思考自己的屬性，竟以為西方的經歷為必然的，也是普世的。經過認真的檢討，許多非西方的人士，開始從自己的角度看問題，中東、拉丁美洲與非洲，都有人跳出廣義的「東方主義」，從新審視自己的過去與未來，付諸實際行動。

在歷史學的園地，十九世紀的實證史學，長期以來是這一學科的主流，傅柯、哈巴馬斯、德力達等人卻揭「歷史」的主觀性，揭陳歷史的紀錄、傳承，與敘述，其實都是詮釋。對於國族觀念，安德森指出國家與族群，其實都是建構出來的想像共同體；啟蒙時代以來，國族儼然是人類群體的終極型態，在「想像共同體」的檢視下，也失去了其神聖的屬性。是以無論是縱向的時間軸線與橫向的社會空間，那些束縛「人」的傳統，都面臨挑戰的顛覆。

美國的非洲後裔（黑人）從百年奴隸的困境中，重新找到自己，以民權運動，一波又一波，爭取族群的平等與基本人權。族群訴求，遂挑戰了西方現代主義的強勢主導（所謂霸權）。這一挑戰主流的運動，擴散到婦女運動，女性也質疑以男性觀點主導建構的歷史與種種相應的制度。這一性別的再認識，延伸到同性戀的問題，揭開了自古以來長久遮掩的社會禁忌。1960年代，美國西岸大學生發動的民權運動，很快遍及於整個美國。這一學生運

動，內容十分複雜，竟可說是一次寧靜的文化革命。主軸雖是人權，尤其性別問題，卻是對於權威與傳統的全面檢討，甚至矯枉不惜過正，可以看作顛覆了傳統。美國在 1960 年代之後，經由立法程序，在人權的領域，公權力頗多有志在救助的措施；更堪注意者，則在社會輿論，這番寧靜革命也發生了指導的效應。歐洲方面，也是由青年與文化人擔綱，各處均有類似的運動。歐美知識分子的自覺，啟動了全世界相當廣泛的響應。弔詭之處，這一對於西方主流文化的質疑與反動，仍是由西方帶動了東方世界，後者本應是揭竿而起的力量，反而又一次追隨居優勢地位的西方！

　　文化的創先者，亦即文學家、音樂家、藝術家……，並不必然與學術界的闡釋同一步調。這些領域的發展，是經由他們的直觀，創造性的轉變了表現方式，文學作品，如卡夫卡、高定……，藝術家如梵谷、畢卡索……，音樂家如史特拉溫斯基、馬勒……，處處都突破禁忌與傳統的束縛，尋求新的形式與內容。今日的文化領域內，意識流的文學、「披頭四」以下的歌唱、抽象的繪畫，無不是顛覆過去傳統規範的嘗試。

　　整體言之，二十一世紀的新文化，正在一步一步成形，其發展方向是以自然流露代替規律，以認識「主觀」代替假想的「客觀」，以多元代替一元獨尊。這些文化的展現，可能缺少優雅，可能喧譁浮淺，卻是比較真實、自然，也有嘗試的勇氣。

　　二十世紀的全球性文化革命，可能還只是在對過去的「破」，還沒有走到對未來的「立」。人類歷史上，這種現象，數見不鮮。以中國為例，春秋時代的禮壞樂崩，正是孕育儒家道家思想的前提。漢代禮法嚴整，規律井然，必須經過魏晉以下的懷疑、質問與放肆，中國方有機會將已經僵化的儒家，重新揉入道家的新解，

收納新來的佛教。那幾百年間，又一次的「禮壞樂崩」，終於冶鑄
了唐宋的第二次中國文明。

　　今天的世界，正在顛覆啟蒙以來的西方，亦即大家豔稱為「現
代」的文明。人類文明，在全球化的新環境，正在全新締造之中。
任何文明系統的轉變，必須有一個或數個「他者」，作為針砭，作
為借鑑，長期以來屈服於「西方」的「他者」，是不是能發揮挑戰
與刺戟的功能？當是由「他者」自己選擇哪一個角色：挑戰？還
是追隨？

60. 資訊革命

　　人類異於次一級的靈長類，一則是有思考的能力，所以「人類」的種屬名稱是 Homo Sapiens，用我的老師李濟之先生的話，Sapiens 是「能夠思辨」。再則，人類掌握了語言，能用一個群內都懂得的聲音符號，傳達複雜的訊息。那些接近人類的靈長類，也有一些代表危險、快樂、威嚇的聲音，卻不能傳達複雜的思想，也不能借助語言思考。

　　語言是面對面的交換意見，受時間（當時）與空間（面對面）的制約。在人類歷史上，有過幾次「資訊交換」的突破。第一次突破，產生文字的出現，語音轉化為圖象（象形文），或可以複製的聲音（拼音文字），用文字記錄的訊息，遂能跨越時空的限制，留存給後人，傳達於他處。各處人類各有其文字出現的發展過程，此處不必贅述。第二次突破，當是印刷術的出現，同一份文件，因此可以大量複製，分散於各方。第三次的突破，當為電話及電影的出現，真聲與真影，不再受空間與時間的限制。

　　電腦出現，可說是第四次的突破，而且以其發展的迅速與功

能的多樣，竟可稱為一次劃時代的革命，其對於人類文明影響，十分深刻！這次的突破，發軔於七十年前，那一臺 1946 年裝成的電腦，還保存在美國賓州大學。這一佔地 50×30 呎的龐大機件，其能做的功效，還不如今天手掌上薄薄一片的計算器！七十年來，我們目睹電腦的發展，誠可謂日新月異，目不暇給。論其原理，仍然不外是二進位的系列，一開一關，經過許多選擇，揀選訊息，聯結訊息，也保留訊息。當初的電腦，乃是計算的工具，因此英文名稱，還是「計算機」(computer)，倒是中文的名字，「電腦」，更為傳神，能說明這一工具的功能。今天電腦用途的廣泛，已是我們生活的一部分，大家都清楚，不必在此一一敘述。我毋寧以此篇幅，論述這次資訊革命引發的影響。

　　以我們學術研究而言，電腦能儲存大量資料，也能迅速的檢索搜尋，這一功能將「博聞強記」，幾乎完全可以交託於電腦。同時，其他學者在異地進行的研究，經過網絡互通聲氣，是以分工合作，不必即在同一工作單位，也不必屬於同一研究團隊。因此，每一個人都擁有看不見的人力與資料，支援自己的研究工作。今日研究工作，尤其那些正在開展的尖端學科，實質上已是全球一體。資料是大家共有的，問題與設定的工作程序，也是共有的，核對研究成績往往是幾處同時進行。過去某一發現或某一理論，可以歸功於某一位學者。現在，一些重要的貢獻，其實是許多人的集體業績。這些尖端學科，發展迅速，不斷改變學術園地的版圖，上述全球化的現象，當是相當重要的條件。相對而言，一些曾經佔有重要地位的學科，竟由於累積的習慣積重難返，還是在分別割據為小塊領域中，其成就遂不能與尖端學科相比了。

　　在文化的傳佈方面，電腦及其衍生產品，將音響圖象迅速的

廣泛傳佈於大批網上的讀者與觀眾,是以一條歌曲或一場演出,同時觀賞的大量人口,跨越了空間的限制。這種形式的傳播,最有利於大眾通俗文化的傳佈。今天種種演藝人員與運動明星,擁有群眾之多,成名之快,令人咋舌!大眾文化,挾其優勢,拋去了地域性與文化性的間隔。今天一位當紅明星往往是全球聞名。一般讀物,例如日本的漫畫,已為舉世青少年人人欣賞。大眾文化的全球化,將於近期內統一世界人類的娛樂與休閒方式。相對而言,精緻文化的產品,由於擠不進大眾傳播的網絡,即使在一時一地有存在的餘地,也許再無遠達別地,傳之後人的機會了。文化的全球化,大致也意味為通俗化與一致化。各處人類勢將享用欣賞幾乎完全同質的文化。在好的一面看,大家有文化上的平等,甚至還有參預文化創造的平等機會。從壞的一面看,「下里巴人」的庸俗,勢將排擠「陽春白雪」的高雅。同質性的文化,瀰漫全世界,也不免扼殺任何「異端」出現的機會,對多元化共存,更是不利。

資訊革命,對於世界經濟的全球化,其推波助瀾的效應,尤其顯著。在十六世紀時,因為新大陸金銀投入歐亞長程貿易,世界經濟,已開始編織為一個龐大的全球網絡。工業革命以後,世界各地供需互依的格局,將全球經濟拉成一片。這次由於電子傳訊而出現的資訊革命,使全球網絡,更為緊密。

在許多效應之中,影響我們日常生活處,最堪注意者,一在全球金融的迅速融通,一在許多產業的結構發生改變。先說前者:過去各地銀行通匯,即使電匯,也還須有數小時的時差,始能將一筆錢轉移到別處。今天電子網絡撥款的速度,只須鍵盤上輕輕一擊,遠在地球另一端,即可收到匯撥的款項。世界股票市場,

最近幾年內，起起落落，幅度驚人，過去的經濟佈局，紐約票據市場，進進出出，無非美國的資金。倫敦市場，則是英國的資金為主。今日則不受此限。隨著二十四小時的時間，紐約、東京、臺北、上海、香港、新加坡、蘇黎世、法蘭克福、倫敦，每一個時區，都有市場在開市。大筆資金，隨著時區，一站一站流轉，進出任何一處證券市場的資金，往往是外來的「熱錢」大於當地「中央銀行」可以控制的流動貨幣量。若干擁有巨資的財團，遂如同經濟戰場上的快速機動部隊，東奔西馳，翻雲覆雨，攫取巨利；而由於其流動性強，任何國家的公權力，都不能奈何這種財團的「騎兵行動」！

　　再討論第二個例子。美國在二十世紀初，工業化已經成熟，產業結構漸漸整合為「一條龍」的生產過程。舉例言之，福特汽車公司生產的汽車，由軋鋼到全車裝配，都在其自己的工廠進行。福特的生產線，是一貫作業。今天則不然，由於電腦設計，一件產品的許多元配件，可以分割為許多單元，分別在各處生產；由於電腦設計的工作過程精確，這些零件配件，可以精準的組裝為一體。經過資訊網絡，各處廠商都能分別標得生產某一工序產品的機會，也都能維持其規格的精準要求。於是，過去一貫作業的工序，可以分解為許多步驟的分工。在分工的鏈線上，每一步驟都有上游與下游的供銷關係，卻也不必侷限於同一地點。近來各種產業，都有「外包」的鏈線，其中一個一個環節，分散於世界各地。各國的產品，經過「外包」，合而為一個整體。一輛豐田汽車，內部實際上有許多「外包」生產者的產品。豐田已很難說是日本的汽車了。「外包」制度，其中參預者眾多，各個環節之間的上、下游關係，也並不固定不變，是以，資訊革命，已徹底改變

了工業生產的組織型態，其既是全球化，也是因「外包」而切割為流動化。

今天全世界經濟版圖丕變，美國、日本的工業轉移，中國、印度工業擴張，都與上述產業結構的變化有關。對於我們日常生活：許多貨物的價格可以降低，但是許多地方的工人會失去職業，而財團則獲得龐大利潤！

以上所述，只是資訊革命對於我們生活衝擊的兩項舉例，都是資訊革命促進了全球化現象。文化與經濟的全球化，無疑促進了世界大同，但也沖散了各地社區與社群。天涯若比鄰，是全球化的一面；比鄰若天涯，則是全球化的另一面，一個現象，往往還是必須從不同的角度參看其意義。

61. 科技的發展

　　二十世紀以來，科技方面的進展多姿多采。物理學的相對論，與量子力學，尤為數理科學開了全新的境界。工學技術方面，噴射飛機、飛彈、雷達，……均是劃時代的創新。石化製造的塑料，影響人人的日常生活。——凡此都不能一一敘述。總的說來，上一個世紀，科技方面開展的速度及特色，誠可說史無前例。

　　擇其最有影響的項目來說，資訊工具（電腦、電視、載波……）、太空探測、與生物基因的研究，三個項目，當是最重要的發展，甚至稱之為「科學革命」的三大項亦不為過！資訊革命一項，在上章已經涉及。本章則討論太空探測及生物基因兩個項目的情形。這些都是牽涉廣泛的課題，不是本書一章可以涵蓋。此處也不過提示與我們最有關係的幾個問題而已。

　　先說太空探測。1957 年蘇聯發射人工衛星史普尼克，進入外太空，一舉驚動世界！六十年來，人類在這一科學項目的進展，十分可觀，我們已親眼看到登陸月球，回收太空艙……以下許多成就，今日美國的科學家甚至已在討論如何建立月球及一二行星

上的永久基地了！至於在外太空，聯結幾個太空艙，設立太空站，則已成事實，也許這一設計，擴大為飄浮的太空基地，較之在別的行星上設立基地，更為易行。

回顧人類過去對於天空與各種天體的種種想像，以至後來的太陽中心論代替了地球中心論，人類已走過漫長的發展過程。各處科學探測，古代以璿璣玉衡，黃、赤道儀，……等等機械工具，嘗試掌握天體運行的規律，近古則發展了光學工具，亦即各種形式及不同倍數的望遠鏡，遙測穹蒼的點點繁星。人類確是費盡心力，想從自己寄身的地球，捉摸到地球以外的宇宙，只是無論有何等進展，我們始終只是停留在「管窺」的程度，也不能從另一角度，尋索宇宙的種種現象。

今天，人類可以從外太空回頭俯視地球，那些太空航行人員，回顧來處，地球逐漸變化，由一片大地，收為一個明亮的光點：他們的激動，可想而知！人類離開地球，進入外太空，離開的距離，較之無邊無際的宇宙，不過一指之遙。猶如小舟離岸，僅有數十尺，外面還有浩瀚的大洋大海，波瀾萬里，亦不過稍勝於沙灘邊緣衝浪的弄潮兒而已。然而人類對自己及對於宇宙的視角，都已與過去大不相同。人類終於理解，地球只是億萬行星中，體積不大的一顆小星，地球的年齡，也還相當年輕。更重要的，天與地，天上與人間，不再是兩個相對的觀念。天空、天庭、天國，以及諸天神佛、耶和華、阿拉，在太空中沒有可以著落處。所有宗教的超越與凡俗的對立，不能再以天上人間為喻。這一難題，早已困擾一切宗教，當年伽利略之受天主教廷排斥，即因為太陽中心論的宇宙，動搖了宗教以「天」為喻的理論基礎。自從太空探測有了進展，上述的基礎都難以成為神學立足之處。

　　在另一方面，太空探測的許多數據，似乎都在證實宇宙不斷擴張的假設，是以所有星體及星體系統之間的距離，都在持續拉遠。這一假設，往回看，必須有一個開始擴張的原點，而且在時間軸線上，也當有某一剎那，一聲霹靂，忽然有了如箭矢疾飛的「時間」。然則，那一原點，置於何處？那一霹靂聲，又如何開始？這些都成為今日的「天問」，似乎我們經歷了數千年的文明，屈原提問的問題，又來到眼前。於是實證科學的假設與驗證，九九歸元，還是轉回老子、莊子、佛陀⋯⋯等人提出的問題。無為有之始，無之前還必須設定一個無無的階段。這些問題，大哉問，還是在困擾我們，我們還是不得在形上哲學中設定一些論述。

　　另一項目的科技發展，是在生命科學的領域。1953 年華生（James D. Watson）和科立克（Francis H. C. Crick）找到了平行雙螺線，作為排列生物基因的模式。到 2007 年，英國的生物學家已成功的從沒有生命的元素，合成為有生命的菌絲孢子，這一個非常簡單的有機體，雖然簡單，卻符合生命體的定義，能自行繁衍，生生不息。在兩個世代的努力之下，生命科學的基因研究，有如此長足進展，其成就堪稱非凡！

　　現在的生命科學，尤其基因研究，已是顯學，其可見的後果，也是多方面的。醫學、藥學、農學、環境控制⋯⋯無不因為基因研究，而改變其關注的方向與課題。基因改造，也可施之於人類，排除若干疾病，甚至改變人的性格與喜惡趨向，目前，學術界還在自我節制，不作創造生命的研究，也不作創造不同生物種混合的生物品種。但是這一禁忌，難以長久不受挑戰。上述英國科學家合成的菌絲孢子，已經突破了禁忌。資訊學的研究，使得簡單的人工智能現已做到，若加上生命科學的研究，也許真有一天，

人類創造了，也製造了，智能不亞於人類的人工人類。哪一天出現了這種生物新品種，人類是取了上帝的權力？還是打開了潘朵拉的災難之盒？

　　生命的奧妙，至今尚未為我們所能解讀。人類自認為萬物之靈，自古以來，人類不斷探索這一禁地。青春泉、長生不老藥、成仙成神……都是由於人類未能掌握進入禁域的鑰匙。現在，人類似乎將成功破解密碼，下一步將如何？不作準備？還是預作準備？都會影響到我們對於「生命」探索的無比大事。

　　即使單純從醫藥的進步言，人類也正站在一個重要關口。今日醫學的進步，已使許多原本致命的疾病，轉變為可以治療，可以延遲其惡化的病症。不久以前，癌症是絕症，今日則已可以治療。老年人的心血管病症，本是老化過程的必然現象，現在有了藥物，長年服用，即成為可以延續甚久的慢性病。人類的自然壽命，不論哪一地區，都或多或少，不斷的提高。人人可享長壽。「長生不老」的夢想似乎已將實現。然而，人壽雖長，終究已經衰老，壽命提高，老人們承受七痛八病的時期，也隨之拖長，這樣的生命品質，是可欲？抑是可憐？

　　此外，為了延長壽命，社會付出了不少資源（包括研究與醫療護理……的人力與物力）。人口結構由於壽命延長而老化。因為老一代不退下，中青年人即不能有遞補上一代工作的機會，反而必須負擔扶養大量老人的責任。今天一個五十餘歲的中層工作人員，其升遷到上級的時間，大為延遲。一個三十餘歲的基層工作人員，卻必須揹起侍奉內外兩家四位長輩的責任。即使不由個人直接支付養老費用，他們仍由政府徵稅的方式，擔起這一重擔。是以，若從整個社會的新陳代謝看，醫藥的進步，毋寧打亂了自

然生命一代接一代的程序。

　　奈米 (nanometer) 則是另一項科技顯學。這一種微形技術，也由 1950 年起即開始有人研究，到 1960 年代逐漸受人注意。今日奈米技術的應用範圍，幾乎已遍及所有高科技工業。奈米技術，舉例言之，可以將分子焊合，也可以建構細胞單物質分子的複合體。數十年前，有一科幻小說，描述微形小舟，循人體血管巡航，清理血管內部。今日內視鏡技術也既可用攝影機探視人體血管內部，還可以執行切割手術。配合雷射式超音波，許多醫療技術已可做到過去不能想像的工作。

　　僅以上述幾個科技領域所能做到的事跡，人類已能深入其大無外，其小無內的境界，也幾乎接近了生命奧祕的破解，這些都是在 1950 年代開始發軔，今日已卓然有成，借用基督教《聖經》的伊甸園比喻，亞當與夏娃吞食了「智能」的果實，上帝為之震怒，將人類逐出無憂無慮的伊甸園。人類曾經將一切難題，都推給上帝，或者禱告求助於諸天神佛。現在智能之果的神效逐漸湧現，人類能做不少事，但是不能解決伴隨而來的許多難題。上帝

奈米與奈米科技

　　奈米 (nm) 是英文 nanometer 的音譯，字首 nano 在古希臘文中的原意是「侏儒」的意思。奈米的長度是一公尺的十億分之一。奈米科技主要是利用物質在奈米尺寸下的特殊物理、化學現象，有效地將原子或分子組合成新的奈米結構；進之以其為基礎，設計、製作為新材料、器件，並具有不同於以往的新功能。

淡出,眾神隱退!人類只有自己肩負起解決種種困難的責任。但
是,人類有這樣的準備嗎?

$62.$ 知識工業與經濟

六十年來，現代科技的發展是多方面的。上章所述太空、生物、資訊與奈米諸項以外，航空、材料、農業、石化、核能……諸項，也均有長足進展。這些項目，我們可以觀見，都是純理論與實用之間密切相關的知識。是以，半個多世紀以來，生產事業的發展，無處不受益於新開拓的知識領域，也經常有助於進一步開拓更多的新知。

過去，工業化的進展，大致一步一步由純理論知識中，有人找到可以轉化為實用目的的產品，然後經過實驗室試驗，引進到產業界嘗試，設計生產程序，最後才大量生產，進入市場。這一漸進過程，需要相當時間。許多理論性的知識，不是為了實用；不少工學院實驗室的成果，未必引起產業界的興趣；最後進入市場，還必須有廣告宣揚，始為一般消費者採用。

最近半個世紀的情形，上述的研發過程（研究與發展），似乎反其道而行之。現在，敏感的產業界，察覺消費者的需求，直接的由產業界自己研發，更經由對於學術研究的支持，引導學術界

在有關領域，從已知的基礎，指向那一個方向，不斷試驗。由於那些未來產品的市場已經明顯可見，有關研究的商業價值，也幾乎可以標定。

推動這些研究的力量，並不僅是來自民間的產業界，也常常來自掌握龐大資源的政府。國家參預學術研究的方向，大致有兩個原因：為了軍備及為了經濟發展。在戰爭期間，甚至冷戰期間，列強都全力投入資源，尋求強化軍事力量，這一類的例證，多不勝舉。第二次大戰期間，德國發展了飛彈，將毀滅與死亡，投入遙遠的英倫腹地。英美蘇急起直追，未曾因大戰結束而停頓。這一系列的研究，不僅導致各國目前以飛彈為國家軍備主要力量，而且也引發了太空探測的競賽（參看第 61 章）。由這一條線索帶動的力學、材料、燃料、控制……以至與太空研究有關的物理理論，無不突飛猛進，蔚為顯學。另一例證則是核能研究。德國在大戰期間早著先鞭，但其研究工作，由於英軍破壞了製練重水的設備，未能有實際的成功。美國以曼哈頓計畫，集中當時物理學界精英，製成原子彈，以此脅降了日本。從此以後，列強一個一個從事核能研究。核能研究的衝擊，改變了整個物理學領域。量子力學理論，蔚為物理學主流。核能的和平用途，由發電到醫療，具有廣大無比的經濟效益，也為人類生活，增加了無數深遠的影響。

為了經濟發展，不少國家也會投入資源，推動若干有發展潛力的研發。遠的不說，單以臺灣自己的經驗為例。1970 年代，臺灣的石化工業（塑料）已有良好發展，政府必須策劃下一階段的產業升級，遂以扶植石化工業的經驗，用於推動資訊工業，卻又有更為深入的參預。當時政府組織資策會，開設新竹科學園區，

尤可稱道者，政府設立工業技術研究院，開發有用的技術，也經由國科會與經建會，推動大學研究工作。這一努力的成果，卓然可見。臺灣不僅有了新竹的雛型「矽谷」，也在幾所大學中，培養了優質的研究團隊，今日，電子、資訊軟體等學科，臺灣擁有優秀的研發人才。臺灣的經濟基礎，至今還是仰仗資訊硬體與軟體的產業。

目前世界最有發展空間的學術項目是生命科技，包含基因研究及其各有關科目。臺灣在這一領域投下的資源，其實不夠，也太遲。是以南韓生技研究水平，高出臺灣。最近幾年，臺灣才在若干研究單位，投下資源，期望有能與當年發展資訊科技相比的成果。從臺灣的兩項發展，我們已可理解，國家為了發展經濟，可以引發強大的誘因，帶動有關學術的研究。

在理工學科之外，由於市場經濟本身是一個頗為有趣的現象，人類社會的發展，自從工業革命以來，經濟領域的比重，一天比一天重要。經濟學遂日益茁壯，竟漸漸脫開其他社會科學，儼然自成體系。今日市場的國際化及多元化，掌握市場資訊，預測其起伏趨勢，都是有極大實用價值的知識。是以經濟知識本身，成為有用的商品。同樣的情形，企業規模日益龐大，牽涉的因素日益複雜，管理企業，也成為專門學問，其知識也因此具有商品價值。

以上所舉一些理、工、經貿、管理學科，因為其「商品價值」，在各國學術界都發展迅速。電子學院、商學院、管理學院……往往是大學校園最為惹眼的單位，能調動資源，遠遠超越傳統的文理學科。書中自有黃金屋，書中自有千鍾粟，這些諺語，今日已另有含義。電子新貴，又無不盼望躋身比爾蓋茲之列，股市

高手，也日夜夢想巴菲特的業績。

於是，知識不但有商品價值，擁有知識者可以找到財富，也找到權力。過去的知識人或中國傳統的「讀書人」可能想到學而優則仕，卻不能與今日若干學科的知識人同日而語。

理性的知識，本是一個互相牽涉的大系統，其中若干分子取得社會注目，未嘗不能附帶拉動整個知識系統的成長，前面所舉數例，已可顯示，理論物理，因若干實用科目的發達，也隨之啟動研究課題。市場管理學的需求，近則帶動統計學、社會學……等學科，遠則刺激歷史與哲學，都必須面對新課程，凡此均是好事！

另一方面，知識成為商品，知識人之中也就難免有人因追逐財富與權力，忘了自己原有的本業。追求知識，本是發揮智能，秉承理性，由已知推入未知，以逐步了解自己，了解人類所處的社會與宇宙。求知的樂趣，本身即是這一志業的報酬。一旦知識的求利動機，壓倒了知識本身的意義，有些知識人可能即有壟斷知識、出賣知識、偽造知識，種種不良效應。學術界的作假事件，越來越多，即十分令人耽憂。

綜合言之：人類有史以來，知識的實用意義，從未有今日如此引人注意。知識領域，本應以理性與求知熱忱為主要動力。面對最近數十年來的變化，我們一則以喜，一則以憂。可喜處，知識為人重視，也許人類行為可以有較多的理性。可憂處，知識領域，由於越來越偏於實用，越來越受制於市場價值，其課題的選擇，可能有所偏重，積重難返，知識領域中，將來可能不再有純理論的探尋未知了。

63. 美好的新世界？

　　提起「全球化」，常會想起「世界大同」。然而，兩者畢竟是迥異的觀念。「世界大同」是一個理想的境界，而「全球化」則是陳述一個正在進行的趨勢。未來的世界是否美好，無妨一觀「全球化」可能來到的情形，再預測其得失。

　　在前面曾提到，現在國族國家，或將在國際組織的框架下，失去相當部分的主權。國族國家，因此不再是人類群體必然與終極的模式。這一陳述，並不指陳只有一個全球化的人類社會，作為人類的主要層體。人類還是會有其他形式的組織，整合不同的人群。

　　目前可見的現象，除了「全球化」的趨向於「合」，其實還有地域性與族群性的趨向於「分」。舉例言之，蘇格蘭，長期在英倫三島之內，與英吉利、威爾斯同為聯合王國的一部分，已有數百年。最近卻要求有自己的議會之外，還要有自己的內閣。又如，比利時由荷語、法語兩大族群合為一個國家，兩族齟齬，為時已久，最近法語族群，竟提出分為兩國的要求。非洲諸國，由於當

年被西方列強霸佔，一國之內有不同的族群，同一族群分屬兩國。自從二次大戰後，殖民地紛紛獨立建國，這些強合為一國的族群，要求獨自立國，已是常見之事。歐洲巴爾幹半島，族群複雜，犬牙相錯，難以切割，族群糾紛，時時演變為暴力衝突。凡此情形，世界各處屢見不鮮。目前臺灣有人堅持獨立自主，也是在東亞趨「合」的大勢之中，有一求「分」的要求。

　　近代主權國家，有其功能，即在集合國民，統籌資源，俾得對外保衛國民的集體安全，不受外人侵略，對內挹注資源，救困濟弱，使國民有生活的保障。但是，二十世紀，國家公權力極度擴張，個別公民在強大公權力籠罩之下，頗有太阿倒持之苦。國家主權削弱，或可由社區與社群，取回一部分公權力，以執行內部安全保障的功能。一個社群或社區，也不能太小，應有數十萬人的共同體，方能聚集足夠資源，挹彼注茲，合作互濟。從血統、語言界定的族群，卻未必是最好的共同體。因為這些「先設」的定義，其實常是虛擬的；而且先設定義的族群，內部利益並不一致，文化理念也多差異，未必能組成謀求集體福祉的生活共同體。因此，我認為一個人數不過百萬的地緣社區，組成共同體，再加理念或職業相近的社群，組成另一層次的群體（例如政黨、工會），在社區共同體中，以協商方式，共謀群體的最大福祉，代替現在「主權國家」層次的群體，可能避免強大公權力侵犯個人民權的弊病。

　　全球化的另一範疇，則是經濟的全球化，我已在前面的章節，陳述經濟全球化，乃是十六世紀啟動的趨勢，其動力沛然不可制止。到了今天，各種國際組織中，最有實際功能者，也是經濟合作組織（例如世貿、亞太經合、東協、歐盟……）。在具體運作的

層面，跨國投資、多國公司、外包業務……均是自然衍生的經濟國際化。「全球化」現象，竟可說是由經濟國際化開始的，其持續發展的動能，還是自由經濟的市場行為，本來不應有經濟動機以外，其他力量的強力干預。

十九世紀以來，西方列強，挾工業生產的優勢，強力侵略世界其他地區，他們以國族主權國家，藉武裝力量，凌駕弱者，長保經濟優勢。最近數十年，由於經濟交流，各國經濟體之間，不能再有過去的藩籬；正如幾個水桶，彼此之間，原來只有強力控制的挹注，現在則有了水桶之間的水管相通，於是原來並不相等的落水高度，難以避免會逐漸拉平水頭，終於諸桶蓄水將在同一水平。最近中國、印度、巴西……等國經濟崛起，其實即是拉平水頭的效應。對於人類社會全體，這一發展大勢，毋寧是矯正不平等的好現象。

不過，從另一方面看，「經濟全球化」過程中，已有一些財力雄厚的財團，利用經濟互通的情勢，在各處流動，以博取厚利，卻又利用國與國之間的權力間隙，逃避任何一處公權力的管理與約束。輕則逃稅，重則違法犯紀。這種在國際間流竄的財富，在今日有日漸增多的趨勢。「經濟全球化」的過程中，必須對這一現象有所糾正。

上章所述科技知識商品化，與經濟全球化也有互為表裡之勢。在許多相同興趣的知識人整合時，他們的密集互動，最有利於知識的累積與增長。眼前美國加州矽谷、波士頓附近地區……均是知識人群集的中心；這些聚集密度最高的地點，也正是知識衍生財富與權力，最具顯著效應的地方。將來全世界，將有若干類似矽谷的聚集中心，其人才、財富互相拉拔，將長保優越地位，凌

駕廣大的腹地之上。從可喜的方向看，人類共同資產的「知識」，在這些養精蓄銳的地方，得以迅速而有效的增長。從可憂的方向看，若干中心的存在，勢將剝奪其他地區發展所需的資源，科技知識的地區性偏差，可能很難有改變的機會。長遠而言，對於世界整體的發展，這些偏差，還是可能提供多些選項。

大眾文化的全球化，亦是已經顯而易見的現象，流行歌曲、時尚服裝、體育運動及電影電視節目……均已由一些引領風騷的中心，四處瀰漫，遍及全球，尤其青少年喜愛時尚，不論身處何處，都已如由同一模版翻印。在這一通俗文化的領域，地理空間並無距離。時間軸線上的代溝，反而更為顯著。世界各處的青少年，似乎正趨於相同。可是相對西方，無論哪一個文化體系的傳統精萃之處，卻在不斷流失，通俗文化挾現代大眾傳佈的利器，正在排擠一切精緻文化。也許不須兩代，中國的詩詞歌賦、西方的交響樂，與文學鉅作，都只是大學學術研究的課題，不再能在芸芸百姓之中，發揮啟迪靈性，提升情趣的作用了！

最堪耽憂的事，則是幾個主要思想與信仰體系，日趨衰微。佛陀、猶太先知、孔子、耶穌……諸人，開創了人類的價值系統，於是人類知所善惡，也知道坦然面對生死、窮通、……種種難知的命運。凡此生命的意義，經由說教與信仰，不斷繼長增高其價值系統的內涵與外延。可是現代數理與生命科學，發展至今，那些價值系統藉以立足的信仰，很難自圓其說。

世界各處交往頻繁，再無隔離。文化的多元共存，勢必將各處信仰系統對照比較。任何信仰，在其原來地區，大多獨尊一家，各是其是。各家系統對比之下，彼此異同，互相抵消，信仰系統很難繼續主導其信眾，規範他們的行為。

　　綜合本章，世界走向全球化，在政治、經濟與文化各方面，都會出現巨大變化，效應也有利有弊，並不是理想中的世界大同。再者，世界本應同中有異，方能留下抉擇餘地，一切同質，也未必是好事。至於如何重建可以持守的價值觀，則將在下章中討論。

64. 重建價值系統

　　兩千多年前，各處聖哲為人類界定了是非、對錯、善惡種種價值，將大多數的人類帶進文明開化之境。人類之異於其他生物，也就在我們知道如何規範自己，如何彼此合作，如何減少弱肉強食，唯力是恃。人類也有了提升自己性靈境界的反省與啟悟，遂得在順暢時自制，在橫逆時不餒，在無可奈何時寧靜。

　　如上章所述，二十世紀開始，幾個傳統文化都在日益式微。基督教與伊斯蘭教，都將文化的超越部分，建構在獨一真神的意志。一切價值系統，都以「神諭」、「神思」為基礎。自從啟蒙時代以來，基督教中人，頗致力於修正調節，但在太空與生命科技迅速開展下，還是難以自圓其說。世界多元化，許多文化系統互相碰撞，基督教系統也難以獨尊。伊斯蘭教系統，至今多閉關自守，導致許多內外衝突。東方的兩大文化系統，亦即印度文化與中國儒、道、釋融合的系統，則於承受西潮衝擊的失敗後，已經潰散，難以收拾。於是，今天舉目全球，那些古老的文化系統，都漸漸隱去，前面的舞臺，幾乎全為上兩章描述的科技文化佔去。

科技文化，今天大多有「致用」的特色，「工具理性」的成分極大，於超越性的價值，還有待界定與開發。

在今天科技文明已經成形的時代，建構人類文化的價值系統，不能再從先驗的天與神為基礎。超越性的價值，必須自我反省開始。何謂超越？借用我們日常經驗為譬喻：我們在博物館中，站在一幅懸掛的藝術品前，往往趨前，以近距離諦視細部，又退後一步，以較遠距離欣賞全局。退後一步，即是超越局部與細節。此處「超越」一詞，可引申為超過此時此刻，跨越眼前的空間！我們也未嘗不能試試，如何從科技文明本身，尋找超越價值。我們也未嘗不能由「人」的現象，作為尋找超越的起點。畢竟我們自己是「人」，也正因為自己是「人」，我們在尋找如何為「人」的生活，重建超越的價值。

假如從「人」的現象為起點，我們至少可以肯定，因為此時此地，「我」在思想；這一事實，即可以確認，「我」是存在的。笛卡兒「我思，故我在」的名言，即是陳述這一肯定存在的起點。「我」既存在，則由我投射，可以肯定，別人，亦即別人的「我」，也是存在的。——這是中國儒家人本哲學的陳述，「推己及人」。我有好惡，則推及他人。即是「己所不欲，毋施於人」。儒家以此陳述其超越的仁，及仁所衍生的道。積極的方向，「仁」者愛人，己欲達而達人，己欲立而立人；遂與「恕」道，互為表裡，既博施及於眾人，又不將自己的意志，強加於他人。在基督教價值中，「愛人如己」，注重於積極的方面。一不小心，即可能盡力推廣自己的系統，而不容許拒斥，甚至不容許有異見存在。基督教與伊斯蘭教，都自恃為獨一無二的真理。他們傳教過程，往往多用強力，而他們兩個信仰系統，本來同出一源，卻固於

「恕」道，有所不足。兩教兵戎相見，已近千年。今天中東的戰亂，還是由於兩者都自恃為絕對真理，不容彼此共存。

　　從「推己及人」，更進一步，則是「推己及物」，此處的「物」，涵括「人」的觀念以外之眾生萬物。物理與化學，均考察萬物結構，近代太空探測，考察宇宙天體的結構，生命科學則考察細胞、基因的結構。今日可知者，外則恆星與行星，內則分子、原子與許多粒子。它們的建構都是一個一個的「系統」，其中各個部分，又彼此維繫，互相影響，不斷地互動調整其衡態。同時，大大小小各個結構，套疊為多層次的結構，包有大小各級的「宇宙」。一個原子結構，宛然是一個小型太陽系的結構。至於資訊科學，其功能在建構網絡，當然更可啟示系統的特性。

　　這一其大無外，其小無內的多層網絡系統，啟示我們，大小宇宙息息相關。一個小宇宙的變化，牽動其所屬的大系統。「人」所屬的人間社會，其中一個一個不同性質的組織，其實不過是人類系統中的局部。這些局部系統的內部，還有分開系統，各有統屬，卻又在人類共同系統中，各自運作，又彼此牽連，也彼此互動。人類共同系統則又放置在不同層次的生態環境之中。人類改造生態，也受制於生態。

　　這一段描述，在董仲舒的天人感應之說中，實已由形而上學的思辨，觀見其情況。佛家華嚴宗描述的帝釋網，網上千千萬萬明珠，迴照反映，由一粒明珠映照，可以見到整個大網，甚至也可從他珠的映照，見到我珠。是以，中國與印度的文化觀念中，已有如此認識：萬物皆備於我，由自身的觀照，可以體認到宇宙的存在。回到前面所述笛卡兒的名言，則主觀的自己肯定其存在，即可跨越主觀，認知外界的客觀存在，而且往還返照，彼此之間

的互依互存，則「人」的現象，可以擴而大之，肯定了「宇宙」的現象。這是由推己及人，進而為民胞物與，再進而為天人相通，天人感應的辯證關係，可說是由觀照到悟覺，萬物皆備於我，我與萬物息息相關。

由此轉化，則人人可以知道與人為善，也能由民胞物與，轉化為恫瘝在抱的同情。不僅實踐為人饑我饑，人溺我溺的悲憫，甚至推而廣之，悟到對於萬物與環境的憐惜。這一連串的價值觀，全可由「仁」的認識及網絡系統的由己及人，天人交感，一點一點引申得之。

若理解價值系統為真、善、美三個方面，善的部分，可由上述諸點開出。真的部分則可追求科研知識的「學術行規」導出。任何學術工作，本是為了追求真理，求真的推論、歸納，以至實驗，毋非以理性尋找可能企及的「真」，並以反覆推敲及實驗以驗證是否如此。學術研究可能因為資料不夠，考慮不周，遂使推論錯誤；但是至少學術工作者不應也不會存心自己作偽，編造數據，以欺騙自己！

為了求名求利，少數不肖之徒存心作偽，以欺騙同行；例如2005年韓國複製生物的醜聞。這是知識商品化的惡果。即使在這一個例子，以偽造實驗欺騙世人的生物學家，自己心知肚明，不會相信這一實驗。因此，在正常情況下，學術工作者，以求真為其志業，即可由此專業倫理，轉化為真誠不欺的普遍倫理。

「善」的價值，由人類有「情」，也能為情所動。此處的「情」字，不是僅限於喜悅，也一樣有驚奇……種種啟動的情緒。美醜的定義與尺度，在不同文化系統，未必一致。然而，卻有共同的人性為基礎。有的人，「情」的體會較為敏銳，也有人則較為

遲鈍。大體言之，人人心中有情，此何啟動，頗由機緣。若從前面所說認識「人性」為出發點，則對於「情」的流露，也未嘗不能有所開發；甚至由求真的學術工作，一條數學公式，越簡潔，涵蓋面越廣，則其乾淨俐落處，本身即如完美的幾何學，有其啟動人「情」的美感。自古以來，文字、藝術、音樂……的動人處，頗多是在這種恰到好處打動了讀者、閱者或聽眾的心弦。簡言之，還是不外推己及人，「感同身受」！

今天人類還在舊日文明內塌之時，新的價值系統亟待建構。科技文明，代替了過去的農業文明與工業文明，這一個新的文明，是以「人」為本，以「知識」為用。本章所述，只是一己的嘗試，企求由人本與求知兩塊基礎上，推行可以安頓人心，安頓社會的價值。明日的世界，必須有個人之間相處的倫理，個人與社會群體相處的倫理，以及人與自然相處的倫理，庶幾這一正在開展的文明，可久可大，有其增長的空間。過去的文明，神是因緣之源，也是終極目標。這個「神」字，在不同文化系統，有不同的稱號。但也有「道」與 "Logo" 代表天地間的「理」字。今後，我們或可持「人」為起點，也以「人」為終點，而以人的理智靈性，作為「神」的內涵。所盼者，大家都多多思考這些問題；但也不宜當作「學術」問題，也不應當作教條，畢竟：由知識中或可提煉為智慧，日常生活則是價值的實踐。

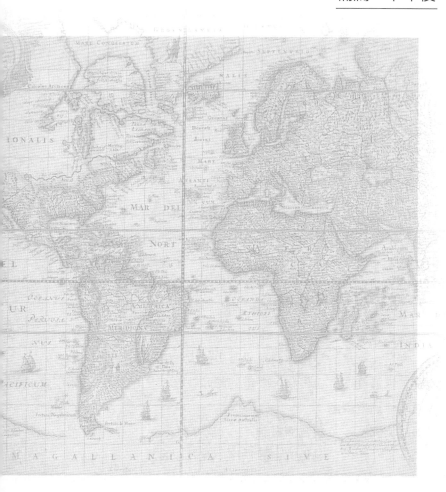

補篇　十年後

　　本書已經出版了十年，現在三民書局要出一次新版，我將第一版重新讀了一次，感慨萬千。這十年來，世界變化之大，中國變化之驚人，以及臺灣在世界大潮流之下，也出現許多不安與糾紛。歷史的腳步在加快進行：一方面，現在發生的一切，都是過去累積，逐步造成的後果；另一方面，世界的發展速度，單以科技而論，也是加速了無數倍，十年的變化，也許當得了過去一個世紀，或是一千年的變化。我是學歷史的人，專業的習慣，讓我回頭看，推敲許多今日事務，變化的源頭在哪裡？在下面，我們將逐次陳述這些課題：

第一項：美國資本主義經濟體制。

第二項：正在走向全球化的世界秩序，竟難以實現。

第三項：中國的興起，及其採取的途徑。

第四項：近代科技發展，塑造了人類的自我認識和世界觀。

1. 美國的變化

　　先講第一項，美國體制的衰敗。此處所謂「美國體制」，包括兩個項目，一個是在人類歷史上，幾乎完全根據理想，建構的一個政治體，也就是北美合眾國所體現的政治制度。一方面顧及到個人的自由和平等，另外一方面也顧及到這合眾國內，不同階層人與不同地區人之間，和諧的共處。

　　這個理想，從 1776 年開始，逐步推行、也逐步修整，今天的北美合眾國的制度，其實和三百年前的設計，已經不太一樣了。這個制度原來的構想，簡約的說，是將國家的公權力，約束到不能欺負人民，然而又強大到足夠維持治安，和給予人民合理的生活環境。

　　自古以來，國家都是強者取勝，由勝利者塑造秩序，統治被他圈住的一般國民。這個美國的體制，卻是反過來，盼望從國民的利益著手，建構一個維持公眾秩序的公權力。也從社區著手，建構一個由社區結合而成的國家，所謂「社區」，不只是五十個州，還包括五十個州以下，縣、市、鎮各種市政單位。這一美好

的構想，一方面立足在三權鼎立，行政、立法、司法三權制衡。
另外一方面，又建構了兩黨輪流執政的監督體制。

如此的構想，在演變過程中，也經過多次調整，哪一邊權力
太大時，就有另外一部分權力起來，加以制衡，使他不至於獨大。
整體講來，在北美這個地區生活的公民，的確不會像其他地方的
國民一樣，感覺到國家對他們的壓力，也不會感覺到，他們必須
依賴國家，來保護和分配生活的資源。

十九世紀中期的內戰，二十世紀經過的經濟恐慌，一次又一
次，重新調節生產和資源分配的方式。整體言之，美國制度的特
點，不僅有其積極性，也能夠消極地防止侵犯人權。公民投票選
舉公職人員，既從平民百姓中挑選能幹的人，代表公民的意見，
發出公民的聲音，保護公民的利益。一方面，當政府體制確立，
在執行公務的過程中，一個公職人員，最好具有管理事務的專長。
那些來自平民的公職人員，原本並沒有特殊的專業訓練，他們的
專業訓練，無非自己職業項目之內的知識。另一方面，公職人員
長久在位，也足以歷練成為具備專業能力的從業人員。

兩黨制度提供從政者接受培訓專長的機會，也因此在兩黨制
度之下，有了一批終身專職的政客。他們具有專長，足以處理專
業，能夠在微妙平衡的體制之內，既能實踐政策，而又不觸犯政
治體制所標榜的制衡。專業政客要說服選民，讓他不斷地以不同
的身分參與政務。他們需要培養說服力，面對群眾，以通俗的語
言，說明複雜的事務，取信於成千成萬的投票者，才能將他選入
政府。理論上，政客代表人民的意志，與其他政客磋商，為自己
的選民獲取利益。他們為一群人群，爭取特定利益，卻又要讓出
一部分，獲取另一群政客的支持，俾得各有所得，也各有讓步。

在如此設計的民主制度下，政客們必須要能夠巧妙地說服群眾，然而，他卻又不得不準備背棄承諾。於是，在「民主政治」建構之內，預設了誇大和欺騙的政治技巧。

三百年前，北美合眾國剛剛建立的時候，政治活動的基層，是村落和市鎮。政客們可以面對幾十位、上百位的公民，在一室之內，陳述自己的構想。跟著時代的變化，人口增加了，選民人群的單位人數龐大了，更重要的政治人物傳達自己意見的管道，由當面陳述，逐漸演變，成為經過報紙、演說、無線電、電視，以至今日快速傳播工具的傳達消息。面對面的在市公所 (City Hall) 之內的陳述，演變成為在化妝室內，經過電波的表演，傳達到上百萬人的家庭。到了後者的方式，政客們和選民的接觸，實際上已經和推銷商品的廣告，沒有太多的區別。

在我剛到達美國不久時，1960 年甘迺迪的競選「表演」，就是以美國紐約梅迪森廣場廣告業的技術，擊敗了民主黨初選和全國大選對決的對手。這不是公平的競爭；政客的雄辯，也不再是人品和能力的真相。這是商品推銷，經過包裝，經過改造。於是，民主政治已不是「選賢與能」，而是競選時政客塑造的形象。當他們執政時，這些人的能力、操守和訓練，就未必符合大家的盼望了。

現代國家事務繁忙，美國三億多的人口，處處有不同的需求、時時有不同的盼望，怎麼樣在各種不同的角度看，取得最大公約數的公民利益，幾乎是不可能的事情。任何法案在國會提出時，都必須要經過磋商。國會參眾兩院設有分管不同事務的委員會。一個委員會，常常必須要分設許多次級小組，每一小組都提出不同意見，互相的磋商要求和條件。任何法案，其完成立法的過程，

從草擬到通過法案的各個階段，都是不同利益集團，在場裡、場外有種種的利益交換，取得一個大家幾乎可以接受的邊緣，才能湊合成為非驢非馬的新法案。如此的法案，可能從開頭就注定是對誰也沒好處，可對誰也不太有壞處：一個磋合而得的調停方法。

今天在華府地區，有登記合法的遊說人 (lobbyists)，他們受不同的利益集團的雇用，遊說議員，當中除了合理的辯論和勸說以外，免不了有許多在合法與不合法邊緣的利益輸送和承諾。單以我所聞見，這一種合法的遊說，常常跨越了合法和底線。政治人物希望終身在政界服務，他自己的薪資，其實有限；可是看不見的利益，卻是無窮。看過以來，國家事務愈來愈複雜，國家的預算愈來愈龐大，人民納的稅款是天文數字，可用在真正公眾事務上的費用，其實非常有限。於是，本來用心良好，設計周全的三權制衡政府，以及聯邦與地方互相合作的關係；由於上述在一個複雜體制中，逐漸發展出來的遊說和分潤，美國的公眾利益，終於是由一群專業的政客，篡奪了選民的權力：他們假公濟私，濫用選民稅金，為自己謀取私利。

六十年來，我親眼目睹，各級政務廢弛，公眾設施頹壞，職業政客們卻都是從基層逐漸上升到全國的層級，許多都腦滿腸肥。兩黨輪替的制度，已經失去澄清的作用；每次選舉，選民一次又一次失望，以至於選民投票人數，也愈來愈降低。到今天，選出了川普，這是美國當初設計的良方美意，沒有預料的後果。

其實，美國立國後不久，一個法國的學者，托格維爾 (Toqueville)，專程來美考察這個新生的共和國。他就預料，這個制度的演變：因為公務繁雜，和官僚體制衍生的重疊，將成為一團亂絲。處理叢雜，政治技巧難免蓋過原來目的：這是政治的庸

俗，和政客的腐化；他用「媚眾」(populism) 一詞，涵蓋上面的
弊病。的確，天下事務，都難免經歷從新到舊，以至於弊敗的過
程。成、住、壞、空，幾乎是任何事務，包括人生，都要經過的
階段。這一個制度，經過三百年來的演變，確實已經到了衰敗的
時刻。

2. 美國經濟體的質變

　　在北美大陸上，發展的資本主義經濟體制，也是人類歷史上，罕見的規模巨大、結構複雜。市場經濟本身，最簡單的原則是以物易物。如果將產品的勞力和成本也計算在內，市場上的交換，則為資本、勞力和原料三項，根據需求、供應，以原料製成的產品，換取足以補償勞力的貨物。

　　美國的產業結構，從一開始，就是一個規模宏大的經濟體：開拓廣大處女地，需要很多勞力，也需要投入工具和其他資本。農產品、礦產品在美國市場上出現，也常常要和大西洋對岸的歐洲運來的貨物，和歐洲提供的市場，結合為交換的整體。三百年來，美國經歷三次產業的轉變：第一次是日常品供應的經濟，第二次是能源工業和基礎工業的建設，包括鋼鐵、煤礦、石油、汽車、火車等等的生產，和鐵路、公路的服務。第三次則是技術性的革命，包括化工、生技、精密工業、電器工業等等。美國的經濟結構，愈來愈複雜，也愈來愈龐大。

　　各種產業升等，產業結構的精細和互相依賴，資本逐漸成為

最主要的一個力量。資本聯繫了勞力的提供，技術的轉換，技術的再生產，設備的費用，和產品的交換等等。這一漫長的交換鍊，貫穿許多行業，這就不再是當初簡單的功能：資本與勞力，在市場上按照供需，提供商品的制度了。

　　貨幣本來只是衡量價值的單位，人類歷史上，貨幣常常由稀罕的物品、貴金屬，例如金、銀、皮、帛，作為代表。貨幣的演變史不必在此細說。世界的經濟，因為資本主義經濟體制的不斷演化，逐漸開展擴大，終於將各地的局部經濟，捲入在同一個交換市場，全球化的經濟體。於是，各國發行的貨幣，必須要有一個共同的標準。在十九與二十世紀，黃金逐漸作為各國貨幣最後的儲備。理論上，每一國的貨幣，都可以用幣面價值，兌取十足的黃金，美金亦復如此。長期以來，美國因為自己產金，可以有足夠的黃金儲備量，存在國庫，作為貨幣的儲備。

　　二戰以後，全球大半殘破，只有美國一枝獨秀。美國的經濟，幫助歐洲和亞洲重建，美國的產業也成為全世界的工廠。美金無形之中，成為眾多貨幣中，最具有穩定價值的交換單位。國際條約曾經規定，每隔若干時候，共同會商，決定貨幣的交換價值標準。1971 年以後，因為美金已經成為各國貨幣的標準。美國宣佈，從此以後，美金不再與黃金掛鉤，美金就是一切貨幣的儲備。如此措施，美國掌握了全世界貨幣的總源頭，於是，全球市場的交換，如果是一個大的水流系統，美國的國庫，就等於是全世界水流的總開關。

　　握有如此的優勢，於是美國的經濟，成為全世界龍頭，美國的產業其總價值就決定了全世界市場的方向和交換的數量。理論上，資本主義的市場經濟，號為自由經濟，所謂「自由」，就是沒

有人為的法律和限制，管束貨品之間的交換，那是以貨品為主導的交換方式。然而，在資金為主導的經濟制度之下，誰掌握資金，誰就掌握產品，誰也就操縱市場。

在 1930 年代，美國面臨經濟大恐慌的時候，百業蕭條；擁有資金者，在這時趁時而為，有許多產業，因為資金流入，成為獨佔的產業。美國羅斯福總統推行新政，一方面反對托拉斯，也就是產業的獨佔，另外一方面，可又不能不遵從凱因斯貨幣理論的原則，貨幣流通，須有充分機會。既然同業的獨佔，為法律所不許，資金的流向，逐漸轉變為一個產品上、下游的整合。貨幣的信用，也逐漸成為貨幣本身的延伸。後者的氾濫，終於形成另一難以約束的經濟因素。

從 1970 年代開始，美國產業的上、下整合，日益加快，愈來愈波瀾壯闊。到今天，產業整合的結果，我們看到，只要貨幣流竄所至，就是產業互相吞蝕的時機。今天舉目觀看，沒有一個產品的上下游，不是屬於一個大集團。例如：《時代週刊》、華納影城、迪士尼樂園、希爾頓旅館、電視臺……都歸入一家旗下。

產品上市以後，本來大盤、中盤、小盤，批發、零售的機制，終於統一於「一條鞭」。最近這十年來，零售主力的百貨公司，一家一家紛紛歇業；超級市場不僅吞併了日用產品的分銷和零售，而且終於整合為大賣場；然後，又進一步，整合為產品從出了工廠，到最後送到用戶手上，由亞馬遜壟斷一切的統一流程。這些發展，將生產過程中，許多勞力和經手的經理人和售貨員等等職務，一概簡省了。

工業生產自動化，從技術的改進，一步步走到人工智慧、機器人、自動分流的流程，大批生產和分配之中的人力，一概被簡

省了。如此的整合，的確減去了許多中間層的分潤，使產品從原料轉換成有用的物品，到達用戶手上，中間幾乎不需要人手，也就不需要有人投入勞力。然而，那些中間因此「節省」的眾多勞工，又將何從何去？上層的管理人員，人數很少，設計自動化過程的程序人員，因為程序的進步，也只有減少、不會增加。各種行業三種僱員，上、中二層，人數不會減少；基層勞工則是大批失業。

以財富分佈言：今天已經看見的後果，是最上層的財富，匯聚成最大的數字，這些財富通常是跨國際的，政府的公權力無法約束。因為資金流動，迅速而不見痕跡，在市場上交換，頃刻萬變。貿易交割的過程，在全球的市場上轉換，也經過全球的金融機構，流動不息。這過程如此迅速，而且如此無形，任何公權力無法徵收應收的稅款。於是，財富的擁有者，幾乎不用負擔任何對公眾事務的責任。然而全體國民，包括消費者，也包括那些失去職業的人力，卻是在這龐大交易過程之中，成為被犧牲的失業者，或是無可還價的購買者。

今天大部分財富的所在之地，既不在倫敦，也不在紐約，而在加勒比海裡的小島的空殼公司，或者瑞士高山湖旁邊的銀行，或者隱藏在新加坡、香港等處的銀行帳戶之中。誰也見不著錢在哪裡？但這些錢的威力，卻如水銀瀉地，無所不至。資本主義體制到了成為如此巨大的巨魔，猶如「幻想曲」中，那個使用魔法驅使水桶的小巫師，他挽來洪水，即將沒頂，可是他已經無力制止。人類的經濟行為，到此地步，如何制止繼續惡化？至今還沒有答案。

自由市場資本主義的經濟體制，使美國成為世界霸主。這個

霸權的掌握者，不在白宮，而是在數得出來，數十家的大財團。這些財團不僅是美國的財團，由於這些財團掌握的力量如此巨大，世界各國自己形成的財富，也都紛紛靠攏，投向這財團的麾下。舉一例，臺灣首富弟兄二人，聚集了巨億美金的資產，這些資產的基地，已經不在臺灣，也不在紐約，卻已轉移到海上避稅口岸的戶頭之中。

美國的資金，到最後通通歸結為信託基金，信託基金不是私產，信託基金不需要如同一般的遺產，平均分配給子女或者繼承人。幾乎所有信託基金的擁有者，其家族成員，都是在每年分配的年金之中，獲得他擁有的一份。這些基金不會分散，永遠團聚在一起。這些基金的資金，在風險投資、共享基金、避險基金、指數基金等等經營方式下，成為決定世界市場，也成為決定你我生活的主要籌碼。他們趁潮逐流，無往不利；大眾卻是永遠輸家。

結合上一段美國政府體制的衰敗，和這一段美國為主體，國際資本主義經濟制度下資金的團聚。我們可以看出，世界的今天和未來，都不是你我一般人民可以決定的。我們都成為政客和財閥手指下的螞蟻，這兩個巨魔：政客集團和財閥集團，可掐死任何人，可斷絕任何社區或地區的生機。而且他們的生命，即使其中特別的主導人，自然生命結束，這些單位並不因為主導人的死亡而減弱，今天我們人類面臨的局面之無助，實在是出乎我們一百年前，甚至五十年前可以預料的地步。

3. 歐洲民族國家體制的質變

　　和美國的變化類似，則是歐洲政經的變化。歐洲是西方文明的主要基地，那些印歐民族的移民，大概從西元前兩千年左右，逐漸移入歐洲大陸，一批一批地進來，在各處分佈，最大的一批進入則是在西元三世紀開始，一直到六、七世紀，也就是相當於中國歷史上魏晉南北朝至隋唐時期之間，那時候一波又一波的所謂「蠻族入境」，整體地決定了那時以後，歐洲政治版圖和經濟發展面貌。

　　印歐民族在歐洲，接受了中東的文化遺產，包括兩河、埃及地區的農業，以及閃族發展的獨神信仰。然後在這個基礎上，乘車騎馬的入侵者，駕凌於歐洲的原居民之上，將原居民擠在角落和邊緣上，於是歐洲成為一個多民族共處的局面。不同時期進來的民族，都以其部落的方式，佔地自雄，經過封建時期，他們歸屬於曾經出現的大帝國之下。而真正駕凌於大帝國之上的大體制，就是獨神信仰的基督教，包括天主教和後來的基督教。「民族國家」的體制，也是在歐洲出現，而且在近五、六百年來，成為人

類政治結構體的主要型態。這時所謂的「民族國家」,自從十七世紀《西發里亞和約》以後,每個族群自己成為一個共同體,在這個共同體之內,建構了一個共享資源,也維持共同秩序的公權力。也就是民族國家的出現,實際上將帝國體制,從此推向歷史,在歐洲,自從十七世紀以後,雖然還有野心的國家,企圖重建帝國體制,但是都沒有成功。

民族國家聚居的形式,造成歐洲歷史上永遠不斷地,國與國之間的鬥爭。以中國史的背景作為比較,歐洲近代史等於中國古代的戰國時代,分裂是正常,任何想要以強權統一各單位的企圖,都沒有盡其全功。歷史上,歐洲的印歐族群,從來沒有過類似中國模式的一統天下;古代羅馬帝國,並沒有如同中國郡縣的行政單位,羅馬的地方行政系統,只是由羅馬兵團駐守,凌駕於原住族群的政權之上。教廷和霸主合組的神聖羅馬帝國,更是霸主主盟的封建體系而已。然而,世界上人類社會的發展趨向,都是從小單位逐漸聚集為大單位。地球只有這麼大,最後聚集的共同單位,應當是近二十年來標榜的「全球化」。歐洲列國的爭鬥,弔詭言之,是小單位聚集大單位的聯合工作,過程中出現的既在嘗試、又在拒絕的矛盾。

在近世紀來,歐洲經歷了兩次世界大戰,他們蒙受的戰禍,比世界其他各處,更為頻繁和激烈。二戰以後,歐洲的重建工作,是由美國支援的,這一批移向新大陸的歐洲子孫,以新大陸的資源和人力,幫助歐洲復興。將歐洲已經破壞的工業,恢復為更新一輪的產業。同時,二戰以後,歐洲分裂為二,一面是自由市場經濟為主體的西歐,另外一部分則是以救贖為主體的社會主義陣容。這兩個制度,在歐洲僵持了半個世紀,在柏林圍牆垮掉以後,

這兩個陣容之間的對立，才終於漸漸被淡忘。

在社會制度方面，資本主義和社會主義的對抗，卻使歐洲各國幾乎都走向兩者的調和。在西邊是民主體系下的社會福利國家，在東方，則是馬列社會主義崩潰以後，已經過社會主義整合的經濟體制，重新容納社會主義經濟的運作。當然，每個國家自己內部，還有許多不同的條件方式，總體而言，不同程度的民主政治和人民自由，與不同程度的公權力分配資源，使國民都能得到一些必要的照顧。歐洲在這方面的成就，是值得稱道的。

二戰以後，如前所說，歐洲分裂為二。在東面是蘇俄的霸權，那個老大哥實質上控制了東歐所有的小國家。他們幾乎是舊蘇俄的屬國，那是一個帝國體制。宗主國與屬地之間，彼此權力並不對等，因此，在舊蘇俄瓦解之後，東歐沒有再回到聚合的國際社會。

在西歐，所有北大西洋公約國家，以及歐洲自己組織的「歐盟」，前者是美國主導的軍事聯盟，在那個集團之內，美國幾乎就是一個宗主國，這個集團也是類似帝國體制的結構。雖然各國都要貢獻人力、武力，以對抗東歐集團的威脅，實質上，指揮權是在美國手上。北約體制消耗歐洲不少的經濟力量，也維持集體的武備。因此，在最近十來年，雖然美國依舊堅持北約的運作，歐洲國家都不再熱心參與。

所謂「歐盟」，則是歐洲共同努力，從煤、鐵資源的共享，逐漸擴大到歐盟成員之間，經濟上的互助和合作。無論在理論上或是實質上，歐盟的存在，確實將西歐各個民主國家的經濟制度，相當程度地融合為一體。他們之間，等於沒有關稅，而資源的互通和市場的開放，使世界第二龐大的經濟共同體，可以在人口並

不最多、地方並不最大的歐洲西部，繼續保持相當程度的繁榮，
幾乎半個世紀之久。

最近十多年來，歐洲內部發生了嚴重的變化。在政治體制上，
美國的影響力逐漸消退，東歐的威脅不再存在以後，西歐也缺乏
了共同防衛的心理，削減了休戚相共的需要。在二十世紀後半段，
由於各處經濟的轉型，歐洲出現了嚴重的經濟危機，一些本來經
濟實力稍差的國家，經濟上撐不過去，欠債累累。他們的中央銀
行，已經無法支應國內的需要和國際的義務，歐盟的經濟共同體，
本來就有所規定，各個中央銀行之間，有互相支援的義務。於是，
希臘、義大利、西班牙，這三個地中海地區的國家，由於他們工
業化的程度，和英國、德國、法國相比，要落後不少，他們過去
的繁榮，是靠海商活動，在二戰以後，希臘的船隊，也曾經是世
界上海運主要的力量，而義大利和西班牙，卻多年以來，在經濟
上始終沒有顯著的成就，足以提升他們的經濟實力。這三個窮朋
友的經濟困難，不斷有英、德、法三國支援，希望能將他們從經
濟危機中救出困境。但是，希、義、西卻始終無法自拔於艱困。
歐洲內部，就像任何集團內部有窮、富的分野之後，這個嚴重的
裂痕就很難彌補了。

近十年來，英、法、德三國，尤其其地理位置的差別，也由
於他們個別在歐洲以外地區的投資和利益，有相當程度的差異。
英國第一個提出，要離開歐盟，德國堅守歐盟，法國半冷半熱。
這三個主要國家，已經有不同程度的差別，歐盟恐怕很難再繼續
維持下去。我們幾乎可以預料，再過十年，歐盟就瓦解了。歐盟
的解體，意謂著，歐洲大陸上列國制度走向共同體的努力，至少
此時，終於失敗。那麼，展望世界全球化的出現，當然也就必然

是要推遲了。

歐洲每個民族國家內部，實質上還有國內族群的差異。在一個大家庭內外欣欣向榮的時候，子弟們不會鬧分家。歐洲國家既然在此時此刻的世界，歐盟整體的力量而言，是世界第二或第三大經濟體；如果歐盟崩潰，每一個歐洲國家，地小人少，資源不足，無論工業如何先進，他們經濟體的規模，將無法與新大陸美國、東歐龐大的俄國，和東亞新出現的中國，相提並論。

在歐盟還沒崩潰的前夕，各國內部卻已經出現很多分裂的跡象。英倫三島，本來就是四分天下的勉強湊合，英格蘭部分，霸佔主體，硬壓住蘇格蘭、愛爾蘭和威爾斯。就在英國要脫歐的時候，南愛爾蘭本來就獨立了；此刻，北愛、蘇格蘭也都出現了獨立的聲音。西班牙和法國之間的巴士克人，在山區中的原居民，長久被兩個國家分隔，成為邊區；現在巴士克人也要獨立。

歐洲西北角落上，那個低地國家比利時，內部本來就有天主教、新教的分裂，也有兩種方言的分裂。我在訪問比利時時，這兩部分之間的彼此疑嫉，已到了可笑的地步：一個國立大學的兩個校區，分屬這兩個民族區；他們的總圖書館，分割為兩部分，只有一部大英百科全書，單數的冊部屬於一個校區，雙數的冊部屬於另一個校區。又如捷克本來的國名是捷克斯洛伐克，現在這兩部分分開了，成為兩個獨立國：捷克和斯洛伐克。他們的國家大學，也正在鬧分家。

這一類的故事，在東歐更多，東歐尤其在巴爾幹半島一帶，許多族群混雜居住，過去曾經歸屬於若干比較大的小國，今天小族群紛紛要求獨立成國，於是，在義大利和希臘之間那個小小的海灣，底部一小塊土地上，可以分裂成四個國家。

　　德國是歐盟的中心，目前可說是維持歐洲穩定的主要力量。這一個國家，熬過二戰結束後的長期分裂，居然重新擔起歐洲中心的角色，乃是歷史上罕見的個例。不過，如前所述，歐洲許多小國，尤其中歐和北歐的國家，對於二戰前後被大國操縱，餘悸猶在。他們的民族主義訴求，遠大於經濟發展和民生改革的願望。他們大概不會願意屈己再度跟從一個大國，尤其有過屢次意圖稱霸的德國，走向歐洲統一的方向。歐洲，長久裂解為小國林立，將難以進入「全球化」的理想境界。

　　歐洲正在分裂之中，當全世界必須要走向全球化的時代，在近代史上，如此重要的歐洲，是在這個歐洲土地上，現代化的人類文明，開花結果。可是現在，當世界經濟已經難以分割，現代文明為全世界共有的關口，歐洲仍舊分裂，不能參加引領世界共同走進新境界！這也是歷史發展的弔詭，可為之長嘆。

4. 語系族群今昔變化

　　今天世界最大的變化，則是從十六世紀以後出現的現代文明，正在走向衰老的階段。尤須注意者，西方白人的世界，以美國和西歐為最前哨的一段文明發展歷程，曾經稱霸世界四百年、五百年之久，現在卻是到了必須變化的階段。回頭看看這一段歷史，這一個位居歐美大西洋兩岸的印歐語系族群，曾經在過去這五百年內，引領風騷，將全世界帶入前所未有的境界。這一個族群的活力，以及他們主導的許多文明發展方向，也不是憑空而來。的確，在近代以前，也就是美國還沒出現的時候，單單在歐洲這一塊土地上，他們從佔領歐洲開始，內部的起起伏伏，都經過激烈的過程。鐘擺的動盪，是從這一個階段，盪到另一個階段，往復擺盪。他們永遠在行動，永遠在追尋一個未來。

　　假如我們把人種的基因特色放在一邊，單從文化發展來看。各處人類，面對自己生活的環境，不斷尋求適應。如此累積，各處人類群體，分別發展一系列的生活習慣、處世方式、以及對宇宙秩序的解釋：凡此我們稱為「文化」的傳統，即使常常修正，

卻也代代傳承，形成堪稱為「文化基因」。世界各處人類群體在歷史長河中，因此而有其特殊的行為模式。尤應注意者：人類在長程歷史的過程中，曾經有過一些重要的轉變關口；當那一轉換方向的時間，這一群體的選擇，可能長期影響他們的行為。

　　古代歷史，人類離開漁、獵、採集，自求生計。那一個關口，人類不再依賴天然資源，而開始了人類自主，生產食物。在距今八千年到一萬年左右，人類有了這兩個選項：一部分人類開始馴服植物，種植農產品，這是選擇了農業；另一部分人類選擇馴服動物，以動物的肉類、乳類作為食物，則是選擇畜牧業：牧養牲口，食肉、飲乳，居住和蔽體，仰仗皮毛。牧人必須追蹤牲口，因此他們又找到馴服馬匹，以此加強了追蹤牧群的能力。

　　距今六千年左右，如同本書曾經開宗明義，就提起過：高加索山脈下，裏海、黑海的岸邊，那一片水草豐美之地，的確是良好的牧區。在此地，人類第一次馴服了馬匹，最初用來拉車，然後過了差不多兩、三千年，才學會騎乘。他們就是印歐語系族群的祖先。然後，有一些東亞族群，從中亞印歐族群學會乘馬游牧，則東向擴散，在天山與興安嶺之間，遼闊的草原上活動。他們就是中國歷史上，活動於蒙古高原的東亞各種游牧民族。數千年來，在廣大歐亞大陸上，東、西延伸的高緯度草原和沙漠中的綠洲，不同名號的「胡人」族群牧養牲口維生。當他們還不知道如何使用馬力，作為交通的輔助時，牧群活動範圍不能很大。游牧族群靠天吃飯，牲口在草原繁殖；每過一段好時光，牲口迅速增加，附近牧草不夠維生，牧人們就必須遷移他處。沒有人力以外的資源，牧人們無法作長距離的移動，更不說廣大地區的擴散。無論是車、騎，有了馬匹的輔助，人類開始可以長距離遷徙。

　　歐亞之間的游牧族群，曾經多次分批擴散，向東方、西方和南方移動。牧人們迅速的擴散於歐亞大陸的北部各處草原，和西向、南下，一波一波，進入這一大陸可以畜牧之地。牧群長征，猶如作戰：老弱被淘汰，精壯的牧人轉化為戰士。來如狼奔，去如鳥散。經過聚落，劫奪財富，擄掠人口。他們人自為戰，因此獨立性強，圖利心切，冒險犯難，勇往直前。凡此特性，使牧人們的後代，可以轉變為海上圖利的海盜洋商，也可以成為殖民帝國的開拓者，以至縱橫資本主義商場的經營者。

　　從高加索地區往西發展的牧群，有一群使用「印歐語系」方言的高加索種族，沿著北海、或地中海邊，一路平坦。進入北海的人群，又可以跨海直達北歐，進入地中海部分，也可以快船，據有地中海的廣大水域。這些人中，有一部分以長船代馬，增加他們的活動半徑。向南亞移動的族群，經過興都庫什山，分別有幾次進入印度次大陸；一批又一批，後到的族群，疊壓於先到族群之上。這些印歐語系的游獵牧群，快速移動，在歐洲大陸和印度次大陸上，所向無敵。尼羅河流域、兩河流域，以及歐洲山谷和林中可耕地的農人們，不能抵抗這些強悍的游獵牧者。以武力侵入的這些游獵者，轉變成為戰車、馬背上的武士，征服農人，成為主人。強悍的武士們，橫衝直撞，往往壓服了先到的征服者，佔據更上層的地位。

　　歐洲歷史上，一批又一批，所謂「蠻族入侵」，也就是同樣故事，屢次重複。於是，歐洲歷史上才有希臘勢力的擴張，希臘、羅馬帝國的出現，以及後來中古時期大批蠻族，後來居上，奴役原來的居民。他們在歐洲主導了整個歐洲歷史的發展。他們也在世界近代史上，以舟船代替馬匹，乘風破浪，在大洋上，四處開

拓，據歐洲以號令全球。這些一批又一批的歐洲文化主人，就如同今日所見的西方文明一樣，強悍、積極，只看未來、不顧過去。力量就是權力，勝利者就是統治者，掠奪是最方便的手段。

印歐語系民族發展的過程中，屢次長距離移動，時時必須準備戰鬥，征服和掠奪，使他們常常尋求以力取勝，才能獲得生存。戰鬥的訓練，個人勇力和意志是得勝的重要因素。於是，個人主義在印歐民族之中是常態。前面所說，牧人長程攻佔養成的文化特性，使其積極精神植根於內部的競爭和外部的戰鬥。他們因此能夠發揮潛力，以取得生存，也取得優勢。這些強悍的「蠻族」，接受基督教信仰後，戰鬥部落的戰士，馴化為歐洲歷史上，安富尊榮的武士與貴族。有些居住城市的商人，則從事另一番競爭，在歐洲開展了鬥爭激烈，不亞於戰場的商業活動。貴族領導的小國，和商賈居住的城市，星羅棋佈，分散在歐洲各處，這些獨立的單元，彼此競爭，也彼此爭奪，使他們長期保持強烈的奮鬥意志。

基督教信仰曾經以真神的訓誨和聖恩，使這些鬥志旺盛的貴族與商人，在相當一段時期內，循規蹈矩的生活。這種馴服的生活方式，不是強悍的戰鬥民族子孫，可以忍耐。宗教革命和重商主義，同時出現，並非偶然。由於財富成為貴族地位以外的奮鬥目標，新興的西歐國家，尤其在城市之內，奇葩茁放，湧現了現代的科學和工業。有了這一些新的武器在手，印歐民族的子孫，將大洋作為他們馳騁的空間，很快就在近代五百年內，取得了世界領導地位。

但是，在這五、六百年之間，他們雖有啟發全世界走向現代文明的功勞：西歐發軔的現代科學，和現代經濟制度，到今天已經瀰漫全球，成為人類共同的遺產。功也罷、罪也罷，這一段人

類歷史，無可否認，是靈長類動物，能夠在世界上完全掌握環境，也無處不能到達的地步。在如此短暫的時期，能完成東亞、南亞、中東，三處古老文明基地上的人民，無法完成的業績。確實是世界史上，一段很重要的成就。

歐洲的印歐族群，在五、六百年來，第一批進入世界殖民運動者，是西班牙人和葡萄牙人，接著荷蘭人、英國人，也參加了海上開發的活動。最後參加者，則是從歐洲延伸到美國的白人，僅僅世界人口中約略百分之十的印歐子孫，居然成為世界的主人。在殖民過程中，他們消滅了美洲的原居民，奴役了非洲大陸上的黑人，掠奪了印度洋、太平洋地區許多國家的主權，將他們降為殖民地。許多亞洲國家，包括廣土眾民的中國、印度和日本，被印歐族群侵奪主權、強迫開放門戶，成為西方商品的市場，包括在中國銷售鴉片。

他們所依仗的是船堅砲利，和長期鬥爭累積的戰鬥組織和決心。這些罪狀，尤其集體滅族的血債，歷史不會饒恕他們。他們只顧自己取得利益，不顧是非、對錯的道德原則，更是片面的自私自利。印歐民族在文化領域的突飛猛進，開拓新境界，和他們在殖民活動中，奴役各處的土著民族，雖然行徑不同，但都與他們個人主義的積極精神，以及冒險犯難的勇氣，有其相關性。

今天歐洲，必須面臨過去所為的反彈。歐洲今日，尤其殖民國家的內部，都有大批舊殖民地人口的流入。當歐洲列強還是殖民帝國時，他們征服地區的原居民，也成為帝國體制內的百姓。在帝國體制之內，殖民地的屬民，也有機會遷徙到宗主國，或者成為僕役、或者參加軍隊，或者作為工業化過程中的勞工。

二戰以後，歐洲各個殖民國家，尤其大英帝國和法國，他們

的屬地都紛紛獨立了，可是藕斷絲連，殖民時代的一些淵源，使這些國家之內，還是不斷有舊殖民地的人民，遷入殖民國。1960年代早期，我曾經親眼目睹，非洲的肯亞獨立，卻發生內戰，許多肯亞的人民，拿著英國護照，逃入英國本土。那天在機場上，遍地都是肯亞居民，帶著他們的所有財產，在機場上搭帳篷度日，等候完成入境手續。

最近二十年來，舊殖民地人民逆向遷移，流入殖民國，成為歐洲的負擔。今天在倫敦的南半城，非洲人、印度人和東亞各地的移民，遍佈各區。在法國尤其巴黎，處處可見法國舊日屬地的黑人。他們身軀高大，男的健壯，女的體型優美，是今天法國娛樂界的主流。幾乎歐洲所有的國家，今天都會面臨外來民族的侵入，有的作為難民，有的尋找工作。歐洲瀰漫的暗潮，就是如何處置新移民潮。在報紙上，常常看見地中海上，一船逃難的百姓，來自中東、北非，在歐洲各處海灘上登陸。最常出現的登陸處，是義大利和希臘的海岸。在國際人道的原則，當地人不能不接受這些難民。在登陸以前，卻已經有無數難民，在中途因船難而死亡。去年報上登載的相片，一個四、五歲的孩子的屍體，躺在海灘邊上。這張相片，無言地敘述，今天各地動亂的悲劇；也是無言的控告，當年殖民主義在各處造成的罪業。

歐洲今天的經濟，面臨困境。其中有一部分，也是由於大批難民和工作移民闖入城市。歐洲的社會不安，也與這一現象有相當的關係。歐洲各地出現的恐怖活動，不少是起因於外來移民與本地失業工人間的矛盾。中國俗話，「有冤報冤，有仇報仇」，只是一次的罪孽，要分兩次承受！歐洲今天的衰敗，也許正是償付五百多年來，印歐民族在各處造成的許多罪孽。

5. 臺灣經濟發展的歷程

　　本書前文，有關臺灣和中國大陸發展的章節，已經陳述過去從戰後到十餘年前的情況。兩者相比：臺灣的經濟發展發軔點，是在 1950 年代「耕者有其田」的土改政策。那次的情況，一方面本為佃戶的農家，取得耕地的主權，因此提高了工作意願，儲蓄增加，臺灣開始有一個自己的商品本地市場。這是在日本統治時代未見的現象，因為日本時代，臺灣的經濟是依附在日本經濟體之下。臺灣出產的農產品，糖和米，再加上水果和茶葉，都是以供給日本的需求為主；多餘的生產量，才經過日本的商人，銷售到世界。臺灣的農家並沒有得到益處。另一方面，為了執行「土改」，政府將取自日本手上的幾個農產公司，例如，鳳梨公司等等，釋放股權，以償付地主失去土地的代價。以上二項現象：自耕農的積蓄，和地主取得的農產工業的股權，都將農業資本轉化為進行基本建設和開創民生工業的資本。這些轉變，就徹底改變了臺灣的經濟型態。

　　1970 年代是臺灣經濟發展的轉捩點。如本書已有章節顯示，

國民黨的政府，有一批能幹的技術官僚，以工程師、財務人員作為主幹，在他們手上，臺灣經歷了經濟的轉型。第一步，在美國工作的劉大中、蔣碩傑、費景漢等人，經過中央研究院的推薦，回臺灣擔任顧問。 他們說服蔣介石和陳誠，理解經濟發展，應是配合國內外的市場需求，因勢利導，制定相關政策，創造工業化和進行國際貿易的必要條件，以取得資源與利潤，而不是依據理念，憑藉主觀意願，閉門造車。在這個基礎上，蔣經國主持了基本建設，改善公路、鐵路和港口，開通內聯、外運的內建配套設施，加強能源供應等等必要的基本建設。臺灣因此增加了發電廠，也建構了電力輸送網。工廠運作時，共生餘電，也納入輸電網，分配到各處。這些基礎設施，是此後臺灣發展工業與外貿的必要條件。

第二步，政府規劃了免稅的自由工業區，因為臺灣只是海角小島，沒有足夠資源；一切原料和機器，都必須從外面輸入。如果產業能夠保證輸入原料和機件，然後輸出成品，換取外匯，就可以豁免進口物資的關稅。而且政府可以提供融資，讓投資者發展外銷的產品。緊接著，政府在新竹成立了第一個新高工業園區，給予這個工業區內，免稅進口原料和機件的待遇，同時預先鋪設電路、運輸、排污等等設施。同時，政府撥出一筆資金，貸款商家，獲得產品的專利權，在臺灣生產新的產品。為了配合這種需求，政府在 1970 年代，已預先成立紡促會、資策會等等，民間的輔助單位，使業者能夠彼此合作，取得各種技術上的使用權和產品的經營知識。

1970 年代開始，臺灣社會活力充沛，內部的討論蓬蓬勃勃。每一樁新的事業發展時，都會在暑假舉行的國家建設討論會中，

有專設的小組，邀請海外的華人學者、專家們回臺，和本地的業者，共同策劃，幫助本地業者取得新的知識、發展新的產業。有些留美的工程師們組織顧問公司，幫助本地的投資者，從規劃廠房開始，一直到最後推銷出品。

那二十年左右是臺灣非常蓬勃的時期，生產的力量，每年論倍地增加。引入臺灣的產業，包括石化工業，例如，塑膠、裂解石油的設施、石紡纖維。又如，以資訊硬體生產作為主流的發展，為世界新開拓的資訊工業作代工，也就是利用臺灣提供的免稅出入口，已經規劃好的廠區、園地等等，使得投資者願意在臺灣設廠。臺灣配合訓練的勞工，也是工業蓬勃發展的重要因素。我也曾經建議教育部，將一半的高中，轉變為工商業的職業學校和短期專科，同時鼓勵民間設立專科的工商業學校，取得兩年、或者三年的訓練，就直接投入生產任務。臺灣勞工的素質，因此大量提高。可惜，後來，幾位高階學者主持的「教育改革」，反其道而行之，將專、職教育單位，大批改制，「升等」為大學，以致全臺灣有百餘家大學、學院，畢業學生高不成，低不就，無法就業，而工商業界卻無處進用專業技工。此乃好高騖遠的後果也。

政府給予發展產業各種優惠，加上臺灣擁有質優技術人員，還有工業園區已經架設好的管道等等，內配系統 (infrastructure)，生產基地，又有現代化的高速公路、港口的貨櫃集散區、飛機場加長的跑道等等：從 1970 年中，到二十世紀末，臺灣的經濟，每年都有大幅的成長，臺灣累積的外匯基金，以當時俗語來說：「臺灣錢淹腳目」。各種行業欣欣向榮，百姓家給戶足。那一段歲月，臺灣社會安定，經濟起飛，國際公認，臺灣創造了經濟發展的「奇蹟」，號為「四小龍」之首。

　　可是在進入二十一世紀，這一個光輝的成績，發生巨大的轉變。臺灣累積了許多的財富，而臺灣的金融機構，都從小本經營開始，規模不大，也缺少善用基金的能力，不知道如何繼長增高。臺灣的資金通常是家庭資本：例如，佔有最初農業資本最大量的大地主，林家、辜家，以及其他地主結合的產業，像彰化土銀等等。這些資金的運用和孳生，通常都限於國內的需求，他們並不嫻熟如何在國際市場上運作。二十一世紀開始時，也恰巧中國大陸開始發展，需要大量的資金，從臺灣的資金轉入中國大陸投資，經常是由外商經手，外商向臺灣借錢，在中國大陸各地發展工業。臺灣的金融業者卻並不直接從這一線索運作，謀取厚利。

　　2000 年，臺灣民主體制下，政黨第一次輪替，陳水扁執政。臺灣的資金正是滿街流動，而不知何所去向時。經濟學家開始建議，臺灣調整金融體制，將許多小銀行合併為大規模的銀行；庶幾金融單位，擁有充足財力，運用資金，作更為有利的投資。陳水扁本來可能也是出自好意：他開始針對這一需求，進行兩階段的金控改革。在金控改革過程中，新執政的政黨，也許沒有經驗，也許缺乏自律，居然開始接受「政治獻金」，這些金融單位或財團，擁有依法兼併小銀行的權力。

　　從 2000 年到 2008 年，臺灣是一個金融的肉搏場，看不見的刀光劍影，刀刀見血，兄弟鬩牆，朋友反目，那幾個最大的財團，猶如一群鱷魚在池中互相吞食。金控改革並沒有具體完成，卻是將臺灣的經濟體制，完全破壞。在兼併過程之中，外資乘虛而入，美國、歐洲、日本的大財團，紛紛介入臺灣內部的競爭，兼併其他的財團。其後果則是，在臺灣工業建設賺來的資本，都經過金控的兼併，被外來的大財團吞噬。臺灣每年進口的利潤，帳面上

照舊看來有高百分比的成長，也還有大量外匯存底；然而，終極控制權已經不在臺灣手裡。前文所說的大戶人家，今日幾乎都已銷聲匿跡。那些財主的確攫取了大量的財富，但他們失去控制權，他們可以享受豪華的生活。縱目全臺，這些大家族的子弟，他們主要的居住地，已經不在臺灣，而在瑞士、巴黎、加勒比海島、紐約、洛杉磯、佛羅里達州等等地方。臺灣內部的老底被掏空了，所以臺灣內部建設、內部發展，都已沒有財源投資：這是一個令人悲哀的結局。陳水扁自己身陷囹圄，現在還是在因病假釋，才能得到部分的自由！❶

2008 年，世界金融風暴，那個風暴的摧殘力，延續了差不多四、五年之久，馬英九當選，正在這風暴圈之中，陳水扁留下的攤子，就是臺灣的錢已經空虛了，馬英九無能為力，回天乏術。陳、馬二任之中，兩次政黨輪替，又到現在 2016 年，第三次政黨輪替，島內本身權力鬥爭，沒有了日。政治鬥爭的理由，不是根據理想（例如，自由主義、社會主義之間的選擇），卻將界線畫在「省籍正確」，一個難以界定的分野。臺灣只是一個小島，大家同心合作，人才還不夠用，哪裡經得起互鬥之後，彼此抵銷？臺灣的政權，無論哪一家執政，現在似乎都已經沒有能力作長期的規劃，或是短期的管理，臺灣的經濟已經到了無可施展的境界。

現在臺灣能夠維持的，還只是大量代工的幾個產業，一大半是屬於資訊工業的硬體零、配件；臺灣有經驗的勞工，和不斷更新的設備，今日還能在不斷更新的硬體上，佔有世界市場的一部分❷。但是，如此賺來的外匯存底，並不能用在臺灣經濟的更新

---

❶　以上敘述請參考《新財富》2014.01。

❷　筆記型電腦（含迷你型）、平板電腦、有線電視用戶終端設備、主機板、高爾

和提升。這一段的敘述,在我自己親身經歷,親眼目睹,從 1970
年代,參與國建會的討論,一直到今天目睹臺灣淪為一片為人代
工的奴工地,臺灣的公共設施無法更新,土地、農地已經荒蕪,
新的產業無法開展,教育體系不能配合社會和產業界的需求。大
量青年失業,卻又缺少可用的勞力。二、三十年來,我親眼目睹
如此變局,言念及此,能不痛心?

臺灣經歷了西化過程,其實還包括日治時代,二次轉手的西
化,相加在一起的過程,也有一百多年。今天臺灣的社會,西方
成分的份量,與中國原有成分的份量相比,似乎有過之無不及,
只是,西方成分在臺灣的深根發芽,始終是二手貨,而且是未經
過反省的二手貨。臺灣曾經有一段時候,經濟繁榮,社會相對地
安定,但是近代歷史上,臺灣離開中國,又回到中國的反覆歷程,
又因為日本因素,帶來的是日式的西化,並不能夠與真正的西方
系統契合,卻又遺留在臺灣當地,構成了「本土」和「中國」的
衝突。於是,海峽兩岸的分和合,對臺灣造成的困擾,遠比對中
國造成的困擾為巨大。

中國這個龐大的國族文化體,其文化的定義,遠比政治的
「國」,和血緣的「族」要重要,中國周邊曾經有若干文化體系,
有時與中國分、有時與中國合的其他單位,比較最接近的,例如
日本、朝鮮半島、中南半島、東南亞,以及北疆和西北草原上的
人民,都和中國的關係,在不同的階段,或分或合。既然世界在
走向全球化,「合」是最大的可能,「分」卻是中間的插曲。臺灣
本身地小人少,在這島嶼上發展的文化因素、經濟條件,都無法

夫球頭、光碟片、DSL 終端設備、LCD 監視器,臺灣產品均佔有世界市場
67% 以上(資料來源:經濟部 ITIS 計畫 2012 年)。

閉關自守，一個小島，在全球化的過程之中，難以遺世孤立，更
缺乏資源，發揚光大。在這種局面之下，一個狹義的「本土」，如
何支撐社會的存在？臺海海峽中的一個島嶼，幾千萬人民，如何
與世界的其他部分，共濟合作，水乳交融？如此困境，可想而知。
臺灣上下，必須冷靜思考，如何自處之道。任何暴走逆行，都會
帶來無窮災害。正因為我在臺灣成長，這一分情感，使我不能不
直言陳情。知我者，必會諒我直言。

6. 中國大陸發展的歷程

　　中國大陸上經濟的發展,其實和臺灣是難兄難弟,相當地平行進展。只是中國大陸的起步點略晚一點,但後來卻追得很快。自從中共建國以後,只過了短期的安定,到 1960 年底,基本上都是在各種的鬥爭和革命之中,浪費了歲月和人的生命與尊嚴。尤其毛澤東大躍進、公社,到最後的文革,積累為三十年的災害,對中國的經濟只有負效果,沒有正面的影響。中國大陸,真正的開始發展,是要在毛澤東死後,鄧小平執政。雖有過一段八九民運的混亂期,那段災難過去以後,中國的經濟建設,方才開始比較順暢地進行。固然中國大陸上的經濟建設史,是有十一個五年計畫,那五年計畫的名稱、主題和政策取向,由於他們使用的「革命語言」以及詞彙本身的模糊性,其實不能反映真正進展的特色。因此,我們此處和下面的討論,相當程度地跳開他們規劃的分期。簡約言之,大陸的經濟發展過程,乃是逐步從社會主義的計畫經濟,轉變為配合商品市場變動的開放經濟。

　　在我認為,大陸上開展的過程,也跟臺灣類似,是將農業資

本轉化為經濟建設的資金。當然，在這個經濟建設的過程之中，他們內部交通設施的改善和新建設，是一個相當重要的因素。為了國防需求，他們花了全力，即使在所謂三年災害的期間內，也沒有放鬆，乃是重工業和基礎工業的奠基工作。例如，尋找煤礦、油田，和大力開採，使中國的能源不必外求。重工業的建設，如前所說，是和國防建設相配合，各種武器的生產，必須要大量的鋼鐵和其他的合金。即使在毛澤東執政時期，政策一片混亂，唯獨在這方面仍是頗有建樹。在各地，石油礦源的探勘，和其他金屬原料的礦源，都是後來建設重要的資本。

交通方面，也是由於國防需求，以及將國家的各部分作更好的聯繫，以保持國土的完整。中國曾經花了不少的資金，增加原有鐵路、公路的里程，也改造了若干河川。其中，也不是沒有浪費和敗筆，例如，整治黃河，建造三門峽大壩；這個工作本身，其實是失敗的。然而，決策者好大喜功，沒有從失敗取得經驗，又花了巨量的資金，建設長江大壩。長江大壩功效，和長江的災害，將來孰長孰短？很難斷言。現在可見狀況而論，長江中游以上的航行效應，並不如設計時的構想。其發電的效應，也因為輸電線過長，在過程消耗於電壓。

大型都市的建設，又是很難斷言其功過的項目。北京城的無限擴大，從二環到六環，至今天，北京城已經無法有效地當作一個首都或工業區。以致必須要另開新都，紓解北京的壅塞。目前渤海灣沖積平地的地下水，卻已經抽取淨盡。將來如何供應兩個都城的用水？南水北調，也是消耗大於正面效果。2000 年，那一段時期，為了慶祝五十週年，大陸各地都大興土木，這些工程可以當作基礎建設，也可以看作是浪費。道路、港口、機場，是有

用的，但是大而無當的許多巨型建築，是否有用？就難說了。

　　回到原來課題上，道路、港口、機場等等的建設，確實是中國經濟建設有利的部分。這一點，就如同蔣經國在臺灣建設的項目一樣，只是中國的規模，由於國土龐大，比臺灣的規模大了不啻百倍。尤其在建設的過程之中，中國的優秀工程師不斷地設計新的交通工具，和新的工程技術。到今天，中國的快速列車，和高架軌道，都是世界第一。為了鋪設這個高架軌道，中國的造橋技術、涵洞技術，都到了世界的高峰。在中國出現八、九十里路的長橋，也出現於西南群山之中，圍著山谷繞行，而高度一致的高架鐵路線。

　　凡此基礎建設的重要性，和中國工程師、勞工們提出的重大功勞，都值得大書特書。「貨暢其流」這四個字，確實是作到了。無論如何批評中國共產黨統治的專制集權，以及其間呈現的浪費，這些建設留下的影響，正如秦始皇建設的中國道路網，隋煬帝開築的大運河，其貢獻不只見之當時，也會垂之長久。

　　在基礎建設之上，自從 1992 年，鄧小平「南下談話」之後，中國開始面對經濟發展的主要原則，也就是必須讓商品在市場上流動，不能夠以一切按照計畫，閉門造車，執行分配。「經濟」是一淌活水，不能夠是預設的「積木」玩具。從那時候開始，鄧小平和他的繼承者，基本上大概都吸收了臺灣的經驗。臺灣發展初期的蓬勃現象，使他們不能不想從臺灣吸取經驗。

　　雖然那時，兩岸之間並沒有直接的交通，這些臺灣經驗的零零爪爪，以及經驗的探討，都會有第三者居中傳達，向大陸的領導階層，陳述臺灣經歷的過程、檢討臺灣的成敗。例如，新加坡李光耀，他經常來往兩岸之間，他和鄧小平和蔣經國的私交，都

是相當的深厚。他帶去了許多臺灣發展的資訊，他也將新加坡本身發展的經驗，告訴鄧小平。在海峽兩岸談判的歷程中，領導階層的若干人彼此接觸，共話交流。例如，對於臺灣發展具有第一線經驗的辜振甫和大陸耆宿汪道涵之間的交談，會涉及許多辜振甫知道及親身參與的發展過程，以及他自己事業投資和運用的方向。臺灣退休的官員、海外的華人學者和企業家，以及臺灣企業家到中國大陸投資，這些人也會帶去不少臺灣在最活躍二十年，曾經經歷的種種經驗，提供大陸人士參考。

在中國大陸建設的過程中，我們看到一些有意義的現象：地方層次從區、市、以至省級，會自己當作一個集合體，將其據有的土地、勞力，有計畫地轉化成為生利更多的產業或事業。以區的層次來說，早期的大禹莊和近來的華西村，都是一個小地區的領導者，將其本區土地，從農地轉化為建廠等類，吸收外來的投資，再以取得的資金，開展新事業，使得小小的地區，發展為繁榮而富有的單位。這種建設，往往必須依靠特有才幹和威望的領導者，帶頭策劃，對外交涉，取得外來資金，領導同鄉，發展新猷。也以大禹莊和華西村為例，在能幹的領導者老了、病了，或者事業發展到一個地步，他們無法駕馭，這一集體企業竟致衰敗崩潰。

我曾經有過機緣，近距離地觀察上海浦東一個小村莊的發展。那個小村莊的位置，正好在浦東幾家外資造船廠的附近。這個村莊的居民，以本村的土地，也結合本村的資金，開設了一家旅館；旅館員工都是本村的子弟，旅館的客源就是到造船廠來參觀、訂貨、訪問的往來賓客。這個成功的旅館有了盈餘，村民開始投資於開設蔬果市場，將當地生產的蔬菜瓜果以及土產品，集中零售、

批發。一方面使得過路的客商，可以經過這個市場，從當地採購、運到別處。另外一方面，也使當地居民有個購物的中心。這個市場獲得利潤，他們開始翻蓋住宅，一批批地翻蓋，一批批地提升居住檔次，不斷提升生活品質。這個村莊的經驗，我所看到的演變，只是在五年到十年之間，可惜我沒有機會跟蹤觀察此後的成敗。

　　大概從 1980 年以後，從珠三角、長三角和閩西南三個地區開始，全國各處，大城市附近，都有新高工業區出現。當地的地方政府，闢出一塊土地，吸引外商投資。第一波投資者負責鋪設管道，開闢廠地基礎等等，也安裝輸電和道路系統。1990 年代，我所見的許多新高地區，常常是一片荒蕪，除了工地上挖的溝和水泥磚、鋼料以外，並無其他。十年以後，再訪問此地，那些空曠的廠區，都已經是工廠遍地。

　　投資這種大大小小工業區的資金，有很大部分是就近取材，吸收了港澳和臺灣的資金。當然，港澳臺灣的企業家們，也就在這些新高園區，建設廠房，利用便宜的勞力、充沛的勞工來源、存在的道路交通設施，加上政府特別給予的稅負優惠，等等優厚的條件。於是，2000 年開始，滿地開花，處處都是工業。有一次，我參觀上海附近松江區一個新石器時代考古遺址時，忽然發現：整個松江，那一江南地區最好的良田，幾千年來稻米、絲綢最好的產地，居然都已廢耕，填土壓實的田地，處處開工鋪設管道、電線、灌漿打廠房基礎。我自己當時感覺，幾千年來中國最富庶的江南良田，竟受如此糟蹋？四年以後，再去看那個地方，居然遍地新工廠，處處大型貨櫃車，拉進來原料、拉出去產品。

　　這種鼓勵各個城市和地方，自己採取主動開設社區建設地區，政府給予種種優惠、稅負和協助，再加上政府貸款。貸款的方式，

常常是以正在建設地區的地產，作為抵押，從中央借錢，建設地方。如此「三角債」的輪轉，實際上是非常危險的債負模式，其中任何一環出了問題，三角債一起垮。中國如何能度過這一個非常不健全的三角債的模式以籌措基金？又如何有許多人從中圖利，忽然變成暴富？尤其是官二代、富二代，如何近水樓臺，暴致巨富？凡此，都是中國發展過程之中，出現的病態和畸形。這個浪費的包袱，其實由政府扛下。經過江澤民的放任，和後來兩任繼承者的無能為力，迄於習近平的時代，才大刀闊斧地加以制裁。如此累積的痼疾他能挽回多少？我們很難預知。但是，假如他不如此嚴厲肅貪，這種現象繼續惡化，將會使多少年來的辛苦，由於工程馬虎，產品缺少監督，生產銷售無紀律，而造成全國經濟的空洞浮腫。所以，習近平這一代要整肅綱紀，也是逼到牆角，非辦不可的事情。

　　中國從不到三十年來的建設，突飛猛進，有多少是灌水、虛假的建設？有多少是實質的成就？我們外人無法仔細核對。只是，從全國的動力的蓬勃，可以呈現一個事實：「中國動起來了」。這十三億人，經過十九世紀以來，一個世紀的委屈與恥辱，一個世紀的辛苦和戰亂，這二百年來憋下的氣，現在必須吐出，如此長久壓抑後的噴發，其動力的能量，將是驚人的巨大。然而，如此驚人動力，假如是外強內乾，假如是許多表面數字的哄騙，居然僅是空殼子，一旦垮下來，中國將正如一個巨獸倒地，驚天動地，則又將是幾百年無法恢復的悲劇。

　　另一可慮的現象，則是我個人觀察，中國現在盡力進行的大事是「城市化」。城市化乃是工業建設、企業發展的後果；城市化不能當作誘因，城市化自然發展的後果：有這麼多人聚集在一起，

密集的參與，在工廠中進行生產工作，有這麼多人聚集在一起作近距離的商品交換，聚集在一起，方才出現「城市」。現在許多大陸建設城市的過程，卻是倒因為果，先廢棄農田，作為工業區，那還有些道理可說。然而，先貿然廢棄農田，改建公寓，將農村居民遷入公寓，卻是既浪費農田資源，又閒置了農民的生業。

如此兩頭落空的政策，實在令人擔憂。中國的領導者應當理解，農業生產本身，也是一個重要的產業；農業的成果，乃是生民維生的物資，乃是我們的食物、衣著，最主要的來源。而且，農業生產可以持續維持大面積土地的綠化，也可以持續維持大面積土地地下水和地面水的交流，蓄積大量的地下水，撐住地面：農業的存在，農產品生產以外，還有許多重要的生態功能，替人類保護這一寄生託命的地球空間。

當然，農業可以工業化，像美國大田廣種，就是工業化的過程。但是美國大田廣種的生產方式，並不是最好的方式。這種方式浪費土壤、也浪費水源，大田廣種一個不小心就會使良好的農田，很快轉化為沙漠。美國農業創下的惡例，不應在中國再度出現。

我所盼望出現的農業工業化，乃是將農產品就地轉化為農業產品的加工。農業產品加工不只是食物，還有許多其他的副產品；例如，畜牧業的部分，毛可紡織、皮可加工製革，動物的骨、血、牙齒的再利用，都是可以做到的事情。食物的保存、食物的醃漬，種種處理加工，也都是工業。為了改良土壤，種植特殊的植物，使鹼性的土壤，可以逐漸轉為酸性；其中和的過程中，可以利用農作用的枝、葉、根的草灰，作為鹼化的原料，也可以利用牲口包括人類的排泄物，作為酸性的原料：凡此種種，都可以在一個農耕地區，規劃完整的循環系統。從改良土壤、到種植、養蓄、

到生產食物、食物的加工、副產品之轉化為工業品等等。將農業產品的加工化，在農村就地設廠，一樣能將城市文化帶入農村，卻不至於造成大量農村人口移動，不至於閒置農村人口，也不至於浪費當地農村的土地資源。

美國今天農業的資產生產量，大概佔全國不到百分之五，農業人口不到百分之四，美國必須大量從外面進口食物。如此龐大面積的美國，有世界最大的平原和谷地，但是無法生產自己足夠的農業產品。我們在美國生活，現在桌上的水果，不是來自中南美，就是來自東南亞；盤裡的肉類，有遠道從冰島、格林蘭進口的羊肉，有從澳洲來的牛肉，從亞洲來的豬肉。美國出現的現象，不應當在中國重複出現。中國應當保留相當大的農業基地，足夠餵飽十三億的人口，這才是健全的工、農共榮並存。

臺灣的經驗能夠在大陸重複，而以百倍、千倍大的規模，不斷地推行前進，是人類歷史上少見的事情。一個小地區做的實驗，可以在一個大地區複製。同樣，新加坡小地區的城市化現象，也可以作為中國大陸的參考。新加坡農地有限，他的都市設計不是為了農產，而是為了讓人口均勻地分散在各處，使道路不至於壅塞，使太多的人口不至於居住在小面積上，降低了生活的品質，而且各種中小企業分散在新加坡各城鎮，也可以複製在中國大陸，使中國大陸資源的分配、人力的分配，都可以更均勻，不至於出現城市壅塞的「建設腦充血」。

中國曾經面臨西方列強堅甲利兵的欺壓，和資本主義帶來西方文明挑戰以後，二百多年的失敗和羞辱，中國人幾乎失去了勇氣，也失去了自尊。清末的改革者，孫中山領導的國民革命，共產黨領導的社會主義革命，以及最近幾十年在臺灣進行，相當徹

底的西化過程：從大陸時代，通商口岸和西方教育，就開始長期內在改造。這幾波次努力，都有一定的成果，也有一定的失敗。中國大陸上，最近三十年的變化，從鄧小平到習近平，中國大陸已經實質上丟棄了馬列主義，但是還堅持黨國專政。

中國正在改變，改變的速度，極為迅速，其幅度非常寬廣，習近平引發的內造變化，還有許多不同發展的可能性，但其中可見的彈性，有相當眾多的選擇。在我自己盼望之中，中國在毛澤東治理之下，受了嚴重毀傷的華夏心態，和中國文化傳統，能夠在習近平以及以後，撿回原來的線索，作更深刻的反省和思考，尋找更有彈性、更能適應未來全球化的世界。中國文化這個選擇性，可以補足西方文化的缺失，如此改變，即使西方文化的衰退，也可以避免全球共同崩潰的大悲劇。

總結言之，中國人居住的地區，臺灣和中國大陸的建設成果，在世界歷史上有其紀錄。我們可以看出，中國人在這些地區，再加上港澳和新加坡建設的經驗，和白人在白人地區建設的過程，有相當的不同處。中國人地區的經驗，人和人之間有更多的合作和協調，富區和貧區多一點互動、拉扯和幫助：這些經驗可以毫無保留地灌輸給另一地區，不擔心因為我的經驗，培養了新的競爭者，使我這邊吃了虧。這種感覺是在白人發展地區過程中，缺少的特色。我們希望中國人能珍惜，中國文化留下來的基因，使中國人的行為模式，長久保持人與人之間的合作、人與大自然之間的協調，而不是人與人、人與環境，彼此相害。

中國人必須合作，才能進行復興大業。一個安和樂利、文化優美的中國人社會，對人類、對世界，都是無比好事。

7. 全球化的前景

　　這十年來，發生了許多變化，如果簡約地歸類，應當是分成美國的衰敗，包括在美國實施的資本主義經濟體制，發生了什麼弊病？以至於導致了最近的衰退。第二項則是，美國作為霸主的世界秩序，經歷了將近六、七十年的演變，看上去正在走向全球化的世界秩序，卻如何又再面臨分崩離析的局面？第三項，中國的興起，一個和印歐民族完全不一樣的民族體系，如何在二十多年的衰敗以後，漸漸甦醒？以及在中國發生的另一套工業化和城市化的過程。第四項則是，近代科技發展如何改變了我們對自然、對宇宙、以及對自己的認識，而這些新的體會，又將如何重新塑造人類的自我認識和世界觀。

　　從前文各節，回顧五百年來的世界，歐美印歐族群，將全球人類社會帶入「現代」，他們也主宰全球人類，儼然是世界的主人翁。他們最大的成就是，提高了人類整體的生產能力，相應的，也提高了人類的生活水平。世界人類的知識境界，由於現代科學的出現和迅速發展，人類對於自己的存在，以及周圍的時空性質，

都有巨大的改變，也因此顛覆了那些主要信仰系統的認知方式。新的知識，既為我們開拓了眼界，讓我們比較清楚人類寄生託命的周遭，也讓我們不得不謙卑的認識，在如此廣闊和複雜的多重「宇宙」內，我們其實非常微小，非常短暫的存在。

這五百年，由於人類自己的爭奪，我們經歷了前所未有的自相殘殺。而且，人類掌握的武器，目前已經足夠讓今天活著的全體人類，以及我們生存所寄託的地球，在一瞬間灰飛煙滅。然而，我們，號稱動物中「靈長」的生物，並沒有懺悔的跡象，卻紛紛努力，尋求更有威力的毀滅工具。

放眼全球各處主要的人類集合體，亦即歐美為主體的國家，科技的進展，正在加速進行；可是，社會內部的種種不公平與不合理，已經引發各處內部的分裂，加速度的引發人類社會的離散。國與國之間，彼此融合的機制，正在衰退，於是群與群的衝突，也正在不斷激化。

在二十世紀前半，由於世界各地經濟互動加速進行，由於人類掌握了前所未有的交通和傳播工具，這些科技的方便，我們似乎預見，「全球化」的遠景，已在眼前。經過戰後四十年的盛況，到了二十世紀的下半段，西方自由主義和資本主義的文化，擊敗了與之相對抗的社會主義陣容。美國和西歐領導的世界秩序，盛極一時，高踞巔峰。美國領導了全世界，在各處都推動「全球化」的發展，主要目的是在資本主義市場經濟的需求下，各地的市場之間若是能夠彼此挹注，各處經濟體不僅共存，而且互相推動，可達到更好、更高的階段。

然而，天下事，盛極難免要衰敗。雷根時代的美國，環視世界，幾乎可為所欲為。這時候，也恰好碰到了科技領導的工業生

產,將全球的工業化推動,進入新階段:因需求而促進發現的情況,反轉為由研究室的發現,帶進新產業。有新發現,才創造新需求、開發新市場。這一趨向,重要的發展是在資訊產業、生化產業、醫藥產業、電子產業,以及人工智慧的產業。凡此項目,彼此扶助、推動了波瀾壯闊的形勢。各處工業先進國家都要經過調整的階段。他們原有的重工業、機械工業等等,都必須讓出地盤,由發展中國家接下已經夕陽西下的產業。

如此重大的轉變,在產業的質地方面看來,確是了不起的進步。但是在勞力的需求供應上,則是另一番意義:本來工業國家之中的藍領工人,是生產的主力軍,也是社會上穩定的力量;這些在中產階層下半段,一直到底層勞工的上半段,他們收入足夠溫飽、職業穩定,可與中產階層上半段的管理人員,構成了社會最堅實的中段。在這個階層,因為產業升等,藍領職工的職位逐漸減少,甚至於到最後幾乎全部消失。研究室和管理人員的職位,卻是大量增加。中產階層的下半段,教育程度不足以進入中產階層上半段。在短短三十年之內,美國的勞工群眾,幾乎都已經失去了本來的職業,他們的子弟既沒有機會受到大學教育、甚至於讀研究所的機會,將永遠不能進入社會的中段。

這大批藍領階層的失落,在高度工業化的現代經濟社會,意謂著百分之四十的人口投閒置散;國家必須要用社會福利制度,維持這些人的生存。然而,除了若干小國家,可以竭盡財力,設法改變經濟分配的方式,美國和西歐的幾個主要國家,都忽然發現,社會已經分裂成貧富兩個階層:最上層新工業的開創者和領導者,迅速地累積了巨大的財產,而下層百分之四十,幾乎一無所有。本來中間階層的幅度忽然縮小,除了少數管理人員可以勉

強進入高層外，原有的中產階層的下半段，也就滑落到底層之中。

　　國家分裂了！原來立國的理念，自由主義、平等主義等等，值得珍惜的理想，忽然變成泡沫。失落和憤怒的群眾，懷念舊日的光輝，於是民粹主義出現。這些以民主制度立國的歐美社會，其本來是社會支撐重要成分的中下階層，固執地要拉回過去，還以為他們原來的理想，是萬年不變的普世價值。一些政客、一些保守的宗教人士，加入這批陣容。社會分裂，民粹主義的盛行，使得整個歐美高度工業化的民主國家，都在二、三十年之內，出現內部的重組，和重組過程中必然難免的混亂。美國選出川普，其行為不是混亂的原因，而是呈現混亂的現象。同樣類似的人物，也出現於日本、印度、法國、英國、義大利……。本來以社會主義為主架的俄國，在同樣的蛻變過程中，也同樣的混亂，必須依仗專制威權，保持其內部的安定。

　　五百年來，一世天驕的歐美國家，都是印歐語系後代。一度橫行東亞的日本，據日本學者研究，從第四世紀以來，社會上層的「武士」階級，乃是從大陸渡海征服日本，建立王朝的「騎馬民族」，亦即東亞草原牧人接受騎馬文化的戰鬥部落❶。東亞北方的騎馬戰鬥族群，以不同族名入侵疆域廣闊、人口眾多的農業中國。多少次進來了；他們或者被中國溶化於無形，或者退出阡陌縱橫，遍地村落與城鎮的中國。這是世界歷史上罕見的情形：強悍的馬上戰士，卻只能進出中國，不能改變農業的中國。

　　騎馬戰鬥民族的文化，基於「力」的較量，忽略「理」的支持。他們注重個人，尤其注重個人與個人之間的競爭，或是我壓

---

❶　江上波夫，《騎馬民族國家》，東京：中央公論社（中公新書），1967，1991 修訂版。

倒了你，或你壓倒了我。如此心態，正是繼承了當年躍馬奔馳，彼此相殺的習慣。以戰鬥博取權勢財富的戰士，往往能共安樂，不能共患難。戰士們對於被制服的失敗者，則是上下主奴的階級關係。印度的種姓階級制度，乃是一波又一波，後到的勝利者，疊加於早來的族群之上，形成了如此長期不公平的社會。日本的武士，也是長久居於村民和町人之上。五百年來，東方和西方的帝國主義侵略各處，奴役被征服族群，也在殖民地建立不能融合的階級社會。

過去五、六百年來，帝國主義的擴張，與西方海上活動密切相關。尋找新航路，本是尋找海路商業的利潤。這一動機，經過歐洲歷史上的重商主義，終於形成現代資本主義的壯闊潮流。於是，這些馬上戰士，先是乘風破浪，四處插旗，佔領他人土地，繼而進入資本主義時代，以商場為戰場，以貨幣為其槍械，爾虞我詐，爭奪財富。至今三百年，不見硝煙的戰鬥，決定了誰富強，誰貧弱。工業，其實不過是商戰的軍械庫而已。

西方思想籠罩全球，牛頓時代的科學主義，認為宇宙的秩序是絕對的理性，如同康德所說是永恆的。科學追尋是可以達到絕對真實的結果。在這一氣氛中，孕育了達爾文的生物演化論；赫胥利又將達爾文的演化論，轉變成為社會演化論。於是，人類社會的進化，從原始社會進化到一定的最高境界。也如此，物競天擇的理念，應用於人類社會中的競爭。競爭之中，人可以有強者、弱者，強者得勝是理所當然，弱者是應當被淘汰的。這一套社會演化論，也使得在資本主義「自由經濟」下，所謂「自由競爭」必須承認成功者的優勢和權力，強者有權力凌駕在弱者之上。牛頓和達爾文理論的扭曲，居然配合了基督教一神信仰的教義，建

構為資本主義鬥爭的勝者，乃是蒙受上帝恩寵的預設命運。這就肯定了人與人之間互鬥、追逐以財富為代表的社會最高境界，也肯定帝國主義可以壓制弱勢族群的合理。

五、六百年來，我們看見西方世界的無窮擴張，將整個世界都收羅為他們的屬地。他們消滅了數千萬美洲的原居民，奴役了數千萬非洲的居民，也將多少億亞太、印度洋地區的其他民族，都當作他們踐踏的對象。同樣在他們的國內，財富、尊榮，是得勝的強者應有的權利，在鬥爭場上倒下來的，則是命該如此、自取其辱。為了要平衡如此的獨斷和橫暴，馬克思主義出現了，應用同樣的理論，也堅持其革命的理念是唯一的真理，是進化論可以肯定的過程，要達到那過程，暴力的革命是必須要使用的手段：以暴力剷除壓迫。資本主義、馬克思主義的惡鬥，也已進行一百多年了；到今天，舊蘇聯的瓦解，以及中國式共產主義的變化，實際上，馬克思主義的理論系統已經暗中偷換。面對如此變局：西方歐美整個理念世界，竟然造成衰敗和分裂，這個世界從何處尋覓答案，代替眼下的困境？這一課題，容我在下面段落，一併論述。

另一課題則是亨丁頓曾經提出的「文化衝突論」，指陳西方基督教信仰系統將面對世界其他文化系統的挑戰。他特別強調中國的儒家系統與印度的印度教一佛教系統，都是與基督教非常不同的文化體。其實，這兩個文化系統，並不是基督教系統的敵人。自從二戰以後，西方勢力霸權重組，尤其以色列在猶太故居，重建國家，中東就沒有過安定歲月。目前看來，中東世界的伊斯蘭文化系統，才是西方文化的挑戰者。

印歐民族整體接受了中東閃族留下的一神信仰。這一個特殊

的信仰系統，在歷史上出現，具有特殊的意義，因為這個信仰的
延伸，涵蓋了自己的對手：今天獨佔中東的伊斯蘭信仰。基督和
伊斯蘭兩個宗教，各別認為自己的信仰是無可否認的真理。這兩
大宗教系統內部，又有不同的宗派，他們又各自認為，自己是得
到真傳，不能容忍其他宗派的解釋。伊斯蘭信仰內部，從創教以
來，素尼派和什葉派就惡鬥了一千五百多年，而他們和基督教之
間的鬥爭，也是同樣的一千餘年。在今天的世界，糾紛最多的地
區，還是中東，而中東地區的混亂，又因恐怖活動而延伸到世界
各處。

　　戰後世界各地出現的民族獨立運動，已經將亞太、印度洋和
中東，舊日帝國主義的殖民地，都轉變成為獨立國家。中東地區，
曾經是西方殖民帝國主義，角力格鬥的戰場。西方霸權重組版圖，
伊斯蘭文明的土庫曼帝國分裂後的那些國家，中東伊斯蘭文化內
部的種種矛盾，無人壓制，重新冒出地面。這一個地區，尤其中
東、北非和印度洋，舊日伊斯蘭覆蓋的廣大區域，內部的不安，
幾乎是無法改變的死結。

　　伊斯蘭教宗派的糾紛，千年以來不能解決，現在是各自洗牌
的時候，這些宗派活動領導的族群鬥爭和政權鬥爭，不僅造成了
三十年內外混亂；他們對於西方帝國主義，舊日的仇恨和今日的
不滿，延燒到歐美的現代國家，在各地造成了恐怖活動。這些恐
怖分子，犧牲自己生命，發動槍殺和爆炸，他們的抗議行為，是
對於舊日歐美帝國主義的報復，只有火上加油，並不能產生任何
正面的作用。這一個一神信仰的伊斯蘭族群，在偏激的教義之下，
就是不顧一切，以為這些破壞是聖戰，聖戰的戰士可以被天堂接
納，與他們的上帝共度天堂的幸福。

　　三十多年，中東內部衝突加上恐怖分子的活動，使世界上必須經歷三十多年，長於任何世界戰爭的戰亂。美國、俄國、英國、法國，都被這些伊斯蘭世界的混亂，牽扯在內，精疲力竭。西方列強，習慣於作殖民者的主人，而彼此的權力競爭，各自劃定勢力圈，卻誰也不願意讓誰。這個中東的火藥桶，還會繼續延燒。全世界各處都不得不忍受不斷出現的恐怖活動：人命、財富，以及社會的秩序，全部在這一個幾乎永無結局的混亂與鬥爭之中消耗。於是，本來可能要出現的全球化，碰到這一塊心臟地區的長久混亂，將歐美、俄國、中國、印度，都拉入這混亂的漩渦。全球化的世界，經過這一段的路障，看來一時很難實現。

　　歐美西方社會的衰退，將他們提倡了五、六百年之久的許多價值觀念，也加上了問號「？」。從啟蒙運動以來，培養了現代科學、理性思維，以及追逐進步，和在新教精神下，培養了自由主義、平等主義、與因此發展的民主政治、社會福利理想。隨著西方文明的衰退，這些美好的理念，也都不免受到嚴重的懷疑：有些部分必須要重新思考，有些部分則不再是永遠存在的普世價值。許多人已經認清：民主淪落為民粹的群眾主義，自由的實際意義不過是自私的個人主義，理想也許只是排除情感的冷酷。至少在今日的美國，這一個理想破滅的時代，是沒有「夢」的長夜！

　　目前，對於不少人，面對現代科技，宗教信仰已經沒有說服力；他們的宇宙論和知識論，乃由現代科學的論述界定。今天的科學，經過牛頓時代的肯定，逐漸轉變成愛因斯坦相對論的世界，到現在則進入量子力學的多元互動與不斷變化的宇宙。對人類的理性，大家開始質問，是工具性的理性？還是目的性的理性？如果是目的性的理性，誰界定這目的？凡此衝擊，直接衝撞到西方

宗教思想的主流——基督教教義。過去牛頓時代的自信與肯定，不能不讓步給相對的存疑和謙虛。既然沒有人能夠指出終結的善在哪裡？也就沒有辦法真正的界定，真正的方向是哪一面？在這基本理念本身動搖的時刻，西方之間努力建構的民主自由政治，以及社會福利國家（包括馬克思社會主義的理想），都因此基礎而動搖。假如西方現代文明的主流，在如此巨大的海嘯之中，動搖不定，在哪裡我們可以找到補救的藥方？

在這個時機，中國長期孕育的文化才呈現其價值：西方現代文明的補藥解藥。經過兩千多年的演化，從原始儒家逐步開展，吸收了許多其他宗教的影響，包括佛教以及本土的道教，然後孕育了一套中國文化的「華夏心態」，或者中國人的精神世界。我最近撰述的《中國精神生活》提及：這一中國理念系統，已經滲透到中國人的生活之中，飲食、起居、生死的理念，對宇宙的看法，對命運、對自己各種約束和信任，構成了一整套的多元系統。這個系統是由每個人自己的良心出發，尊重自己良心；又因為尊重自己，也就必須尊重別人；要對自己負責，也就因此要對其他更大的圈子負責。「良心」，可以容納不同層次的宇宙，包括大自然的大宇宙，也包括身體內部的各種構造、內心理念的各種成分。在時間軸上，從過去繼承，以至於經過我們自己，延展到未來，達到我們的後代：凡此多層次的宇宙，包括不同的空間、也包括不同的時間，都在我自己良心上，作為自我，一個綜攬一切的結合點。

宇宙的各個成分，都必須共存，其力量和成分互換，用今天的話來說，有質和量，就能轉變成「能」。同樣的，「能」可以凝結成「質」和「量」。各種互相接觸、因應、互動的所有力量，在

互動過程中，不斷地調整自己和其他因素之間的關係，永遠追求一個動態的均衡，因為衝突就是浪費了量和質，衝突帶來了毀滅。

這一套構想，因為承認變化永遠不停地，變化的目的是趨向於均衡，均衡很難達到，可能剛剛達到，又要立刻重新調整，因此沒有一個最後終結的靜止，等一切都不動，出現完全靜止的時候，也就是龐大系統的終結。如此這般的宇宙論和知識論構成了中國的道德論，和因此建構的社會秩序，和人們所憧憬的最後寧靜。

這一套中華精神生活系統，與西方基督教一神信仰的理論系統相比，有很大的差別：西方基督教神學系統是獨斷的、是單線的，是有預先確定的秩序，不能改變；個人順著這條路走，他可以上通上帝，他可以因為上帝的恩寵，為所欲為。因此在西方興起的時代，他們可以理直氣壯地征服異教徒的地區和人群。而在內部，他們可以堅持自己的信念，不惜分裂宗派，迫害異端。

我個人的構想，如同上面所說，中國文化的理念，和中國華夏的心態，也許是人類曾經創造的許多文明系統之中，還可以作為西方以外的另一選項。從孔子到上述之華夏心態滲透於中國人的日常生活，其間曾經經歷無數代學者和思想家的努力，也經歷長期的涵化作用，才將這些理念，深深地刻印於中國人心中和腦中。在人類歷史上，另外幾個可作為選項的文化：古代波斯「二元、三世」的各種啟示信仰、原始的佛教，都是和中國理念一樣，可以矯正猶太、基督、伊斯蘭系統的一神信仰，也可以矯正科學主義的武斷。只是，今天的世界上，佛教已經不存在印度。華傳佛教皈依人數最多，已是佛教最大的教派。這個大教派和儒道二家，經過長期的交互影響，幾乎融合為一體。

在現代的科學，牛頓力學，經過愛因斯坦的相對論，正在走向量子力學的變化系統。這個系統，外對太空的探索宇宙的歷史，內對生物內部各種基因和粒子之間的關係，都可有新解釋。凡此正在開展的新宇宙論和知識論，其實和上述華夏心態相對而言，頗有互容之處，也可以有許多新的空間，作更進一步的開展和闡釋。

若以華夏理念作為基礎，配合今天量子力學的宇宙論，我們也許可以設計一個比較合於實際情況，能夠容忍、也更有彈性的社會理論，使族與族之間、群與群之間、人與人之間，都可以因為保持多元、互動的觀念，而彼此適應、彼此容忍，共同在進退調節之中，將世界帶入一個多元變化、但是可以互相合作、互相容忍的新的境界。每一個人都有自己的夢想：我對今天的世界，有許多擔憂之處，我多少年來，因為自己憂心，而逐漸想到將中華理念作為基礎，也許我自己可以達到心中的平安，也以此展望，提供我的朋友們和讀我書的讀者們，同樣在這一條路上，思索、尋找，能不能找到一個真正美好的新世界。

本書的標題，涵蓋了三個層次：世界、華夏和臺灣。假如華夏理念可以作為建構美好新世界的起點，則海內、外所有自己承認是中華文化系統中的一員者，都應該參與如此宏達的志業。中國在近代世界歷史上，曾經經歷了至少四百年文化的衰退，許多中國人都曾經想要，重新翻造一個新的中國，明代王陽明的心學，以及明、清兩代佛教經歷的自我修正，和道家不斷和儒家理念互動的後果，都是建構中國新理念的重要工作。

本書的第二版，如同新改的書名，是為了今天的世界而寫，更是為了今天的臺灣的有志者，作為輔助讀物而寫。目前排山倒

海、逼人而來的新形勢，我不能不將改版時，面臨的情勢和引發
的問題，向讀者們再次有所交代。這一補篇，應當與本書的新序，
共同作為閱讀全書的線索。用今天的話，駕駛汽車的俗語，這是
一個衛星導航定向 (GPS)。

大事年表

年　代	華夏、臺灣	世　界
前 3500 年		埃及人發展出文字
前 3100 年		兩河流域有蘇美城邦文明
前 3000 年	黃河流域的聚落紛紛築牆	
前 2686 年		埃及舊王國時期
前 2300 年		古印度河文化開始進入顛峰期
前 1700 年		邁諾安文明開始強大
前 1500 年		阿利安人入侵印度
前 1300 年		邁錫尼文明控制克里特島和愛琴海
前 1025 年		希伯來人建立希伯來王國
前 841 年	中國開始有明確紀年	
前 814 年		腓尼基人於北非建立迦太基
前 770 年	平王即位，東遷雒邑，東周始	
前 525 年		波斯滅埃及
前 509 年		羅馬開始共和時代
前 492 年		波希戰爭開始
前 450 年		羅馬公佈《十二表法》
前 431 年		伯羅奔尼撒戰爭爆發
前 359 年	秦孝公用商鞅變法	
前 338 年		馬其頓人征服希臘各城邦
前 326 年		亞歷山大建立跨歐亞非的大帝國
前 307 年	趙武靈王胡服騎射	

前 221 年	秦國統一中國	
前 139 年	張騫出使西域	
前 134 年	漢武帝罷黜百家，獨尊儒術	
前 111 年	攻南越、置九郡，取西南夷	
前 108 年	攻朝鮮，設真番、臨屯、樂浪、玄菟四郡	
前 51 年	匈奴呼韓邪單于來朝	
前 27 年		屋大維任羅馬帝國皇帝，羅馬進入帝國時期
91 年	竇憲敗北匈奴，匈奴西徙	
166 年	第一次黨錮之禍 大秦王安敦遣使至漢	
184 年	黃巾之亂起	
208 年	赤壁之戰，天下三分	
280 年	晉滅吳，中國統一	
311 年	永嘉之亂	
313 年		君士坦丁頒佈基督教為羅馬合法宗教
320 年		印度笈多王朝建立
380 年		狄奧多西定基督教為羅馬國教
383 年	淝水之戰	
395 年		羅馬帝國分裂為東西二部
399 年	東晉法顯赴天竺	
476 年		西羅馬帝國滅亡
493 年	北魏孝文帝遷都洛陽	
589 年	隋滅陳，全國統一	
605 年	開進士科，首開科舉制度	
622 年		穆罕默德聖遷麥地那，伊斯蘭曆紀年之始
627 年	玄奘西行求法	

630 年	平東突厥，西北君長上天可汗稱號 日本遣唐使抵華	
641 年	文成公主嫁吐番贊普	
643 年	拂菻（東羅馬帝國）遣使來華	
646 年		孝德天皇推動大化革新
663 年	白江口之役劉仁軌大破日本	
751 年	唐玄宗時怛羅斯之役為大食所敗	
755 年	安史之亂（755～763 年）	
800 年		羅馬教宗為查理曼加冕為「羅馬人的皇帝」
843 年		《凡爾登條約》將查理曼帝國一分為三
875 年	黃巢之亂（875～884 年）	
936 年	石敬瑭割燕雲十六州給契丹，並稱「兒皇帝」	
962 年		羅馬教宗加冕鄂圖一世為「神聖羅馬帝國皇帝」
979 年	宋統一中國	
1004 年	宋遼澶淵之盟	
1044 年	畢昇發明活字版	
1054 年		基督教分裂成羅馬公教和希臘正教
1088 年		波隆那大學成立
1095 年		十字軍東征（共七次，1095～1291 年）
1115 年	女真阿骨打稱帝，國號金	
1138 年	宋金議和，南宋正式定都於臨安	
1170 年		巴黎大學成立
1206 年	蒙古鐵木真稱成吉思汗	

1215 年		英國約翰王簽署《大憲章》
1219 年	蒙古第一次西征	
1240 年		基輔羅斯被蒙古所滅
1258 年	蒙古滅阿拔斯王朝	
1274 年	元軍侵南宋，攻日本敗歸	
1275 年	馬可波羅至中國	
1337 年		英法百年戰爭（1337～1453 年）
1347 年		黑死病開始在歐洲蔓延
1351 年	白蓮教起事	
1368 年	朱元璋建立明朝	
1369 年		帖木爾汗國興
1380 年	明太祖殺胡惟庸，廢丞相	
1392 年		高麗李成桂自立為王，受明冊封，國號朝鮮
1405 年	鄭和第一次下西洋	帖木爾卒
1453 年		東羅馬帝國滅亡
1469 年		卡斯提爾和亞拉岡二國聯姻
1492 年		哥倫布到達美洲
1497 年		葡萄牙人達伽馬繞行好望角，發現印度新航線，次年抵達印度
1514 年	葡萄牙人抵粵江口後，歐洲人開始透過海路抵達中國，尋求通商的機會	
1517 年		馬丁路德揭開宗教改革的序幕
1519 年		西班牙將領科提斯登陸墨西哥
1522 年		麥哲倫船隊航行地球一周
1526 年		蒙兀兒帝國建立
1532 年		西班牙將領皮沙羅企圖征服印加帝國
1549 年		耶穌會教士沙勿略進入日本，歐

		人在日本傳教之始
1554 年	中國准葡萄牙人於廣東互市	
1555 年		新舊教諸侯簽訂《奧古斯堡和約》
1581 年	張居正實行「一條鞭法」	
1582 年	利瑪竇至澳門	
1588 年		英國大破西班牙無敵艦隊
1592 年		日本豐臣秀吉出兵朝鮮
1598 年	明朝援朝鮮，豐臣秀吉卒，日軍退	俄國佔領西伯利亞
1600 年		英國成立東印度公司
1601 年	利瑪竇至北京	
1602 年		荷蘭聯合東印度公司成立
1603 年		德川家康被天皇任命為征夷大將軍
1618 年		三十年戰爭（1618〜1648 年）
1619 年		荷蘭人於爪哇建立巴達維亞城
1624 年	荷蘭人佔據臺灣南部	英國制定專利法
1626 年	西班牙佔據臺灣北部	
1633 年		日本於 1633〜1639 年多次頒佈「鎖國令」
1642 年	達賴五世取得西藏政權 荷蘭人將西班牙人逐出臺灣北部	英國發生清教徒革命
1644 年	李自成陷北京，明朝滅亡；吳三桂引清兵入關，清政權建立	
1648 年		簽訂《西發里亞和約》
1657 年		俄人築尼布楚城
1660 年		英國皇家學會成立
1661 年	鄭成功入臺灣，次年驅逐荷蘭人	
1683 年	清將施琅攻克臺灣，鄭氏政權滅亡	鄂圖曼帝國攻打維也納，遭奧地利與波蘭擊退

1685 年	清敗俄於雅克薩	
1688 年	英國對中國的貿易已居西方國家中的首位	英國光榮革命
1689 年	俄國與大清帝國簽訂《尼布楚條約》 英國開始到廣州經商	英國國會通過「權利法案」
1699 年		俄彼得大帝開始西化改革
1701 年		普魯士王國建立
1720 年		日本江戶幕府放寬「禁書令」
1723 年	清世宗禁教	
1727 年	清俄訂定《恰克圖條約》	
1757 年	海上通商限廣州一口	
1763 年		英國擊敗法國，佔有加拿大
1767 年		英國針對北美推行數種進口稅
1769 年		瓦特改良蒸汽機成功
1770 年		澳大利亞成為英國的殖民地
1773 年	英國東印度公司壟斷對中國的鴉片貿易	波士頓茶葉事件
1776 年		美國獨立
1786 年	臺灣發生林爽文事件	
1787 年		美國召開制憲大會，通過史上首部成文憲法
1789 年		法國大革命爆發
1790 年		日本江戶幕府下令禁止異學
1793 年	英使馬戛爾尼到北京	
1799 年		拿破崙成為法國「第一執政官」
1814 年		歐洲列強召開維也納會議
1816 年	英國派阿美士德使節團至中國	
1822 年		希臘宣佈獨立
1826 年	清朝對英國的貿易出現逆差	

1830 年		法國爆發「七月革命」
1832 年		英國國會通過選舉辦法的重大改革
1839 年	林則徐到廣州禁煙	荷蘭承認比利時獨立
1840 年	鴉片戰爭（1840～1842 年）	紐西蘭成為英國的殖民地
1842 年	清英訂立《南京條約》 魏源出版《海國圖志》	
1847 年		俄國西伯利亞總督逐漸佔領黑龍江下游地區
1848 年		法國爆發「二月革命」 馬克思與恩格斯提出「共產主義宣言」
1850 年	洪秀全率太平軍起事　（至 1864 年）	
1853 年		美國將軍培里率軍要求日本幕府撤除鎖國令
1855 年	雲南、貴州回變（至 1873 年）	
1857 年	英法聯軍之役	
1858 年	訂定《天津條約》、《璦琿條約》	英國人開始統治印度
1860 年	第二次英法聯軍，訂《北京條約》	
1861 年	自強運動開始	義大利建國 美國爆發南北戰爭（至 1864 年）
1862 年	陝甘回變起（至 1873 年）	
1867 年		日本幕府「大政奉還」
1868 年		日本實行明治維新
1870 年		普法戰爭
1874 年	牡丹社事件	
1875 年	沈葆楨來臺，奏請「開山撫番」	
1877 年	清廷派公使駐英、日	
1879 年		日本改琉球為沖繩縣，不再臣屬清廷

1883 年	清法越南戰爭（至 1885 年）	
1884 年	新疆建省	英國成年男子皆獲選舉權
1885 年	臺灣建省	西方各國瓜分非洲（至 1895 年）
1886 年		英國將緬甸劃為英屬印度的一省
1894 年	甲午戰爭 興中會創立	日本逐步廢除與他國簽訂的不平等條約
1895 年	《馬關條約》簽訂，割臺灣予日本	
1898 年	光緒帝戊戌變法 德國強迫中國訂約租借膠州灣	
1899 年	英美向中國提出「門戶開放」政策	
1900 年	義和團事件，八國聯軍攻佔北京	
1901 年	清廷下詔變法	
1903 年		英國藉口抵銷俄國在中亞的勢力，將勢力範圍逐漸擴展到西藏
1904 年		日俄戰爭（至 1905 年）
1905 年	清廷明令次年廢除科舉制度 同盟會在東京成立	德、法爆發第一次摩洛哥危機
1906 年	清廷宣佈預備立憲	
1910 年		日本併吞朝鮮
1911 年	武昌起事	第二次摩洛哥危機
1912 年	中華民國成立	
1913 年	二次革命失敗	在英國唆使下，西藏宣佈脫離中國
1914 年		第一次世界大戰開始
1915 年	日本對華提出《二十一條要求》 袁世凱稱帝	
1916 年	袁世凱取消帝制，不久後卒	
1917 年	張勳復辟 北京政府對德、奧宣戰	美國參戰 俄國爆發二月革命、十月革命

	孫中山至廣州組軍政府	
1918 年	軍政府改組，孫中山離粵	第一次世界大戰結束，協約國獲勝
1919 年	五四運動	巴黎和會召開
1920 年	直皖戰爭，直系勝	國際聯盟成立
1921 年	孫中山在廣州就任非常大總統 中國共產黨成立（上海）	列寧推出「新經濟政策」
1922 年	第一次直奉戰爭 陳炯明砲轟孫中山總統府	「蘇維埃社會主義共和國聯邦」成立
1923 年	孫中山在上海接見越飛，發表聯合宣言	土耳其改制為共和國
1924 年	國民黨改組，聯俄容共，黃埔軍校成立 第二次直奉戰爭	外蒙古成立蘇聯式的蒙古人民共和國
1925 年	孫中山病逝北京 國民政府成立（廣州）	
1926 年	北伐	
1927 年	清黨 寧漢分裂	日本田中義一組閣，對滿洲和蒙古實行擴張政策
1928 年	國民革命軍入北京，全國統一	史達林建立個人獨裁，開始實施三次五年計畫
1929 年		美國紐約交易所股票暴跌，引發全球性的經濟大恐慌
1930 年	關稅自主 開始剿共	
1931 年	中共建立十三個「蘇維埃」 九一八事件	
1932 年	一二八事件 滿洲國成立	
1933 年	國民政府廢兩改元，統一幣制	美國羅斯福總統實施「新政」（至1939 年）

1934 年	共軍開始「長征」	
1936 年	西安事變	
1937 年	七七事件，對日抗戰開始（至1945 年） 共黨設立陝甘寧邊區政府	
1939 年		希特勒進攻波蘭，發動第二次世界大戰
1941 年	國民政府對德、義、日宣戰	日軍偷襲珍珠港，美國參戰
1942 年	共黨在延安發動「整風運動」 英美宣佈廢除在華不平等條約	
1943 年		開羅會議
1945 年	中共七全大會召開，確定毛澤東領導地位 馬歇爾調處國共問題	第二次世界大戰結束 聯合國成立
1947 年	公佈《中華民國憲法》 國共內戰轉劇 宣佈動員戡亂	美國發動反共的「杜魯門主義」
1948 年	第一屆國大會議，選蔣中正為行憲第一任總統 發行金圓券 徐蚌（淮海）會戰	歐洲十六國合組「歐洲經濟合作組織」 印度和緬甸獨立
1949 年	中華人民共和國成立 中華民國中央政府遷臺北	
1950 年	中華人民共和國開始土地改革、鎮反運動	韓戰爆發（至 1953 年）
1952 年	中、日和平條約在臺北簽字	
1953 年	國民政府實施耕者有其田政策 中華人民共和國開始實施第一期五年計畫	
1954 年	臺灣與美國簽訂共同防禦條約	
1958 年	中華人民共和國開始實施「大躍進」、「人民公社」	「歐洲共同市場」成立

	金門八二三砲戰爆發	
1959 年	劉少奇任中華人民共和國國家主席 彭德懷事件	
1961 年		東德築柏林圍牆 越戰爆發（至 1975 年）
1962 年		古巴飛彈危機
1965 年	美國終止對華經濟援助	法、義、德、荷、比、盧六國簽訂《布魯塞爾條約》，將歐洲煤鋼組織、歐洲原子能組織與歐洲共同市場，統稱歐洲共同體
1966 年	文化大革命（至 1976 年）	
1968 年		捷克「布拉格之春」
1969 年	中、蘇在黑龍江省珍寶島發生武裝衝突	美國太空人登陸月球
1971 年	中華人民共和國取代中華民國在聯合國的中國席次	
1972 年	美總統尼克森訪中國 中華民國與日本斷交	
1973 年	中華民國推動十大建設	美國從越南撤軍 以阿戰爭導致第一次石油危機
1977 年	中共召開第十一次全國黨代表大會	
1978 年	中共召開第十一屆三中全會，鄧小平復出	
1979 年	中華人民共和國與美國建交 美麗島事件	蘇聯入侵阿富汗（至 1988 年） 第二次石油危機
1980 年	《中美共同防禦條約》廢止	兩伊戰爭（至 1988 年）
1987 年	中華民國臺灣地區解除戒嚴 開放中國大陸探親	
1989 年	中國六四天安門事件 中蘇關係正常化	東歐共產政權陸續解體

1990 年	海基會成立	伊拉克佔領科威特 德國統一
1991 年	中華民國宣告終止動員戡亂時期 海協會成立	波灣戰爭爆發 蘇聯解體
1992 年	鄧小平南巡	歐盟成立
1993 年	辜汪會談在新加坡舉行	
1994 年		盧安達種族屠殺
1995 年	江澤民發表江八點	
1996 年	第三次臺海危機 第一屆中華民國總統直選	
1997 年	香港回歸中華人民共和國	東南亞金融風暴（至 1998 年）
1999 年	澳門回歸中華人民共和國 臺灣發生九二一大地震	美國將巴拿馬運河主權歸還巴拿馬
2000 年	陳水扁當選中華民國總統，完成首次政黨輪替	
2001 年	廈門與金門、馬祖實施小三通 中華人民共和國加入世界貿易組織 (WTO)	九一一事件
2002 年	中華民國以「臺澎金馬個別關稅領域」加入 WTO	
2003 年	臺海兩岸首次春節包機直航 臺海兩岸 SARS 疫情嚴重	美國出兵攻打伊拉克
2005 年	中華人民共和國通過《反分裂國家法》 中國國民黨主席連戰與親民黨主席宋楚瑜先後訪問中國，並會晤中國共產黨總書記胡錦濤	
2008 年	馬英九當選中華民國總統	全球金融風暴
2009 年	臺灣八八風災	
2010 年	臺海兩岸簽訂 ECFA	突尼西亞發生茉莉花革命，影響北非、中東地區

2011 年		日本東北強震引發海嘯，造成福島核電廠事故
2013 年	中國大陸爆發人類感染禽流感 H7N9	新任教宗方濟各出身阿根廷，為首任出身美洲的教宗
2014 年	臺灣因《兩岸服務貿易協議》，引發太陽花學運	西非爆發嚴重伊波拉病毒疫情 香港發生和平佔中運動
2015 年	馬英九與習近平在新加坡會面，為 1949 年以來兩岸領導人首次見面	法國巴黎兩度遭受恐怖攻擊
2016 年	蔡英文當選中華民國總統	英國公投脫離歐盟 美國總統大選，川普當選
2017 年	中共召開十九大	伊拉克宣布已逐出伊斯蘭國

西遊記與中國古代政治

薩孟武／著

孫行者攪混了龍宮，掘開了地府，打遍天界無敵手，觔斗雲一翻便十萬八千里；如此通天徹地之能，卻仍須臣服於不辨奸邪、思想迂腐、卻只會唸緊箍咒的唐僧——這便透露出政治隱微奧妙之處。政治不過「力」而已，要防止「力」之濫用，必須用「法」。薩孟武先生援引歷史實例與諸子政治思想來解讀《西遊記》，於奇光幻景中攫取出意想不到的玄妙趣味。

水滸傳與中國社會

薩孟武／著

你知道嗎？這些水滸好漢，大多是出身低微、在社會底層討生活的「流氓分子」。秀才出身的王倫，何以不配作梁山泊領袖？草料場的火，為何燒不死林沖？快活酒店的所有權有什麼問題？……且看薩孟武先生從政治、經濟、文化等不同的角度，精采的分析、詮釋《水滸》故事，及由此中所投射、反映出來的古代中國社會。

紅樓夢與中國舊家庭

薩孟武／著

當賈府恣意揮霍、繁華落盡之後，在前方等待的又是什麼呢？究竟是誰的情意流竄在《紅樓夢》的字裡行間呢？薩孟武先生以社會文化研究的角度，徵引多方史料，帶領讀者清晰認識舊時代下從賈府反映出來的那些事。

琦君說童年

琦　君／著

每個人都有童年，不管是苦是樂，回憶起來都是甜美的。善於說故事的琦君，與您一起分享她魂牽夢縈的故鄉與童年。書中有她家鄉的人物、生活和風光，也有好聽的神話和歷史故事。篇篇真摯感人，字裡行間充滿了愛心與情義，在欣賞琦君的散文之餘，更別有一番溫馨感受。

紅紗燈

琦　君／著

記憶中一盞古樸的紅紗燈，那是紮紮實實的希望暖光，綿綿溫暖之中的淡淡苦澀有著鄉愁氳氳。年光流逝，歲月不再重來，但過往值得細細回味，那些故人舊事、歡樂哀傷，都被琦君的有情之筆轉化為溫馨的文字，成為最暖心的回憶。邀請您一同踏入琦君的世界。

兩　地

林海音／著

本書為林海音最早期，也是最重要的作品之一，寫她自小成長的心靈故鄉北平(北京)和實質故鄉臺灣——這是她一生最喜歡的兩個地方。早年住在北平時，她常常遙想海島故鄉的人和事，戰後回到臺灣，又懷念北平的一切。北平栽培了林海音，臺灣則成就了林海音。她以一枝充滿感情的筆，寫下了她生命中的「兩地」。

小歷史——歷史的邊陲

林富士／著

這本書沒有帝王將相、英雄偉人，卻將眼光投注在尋常百姓的日常生活，走入芸芸眾生的世界，寫就了「小歷史」。社會的邊緣人物如童乩、女巫、殺手，被視為奇幻迷信的厲鬼、冥婚，關乎頭髮、人肉、便溺、夢境的另類研究主題，都是值得關注的焦點。當你進入小歷史的世界，探訪這些前人足跡罕至的角落，你將會發現，歷史原來如此貼近你我。